SNS 플랫폼에 놀아나지 않고
수익화에 성공하는 진짜 비법

아무리 콘텐츠를 올려도
적기만 한 광고와 조회수 수익에 실망했나요?

여러 강의를 듣고 공부했지만
이렇다 할 수익화가 안 되는 이유는
비즈니스 모델이 없어서 그렇습니다.

팔로워 수, 조회수에 상관없이
매달 돈이 들어오게 할 수 있다면 믿어지나요?
한 사람당 5만 원의 참가비를 받는 모임을 열고,
한 달에 20명의 참가자를 얻는다면
최소 1년간 1,200만 원이라는 수익을 만들 수 있습니다.

유튜버, 인스타그래머, 블로거?
플랫폼이 망하면 같이 망합니다.
아무리 많은 팔로워가 있어도 당신이 아니라
플랫폼이 주인이에요.

알고리즘이 바뀌면 더 성장할 수도 없죠.
알고리즘에 영향받지 않고,
영원히 망하지 않는 나만의 플랫폼이 있다면?

대형 플랫폼에 기대지 않고도
내 팬덤, 플랫폼, 상품을 영위하고 수익화하는
나만의 그라운드 & 시스템을 만들 수만 있다면!

SNS 수익화
마스터 클래스

엄채연(아나의디노) 지음

BM 황금부엉이

돈도 없고, 백도 없고, 어렵니다만

초등학생 때, 야후 코리아 블로그를 통해 중국에서 살고 있다는 한 이웃을 만났습니다. 친구들과 참외 서리를 하고, 도랑에서 올챙이를 잡으며 하루를 채우던 제가, 한국 사람이면서 '진짜' 외국에서 사는 사람을 처음 만난 거예요. 아이들을 치료하고 싶어서 의사 공부를 하다가 중국에서 터를 잡게 되었다고 했어요. 그때 처음으로 원하는 대로 살 수도 있다는 걸 알게 되었습니다.

힘들지만 먹고살아야 하니 뭐라도 해야 한다, 새벽같이 일어나서 고생하며 사는 게 삶이다, 다들 그렇게 산다고 말하는 어른들 사이에서 자란 저에겐 참 신기한 경험이었습니다. 마치 논두렁에서 돌고래를 본 느낌이랄까요. 그런 돌고래들이 모인 세계가 너무 좋아서 야후가 우리나라에서 철수하던 그날까지 8년간 블로그를 운영했습니다. 그러다 대학생 때였어요. 우연히 친구 이모가 블로그로 공짜 밥을 먹고 다니고, 심지어 돈도 번다는 얘기를 들었죠. 가난한 대학생이었던 저는 친구 말에 혹해 함께 네이버 블로그를 만들었습니다. 목표는 오로지 '공짜 밥'이었지요. 자취방 미니 냉장고를 보여주며 요리 레시피를 올리기도 하고, 일상을 기록하기도 했어요. 그 어설픈 와중에도 '내 이야기만 하는 글'이 아니라 '다른 누군가가 읽는 글'이라는 생각으로 포스팅했습니다. 느슨하게 운영했지만 처음 목표였던 공짜 밥은 꾸준히 먹을 수 있었습니다. 하지만 그 외 별다른 소득은 없었어요.

그즈음 여름방학 어학연수를 위해 남아공에 갔습니다. 당시 같은 반 사람들의 직업을 말하는 시간이 있었어요. 프랑스에서 온 은 액세서리 세공 아티스트, 아랍 대학교에서 가르치는 아랍어 교수님, 장난기 넘치는 헬리콥터 파일럿 등 다양한 직업을 가진 사람들이 모여 있었죠. 인종도, 국적도, 직업도 달랐지만 신기하게도 모두 같은 말을 했습니다.

"나는 이 일을 좋아서 합니다. 그러니 행복하고요. 복 받은 거죠."

그때 깨달았습니다. 진짜 좋아하는 것, 진짜 열정 있는 것으로도 먹고살 수 있다는 것을요. 그런 경험은 계속되었습니다. 암호 화폐 투자와 투자 코칭을 병행하는 아내와 항공정비 기술자인 남편이 함께 세계 여행 중이던 독일인 부부, 서핑이 좋아서 세계 서퍼 챔피언이 된 남아공인, 자연이 좋아서 아프리카 오지 트래킹 가이드가 된 포르투갈인 등을 만났지요.

물론 세상 사람 모두가 이렇게 열정적으로 살진 않을 거예요. 하지만 분명한 것은 내가 좋아하는 것으로 잘 살 수 있다고 믿는 사람들이 있고, 그들은 지금까지 그렇게 살아왔으며, 지금도 그렇게 살고 있다는 사실이었습니다. 그러다 대학교를 졸업하기 전이었어요. 블로그와 디자인을 할 줄 알면 재택근무가 가능한 아르바이트에 지원했죠. 1년쯤 일한 뒤 마케팅/디자인 전담 정직원이 되었습니다. 기쁨도 잠시, 새벽부터 밤까지 일만 해온 부모님의 파산 소식이 들려왔죠. 그때 절감했습니다.

'영혼을 갈아 넣은 일도 충분히 망할 수 있고, 미래는 보장된 것이 아무것도 없다.'

그렇다면 차라리 '내가 좋아하고 잘하는 일을, 똑똑하게 하며 살자'라는 생각으로 퇴사했습니다. 회사생활 중 우연히 여행 유튜버를 만난 적이 있는데, 저 직업이 나에게 딱 맞겠다는 생각에 다시 남아공으로 훌쩍 떠났습니다. 그리고 유튜브 채널을 시작했어요.

전 재산을 쏟아부어 만든 유튜브 채널은 잘 안됐습니다. 이후로 몇 년간 여러 가지 일에 도전하면서도 내가 뭘 잘하는지, 뭘 좋아하는지 알 수 없었습니다. 그래도 먹고살아야 하니 뭐든 했죠. 고시원에서 살면서 길거리에서 그림을 그려 팔고, 디자인 외주, 해외 구매대행, AI 한국어 검수, 홍대 빵집부터 구로 디지털단지 카페 아르바이트까지 할 수 있는 건 다 했던 것 같아요.

악착같이 살면서도 특정 회사에 들어가지 않은 이유는 있었습니다. 남들과는 조금 다른 방법이지만 한 곳에 고용되지 않고, 나 스스로 돈을 버는 방법을 강구하고 싶었거든요. 좋아하고 잘하는 것을 찾으면서 나라는 사람의 가치를 높이기 위해 SNS를 최대한 이용하기 시작했고, 몇 년간 얻은 것은 다음과 같습니다.

1) '네이버 여행＋'에 글을 딱 3개월 연재하고 팔로워 9만 명을 만들었어요. 글 하나로 일어난 일입니다.

2) 클래스유 강의 플랫폼에서 3,000명이 넘는 강사 중 상위 12인에 들었어요. 이후 제 플랫폼도 만들어 활동 중입니다.

3) 야후 블로그는 8년, 네이버 블로그는 7년째 운영하며 크고 작은 변화를 경험했습니다.

이 책에서 공유하는 모든 노하우는 많은 시행착오를 겪으며 배우고, 깨달은 것들입니다. '제가 이렇게 했으니 이렇게 하세요'가 아니라 각자의 취향, 관점, 열정에 따라 적용할 수 있는 방법을 안내하는 데 초점을 맞췄습니다. 평생 열정에 따라 살고 싶다면 그 발판이 될 수 있는 건 SNS인 게 맞습니다. 하지만 한 발만 더 나가면 작은 비즈니스가 될 수도 있습니다. 자기 생각을 나누었을 때 힘을 가질 수 있는 시대가 활짝 열렸다는 걸, 마케팅 컨설팅을 진행하며 자주 확인합니다. 이 책이 작은 기회가 되어 더 많은 사람이 '진짜 나답게' 살 수 있게 되기를 바랍니다.

엄채연(아나의디노)

차 례

Part 1

당신이 아는 SNS는 틀렸다!

"효율적으로 시작하는 방법을 알면, 내 안의 거인을 깨울 수 있다!"

QR을 통해 뉴스레터를 구독하기만 하면, 책에서 업데이트된 온라인 비즈니스 전략과
마케팅 툴 최신 정보, 실전 활용에 필요한 무궁무진한 아이디어까지 받아볼 수 있어요.

Part 2

내 편을 모으는 콘텐츠 제작법과 퍼스널 브랜딩

Part 3

이제는 수익화, 콘텐츠가 돈이 되는 구체적인 방법

Part 4

나 홀로 비즈니스라면 필수, 자동화 툴

Part 5

나만의 온라인 땅, 뉴스레터/웹사이트

저자의 콘텐츠를 컨설팅과 강연 등으로 먼저 만나 본 사람들의 리얼 후기

"50억 이상의 가치"

수산물 생산유통 15년 차, 온라인 식품몰 운영 7년 차 대표입니다. 많은 컨설팅프로그램, 플랫폼 컨설턴트 교육을 전전하며 5,000만 원 정도를 썼는데, 현실적으로 가장 스마트한 코칭이라 확신합니다. 앞으로도 1년에 4번 주기적으로 컨설팅받을 생각입니다. 죽을 때까지 가까이하고 싶은 분을 알게 되어 행복합니다.

푸드랩 대표

"참신한 아이디어와 폭발적 인사이트"

유명 유튜버에게 100만 원 남짓한 돈을 내고 3번 컨설팅을 받았습니다. 결론은 '잘하고 있다. 꾸준히 해라'였고요. 뜬구름 잡는 컨설팅과는 다른, 수익화에 대한 참신한 아이디어와 폭발적인 인사이트가 매우 인상적이었습니다. 앞으로 주기적인 컨설팅도 요청했어요.

요진남(유튜버)

"10일 만에 매출 500만 원이 늘었습니다!"

수익화 정보는 많지만 '그래서 어떻게 하라는 거야?'라고만 생각했습니다. 아나 님과의 1:1 컨설팅 후 매출 0원이던 SNS가 월 500만 원을 찍었습니다! 명품 컨설팅이에요! 객단가도 높아서, 이젠 진짜 SNS로 돈 벌 수 있구나 싶어요!

KSH(틱톡커)

"수익 3배 상승!!! 이분은 찐입니다!"

마케팅을 배우고 싶어서, 다른 곳에서 300만 원을 내고 1년간 수강한 적이 있습니다. 하지만 해소되지 않는 갈증이 있었는데, 아나 쌤을 만난 지 3개월 만에 수익이 3배나 상승했습니다! 정말 이분은 찐입니다!

키미(코치)

현직 마케터입니다. 같은 툴이라도 누가 쓰느냐에 따라 너무 달라져서, 여러 사람의 강의를 들어보는 중인데요. 아나 님의 전달력은 단연코 최고입니다. 오늘도 역시 마찬가지. 핵심만 뽑아서 알기 쉽게 전달하는 게 쉬운 일이 아니거든요. 이 부분에 있어서 제가 본 누구보다 뛰어납니다. 자신만의 견해를 자연스럽게 녹이는 것도 마찬가지고요. 앞으로 나올 강의들도 너무 기대됩니다!

박찬***

오프라인으로 일하다 코로나를 맞으면서 온라인의 중요성을 깨달았습니다. (중략) 본업에 도움이 되는 인사이트가 가득한 강의였어요. 아이디어 포인트를 다듬고, 랜딩 페이지를 통해 고객을 설득하는 팁이 가득합니다. 확실한 자기 콘텐츠가 있다면 200% 더 좋았을 강의고, 저처럼 머릿속에 생각만 많더라도 첫 스텝을 확실히 알 수 있을 겁니다.

문고**

항상 100% 실용적인 강의와 수업입니다. 저는 아나 님의 블로그, 전자책, 온라인모임 수익화, 랜딩페이지 워크숍까지 들었어요. 지금은 이 수업들을 베이스로 수익화에 도전해 성과를 내고 있어요. (중략) 어렴풋이 느끼고만 있던 것들을 명료하게 설명해주니, 제가 운영 중인 온라인 클래스에 바로 적용할 수 있어서 너무 좋습니다. 뉴스레터로 항상 좋은 정보 주셔서 감사합니다!

최다**

Part 1

당신이 아는
SNS는
틀렸다!

BUILD UP MY GROUND

SNS 플랫폼, 조회수 수익, 광고 수익에 기대는 건 그만!
이제 나만의 상품을 만들어보세요.
구독자를 구매자로 만드는 여정을 공유합니다.

SNS 인플루언서가 '돈을 잘 번다'라는 건 대체 얼마를 말하는 걸까요? 쇼피파이Shopify가 발표한 자료에 따르면, 인플루언서 마케팅 가격은 팔로워 10,000명당 $100라고 합니다. 팔로워 수가 많아질수록 훨씬 더 많이 벌겠죠. 참고로 쇼피파이는 전 세계를 대상으로 판매하는 글로벌 커머스 플랫폼입니다.

어딘가에 소속된 인플루언서가 아니라면 선택지는 더 다양합니다. 조회수 수익 외에도 특정 브랜드와 공동으로 제품을 개발한 후 공구를 통해 수익을 내거나, 제휴 마케팅으로 브랜드를 홍보해 주고 수수료를 받거나, 내 이름을 건 뭔가를 론칭하여 직접 판매할 수도 있습니다. 인플루언서가 수익화하는 방법이 무궁무진하다는 건 이제 일반 상식에 속합니다.

"한 분야에서 오랫동안 지식을 쌓은 전문가도 아닌데, 내가 가진 경험만으로 수익을 만들 수 있을지 참 고민입니다."

인플루언서가 돈 버는 방법이 무궁무진하다는 걸 알면서도 이런 생각을 하는 사람이 너무 많습니다. 저도 처음엔 전문가이어야만, 한 분야에서 10년 이상 이름을 떨친 사람이어야만 온라인에서 뭐라도 할 수 있는 줄 알았습니다. 콘텐츠로 여러 가지를 시도하던 대학생 시기를 넘어 사회인이 된 이후에도 블로그로는 한 푼도 벌지 못했거든요. 콘텐츠 제작비나 교육비 등 돈은 계속 들어가는데, 내 계정은 돈이 되지 않았죠. 전문가가 아니라서, 모르는 게 많아서 그렇다고 생각하던 시절이었습니다. 그렇게 헤매며 6년이라는 시간을 보낸 끝에 얻은 것은 그런 생각들 자체가 속칭 '사회가 만든 프레임'이었다는 것입니다.

전문가가 되어야 한다? 온라인에서 활동하는 사람의 4가지 유형

'전문가가 되어야 한다'를 좀 자세히 볼까요? 긴 시간 온라인에서 헤매다 보니 온라인에서 활동하는 사람들을 4가지 유형으로 나눌 수 있게 되었습니다. 포인트는 유형마다 어떤 차이가 있느냐를 아는 것입니다. 여러분은 어디에 속하는지 생각해 봐도 좋겠습니다.

첫 번째는 '막 시작하는 사람'입니다. 처음이라도 우연히 또는 타고난 재능으로 돈을 잘 버는 사람도 있지만, 사실 대부분은 그렇게 운이 좋지 않다는 걸 알 겁니다.

두 번째 유형은 '전문가' 혹은 '전문가가 되고 싶은 사람'입니다. 이들은 실력을 더 키우려고 노력하고, 학위나 자격증 등 '나 배운 사람입니다'를 객관적으로 증명할 수 있는 뭔가를 갖추려고 합니다. 늘 더

17

배워야 한다고 생각해서 오랜 시간에 걸쳐 실력을 갈고닦습니다. 그 후 기관이나 회사 등 스펙을 요구하는 곳에 들어가려 애쓰죠. 안타깝지만 이 유형이 온라인에 들어온다고 해도 바로 돈을 벌기는 어렵습니다. 내가 가진 실력과 온라인에서 나를 알리고 판매하는 것은 다른 이야기니까요.

세 번째 유형은 바로 '리더'입니다. 리더는 주위 사람들에게 인사이트와 아이디어를 줍니다. 본인만의 관점을 나누고, 그 관점을 비즈니스 마인드로 들여다보며 현실로 만들어내는 추진력도 있습니다. 이렇게 얘기하면 모든 대표나 사업가가 리더일 것 같지만, 그렇지는 않습니다. 모든 대표나 사업가가 리더처럼 본인만의 관점을 가진 것도, 나누려 하는 것도 아니니까요. 리더들을 만나면서 느낀 것이 있다면, 굳이 전문가가 아니라도 생각하는 힘과 비즈니스 마인드가 있다면 리더가 될 수 있다는 것입니다.

네 번째 유형은 우리에게 익숙한 '인플루언서'입니다. 이들은 콘텐츠를 만들고, 자주 업로드하고, 팬들과 소통합니다. 막 시작한 사람도, 전문가도, 리더도 아니지만 돈을 잘 버는 사람이 많죠.

그러니 성공하고 싶다면 '전문가가 되어야 한다'라는 '사회가 만든 프레임'에서 벗어나세요. 전문가가 되기 위해 실력을 갈고닦느라 더 많은 기회를 놓치고 있을지도 모릅니다. 어렵게 고생해서 전문가가 되더라도 인플루언서만큼 다양한 사람을 만날 기회는 많지 않습니다.

SNS에서 성공하려면 플랫폼 알고리즘과 검색노출이 중요하다? 또 이런 말도 귀가 닳도록 들었을 겁니다. 맞냐 틀리냐의 이분법으로 말하라면, 맞는 말입니다. 하지만 사람들을 만나고, 관계를 다져나가고, 그것으로 기회를 만드는 곳이 SNS라는 걸 인식하는 게 더 중요합니다. 온라인 사회도 사람 사는 곳이라서 그렇습니다. 온라인에서 성공하고 싶다면 차라리 인플루언서가 되려고 노력하는 게 훨씬 더 낫다고 말하는 이유도 이것입니다.

팔로워 수와 조회수가 모든 걸 결정한다? 더 있습니다. 또 다른 심각한 오해는 '팔로워 수가 많아야 성공할 수 있다'라는 '신앙' 같은 믿음입니다. 사실인지 아닌지 모르지만 다들 그렇게 얘기하니 무작정 믿는 거죠. 10만, 20만 명이 아니라 팔로워 수가 1,000명만 넘어도 충분히 성공할 수 있습니다. 앞으로 그 방법을 자세히 알아보겠지만, 나만의 콘텐츠를 보여줄 수만 있다면 얼마든지 가능하죠.

아무리 아니라고 강조해도 여전히 어떻게든 팔로워가 낳은 게 우선이라고 생각하는 사람들이 있습니다. 그런 사람들 대부분은 시작한 지 10일도 안 돼 이런 말을 하며 포기합니다. "저 말고도 이걸 할 수 있는 사람이 너무 많아요. 내가 이 사람들보다 더 잘하는 것 같지도 않고요." 고백하자면 저 역시 단박에 팔로워를 늘리려는 욕심에 1,000만 원가량을 투자하며 채널을 시작한 적이 있습니다. 어떻게 되었냐고요? 3개월 만에 그 큰돈은 공중분해 되었고, 시작한 지 6개월이 넘어서야 겨우 구독자 1,000명을 얻었습니다.

그나마 다행이었던 것은 지지부진하게 업로드하고, 사기가 꺾이는 동안에도 제안서 넣기를 주저하지 않았다는 것입니다. 팔로워 모으기에만 연연하지 않고 새로운 플랫폼에 글을 올리며 저를 알리는 등 나름 길을 찾아 행동했더니 이 정도 규모의 팔로워를 보유한 계정으로는 엄두도 못 낼 일들이 들어오기 시작하더군요.

제주항공 지원으로 공짜 여행도 하고, 외국의 5성급 호텔을 돈 받고 광고하기도 했습니다. 나중에 이런 경험을 토대로 뉴스레터를 운영하고, 사람들과 소통하고, 새로운 채널에 인터뷰이interviewee로도 나가고, 제가 아는 것을 알려주는 프로젝트도 진행하면서 차츰 수익을 늘렸습니다.

시간이 너무 오래 걸리지 않느냐고 묻는다면, 맞습니다. 오래 걸릴 수도 있죠. 잘 편집된 영상과 글들을 많이도 접해왔으니 보는 눈은 한참 높아져 있는데, 남들과 비교하면 내가 만든 건 한없이 초라해 보일 수 있습니다. 그래도 포기하지 말고 꾸준히 콘텐츠를 제작하면서, 사람들과의 접점을 계속 만들어 나가야 합니다. 어느 순간 생각하지도 못했던 기회들이 여기저기서 들어오기 시작할 테니까요.

처음엔 진짜 엉망진창일 수도 있습니다. 그럴 때면 '나는 연습 단계니까 당연하지'라고 생각하며 꾸준히 콘텐츠를 만들고, 연습하고, 제안서도 넣고, 내 상품도 만들어 보는 시간을 가져야 합니다. 누구에게나 시작은 있으니까요. 이제 공부만 하는 전문가가 아니라 실제로 만들고, 내보이고, 사람들을 만날 수 있는 인플루언서가 되는 길을 능동적으로 찾아보세요. 한발 더 나아가 리더로서 활동할 수 있는 판을 더 넓혀가야 합니다. 이 책이 그 길을 안내하겠습니다.

야후 블로그를 기억하나요? 다들 싸이월드에 열을 올릴 때, 저는 야후 블로그에 일기를 쓰기 시작했습니다. 12살에 시작한 이후 몇 년간 꾸준히 글을 올렸죠. 일기도 쓰고, 시도 쓰고, 블로그를 통해 만난 어른들과 이야기도 했습니다. 블로그 이웃들과 함께 컸다고 해도 과언이 아닙니다. 그렇게 유지하다가 19살이 되던 해인 2012년에 야후가 청천벽력 같은 공식 발표를 합니다. 야후 코리아를 철수한다는 내용이었죠. 블로그 이웃들과는 아예 연락이 끊겼고, 공들여 만든 자료도 몽땅 사라졌습니다. 7년을 쏟아부었던 모든 것이 하루아침에 사라지는 꼴을 상상해 보세요.

당시엔 지금처럼 노출 알고리즘이 정교하지 않았습니다. 네이버만 해도 매일 글만 45일 이상 쓰면 검색노출이 잘 되던 시기라 인터넷에는 비슷한 글들과 포스팅이 넘쳤죠. 질이 아니라 양으로 승부하던 때였어요. 광고 수수료를 받고 여기저기 글을 노출시켜 검색순위를 높여주는 광고 대행사들이 잔뜩 있었습니다. 네이버 노출 알고리즘이 포스팅 횟수가 아니라 내용 중심으로 바뀌자 포스팅 하나하나에 정성을 담는 일반 사용자들에게 유리해졌고, 활개 치던 광고 대행사들은 대부분 망했죠.

한창 페이스북이 유행하던 때도 있었죠. 하지만 100만, 200만 명을 보유하고 페이스북 페이지를 운영하던 사람들도 페이스북이 지는 해가 될 때쯤에는 다 접거나 암암리에 판매하고 나왔습니다. 최근, 잘나가는 인플루언서들을 떨게 만드는 인스타그램 오류가 있었습니다. 당연히 떨 수밖에 없었을 겁니다. 플랫폼 시스템이 바뀌면 팔로워 수가 아무리 많아도 하루아침에 전부 잃게 될 수도 있으니까요. 아무리 많은 사람이 모이는 SNS 플랫폼이라도 그것이 사라지지 않을 거라는 보장은 어디에도 없습니다.

저는 야후 이후로 플랫폼에 기대지 않기로 했습니다. SNS 플랫폼이 망하면 쌓아둔 모든 것이 사라진다는 걸 이미 경험했으니까요. 네이버 블로그, 인스타그램, 유튜브, 틱톡 등 수많은 SNS 플랫폼이 있습니다. 하지만 어디든 자사의 이익을 위해 검색노출 알고리즘 등의 로직을 실험할 수 있고, 그 결과 내 콘텐츠가 아무리 좋아도 빛을 발하지 못하게 될 수도 있다는 것도 알게 되었습니다.

언제 어떤 방식의 알고리즘이 적용되는지 미리 알 방법이 없으니 실험이 진행되는 동안 어찌 대처해야 할지 안절부절못하며 시간도 많이 버리게 되겠죠. 플랫폼의 흥망성쇠에 따라 공들여 키운 내 계정이 소용없게 되면, 얼른 다른 플랫폼으로 옮겨 다시 0부터 시작해야 합니다. 최근의 인스타그램 오류는 단순한 해프닝이었지만, '이 팔로워들이 다 사라지면 난 어떡하나'라는 두려움이 적지 않았을 겁니다. 더 많은 사람이 플랫폼에 기대는 게 답이 아니라는 걸 확인하는 계기가 되었길 바랍니다.

나만의 온라인 땅 찾기
전화번호, 오픈 단톡방, 뉴스레터, 웹사이트

플랫폼에 기대지 않으려면 어떻게 해야 할까요? 플랫폼이 주도하는 SNS 공간을 벗어나 절대 변하지 않을 나만의 공간을 구축하고, 내가 만든 공간으로 사람들을 끌어들이는 방법이 있습니다. 흔히 보는 방법이 아니라서 엄두가 안 날 수 있습니다. 충분히 이해하지만 시도할 가치가 있다는 건 제가 직접 경험했습니다. 나만의 플랫폼을 유지할 수 있는 방법을 찾는 것이 출발점입니다. 전화번호든, 오픈 카톡방이든, 뉴스레터든 SNS에서 만난 사람들을 SNS가 아닌 다른 곳에서 다시 만나는 게 핵심입니다.

3년 전에 블로거들을 위한 오픈 단톡방을 운영한 적이 있습니다. 약 500명이 있던 단톡방이었습니다. 이 방법은 가장 쉽게 시작할 수 있는 '나만의 온라인 땅'이었습니다. 커뮤니티처럼 방을 만들면 마음이 맞는 사람들끼리 모여 좀 더 자유롭게 대화할 수 있죠. 같은 목적 아래 모인 사람들이라 내가 영향력을 행사할 수 있다는 장점도 있습니다. 내가 이 방을 만든 방장이니 자연스럽게 그룹의 중심이 되고, 규칙을 만들 수도 있으니까요.

단점은 이렇게 모인 팔로워들을 관리하는 일에 꽤 공이 든다는 것입니다. 질문이나 소통하는 시간을 따로 지정하는 등 규칙을 만들지 않으면 관리가 쉽지 않습니다. 간혹 이렇게 모인 사람들을 자기 커뮤니티로 빼돌리려는 사람도 있습니다. 이 부분이 생각보다 힘듭니다. 어쩌다 해외 휴가라도 가서 자리를 비우면 방장의 부재가 커지기 때문에 시차가 달라도 관리해야 하죠.

궁여지책으로 전화번호를 받아 관리해 보려고 했으나, 개개인에게 문자를 보낸다는 게 부담스러웠습니다. 사람들과의 거리는 더 밀접해지겠지만, 꾸준히 단체 문자로 연락하기가 어렵다는 현실적인 문제도 있었습니다. 게다가 내가 팔로우하는 유튜버나 인스타그래머가 내 핸드폰으로 정기적인 문자를 보낸다고 생각해 보세요. 내가 그 문자를 받는다는 상상만 해도 싫어서 포기했습니다.

SNS 중개 없이 구독자를 만나는
가장 효과적인 방법, 뉴스레터

마지막으로 고려한 것이 이메일이었습니다. '이메일 마케팅'이라는 말을 들어봤을 텐데, 저는 이메일 마케팅 대신 '뉴스레터'를 선택했습니다. 무슨 차이가 있는지 갸우뚱하는 사람도 있을 거예요. 이메일 마케팅은 내가 판매하는 물건을 더 잘 팔기 위해서 하는 것이고, 뉴스레터는 정해진 주제로 정보를 나누는 데 초점이 있습니다. SNS에서 만난 사람들과의 관계를 다지기 위한 나만의 땅을 찾고 있었기 때문에 딱 적합했습니다.

내가 어떤 정보를 보낸다고 약속하면, 그걸 본 사람들이 뉴스레

24

터 구독 신청을 합니다. 그럼, 그때부터 내가 이메일로 뉴스레터를 보내는 거죠. 뉴스레터의 가장 큰 장점은 그들의 개인적인 메일함에 나와 소통할 수 있는 이메일이 계속 남아있다는 것입니다. 구독자가 나중에 수신거부만 하지 않는다면요. 수신거부가 편하다는 것도 제겐 장점으로 다가왔습니다. 원하지 않는 사람에게 더 다가가는 것만큼 상대를 싫어하게 되는 게 또 없으니까요. 저와 더 대화하고 싶은 사람들, 더 많은 정보를 얻고 싶은 사람들과 관계를 다지는 게 애초의 목적이었으니, 수신거부는 나와 맞지 않는 사람들을 자연스럽게 거를 수 있는 좋은 방법이기도 했습니다. 별다른 시간과 노력을 들이지 않고서도 말이죠.

어느 정도 구독자가 늘면 SNS에 콘텐츠를 계속 노출할 필요도 없습니다. 구독자 개인 이메일로 뉴스레터를 보낼 수 있다는 접점이 생겼으니까요. 뉴스레터 툴을 사용하면 일은 더 간단해집니다. 예약 기능이 있으니 정해진 요일에, 약속한 내용으로, 미리 작성된 콘텐츠를 보낼 수 있어 관리도 편합니다.

장점은 더 있습니다. 뉴스레터 구독자들과 좀 더 좋은 관계를 맺기에도 유용합니다. 오래된 펜팔 친구처럼 1:1로 이야기하는 느낌이 들고, 실제로 제 뉴스레터에 회신하면서 본인 이야기와 고민을 함께 나누는 사람도 많습니다. 시간을 따로 내 화장하고 꾸미고 나가야할 필요도 없고, 내성적이어도 충분히 온전한 소통이 가능하죠.

저는 SNS에서 만난 사람들을 최대한 제 뉴스레터를 구독하도록 유도한 다음 더 깊은 대화를 이어 나가고 있습니다. 처음에는 여기까지 기대하지 못했지만 꾸준히 하다 보니 제가 추구하는 방향성, 라이프스타일, 나누고자 하는 것들에 관한 구독자들의 이해가 깊어졌습니다. 제가 뭔가를 론칭하거나 새로운 프로젝트를 시작하면 많은 구독자가 뉴스레터를 통해 함께하자고 답장을 보내곤 합니다. 설문조사 형식으로 피드백을 요청하면 소중한 데이터도 얻을 수 있죠. 이런 자료들을 모으면 나중에 콘텐츠를 제작할 때 큰 아이디어가 되고, 나와 다른 사람들을 이해하는 데도 도움이 됩니다.

SNS에만 기대면 안 되는 이유와 온라인 세상에서 나만의 땅이 필요한 이유 역시 알게 되었을 거라 믿습니다. 그게 무엇이든, SNS라는 중개 없이 사람들을 만날 수 있는 장소를 꼭 마련하길 바랍니다.

팔로워 수와 조회수는

돈 안 됩니다

03

2.5만 명의 팔로워를 보유하고 있으면서, 한참 유행 중인 다이어트를 주제로 틱톡 계정을 운영하는 분이 있었습니다. 이 튼실한 계정으로 할 수 있는 것들에 대해 혼자 상상의 나래를 펼치다가 한번 만나자고 제가 먼저 제안했습니다.

직접 만나서 들어보니 예상보다 상황이 좋지 않았습니다. 틱톡은 조회수 수익이 없는 플랫폼이라서 조회수로 돈을 받을 수 있는 것도 아니고, 그렇다고 광고 수익이 쏠쏠하거나 광고가 매달 고정적으로 들어오는 것도 아니었습니다. 오히려 그분이 한참 더 적은 수의 팔로워로 쏠쏠한 수익을 내는 제 방법을 알고 싶어 했죠. 그동안 생각했던 게 있어서 이렇게 제 의견을 전했습니다.

"이렇게 좋은 재료를 가지고 있으니, 저라면 구독자들을 오픈

27

카톡방에 모아서 대표님의 다이어트 방식을 무료로 트레이닝해 줄 것 같아요. 가볍게요. 그러면서 구독자들이 질문하거나 필요로 하는 것들을 잘 들어볼 거예요.

만약 어떤 폼롤러가 가장 군살을 빼기에 좋은지 여러 명이 물어봤다면, 대표님이 늘 추천하는 폼롤러 브랜드 담당자에게 연락해 수수료를 받고 판매해도 좋겠죠. 해외에서 가져와 수수료를 조금 더 얹어서 제공하는 방법도 있을 거고요. 제품이 아니라 날씬하게 살 수 있는 평생 습관을 만드는 걸 원하다면 다이어트 챌린지 그룹을 만들어 돈을 받고 모임을 운영할 수도 있을 거예요.

무엇이든 일단 같이 모여 이야기하다 보면 그들이 원하는 방향이 분명히 있을 거예요. 그 방향에 맞게, 그들이 원하는 것을 이룰 수 있도록 돕는다는 생각으로 적당한 것을 찾아보면 좋을 것 같은데요."

이 만남 후 그분은 팔로워를 대상으로 한 단톡방을 오픈했습니다. 소규모 무료 트레이닝을 통해 구독자들과 다양한 이야기를 하며 단톡방을 즐겁게 운영한다는 소식이 전해졌죠. 그 후 한 회사와 협업하여 제품을 판매하기 시작했다는데, 판매 웹사이트를 오픈한 지 10일 차 되던 날에 이런 문자가 도착했습니다.

"아나님! 저 드디어 직장을 그만둘 수 있을 것 같아요! 10일 만에 매출 500만 원이 나왔어요!"

이분이 그 어떤 행동도 하지 않고, 그저 열심히 콘텐츠만 만들었다고 생각해 보세요. 매일 어떤 콘텐츠를 만들어야 할지 고민하고, 만들면서도 적지 않은 에너지를 쏟지만, 기대했던 광고가 들어오지 않는다면? 2.5만 명이나 되는 팔로워가 있어도 광고주와 제대로 거래하지 못해서 광고비를 많이 받지 못하는 상황이라면? 틱톡은 조회수가 100만이 나오든 1,000만이 나오든 조회수 수익이 없는 플랫폼이라서 터무니없이 적은 광고 수익만 남았을 거예요.

조회수가 돈이 되는 플랫폼인 유튜버라고 다를까요. 유튜버 역시 구독자 수가 상당한 궤도에 오르기 전엔 수익화가 어렵습니다. 그나마도 구독자 수 대비 조회수가 많이 나오지 않으면 수익은 들쭉날쭉하겠지요. 그러다가 앞에서 말한 것처럼 '플랫폼이 검색노출 로직을 변경하는 순간' 그나마 있던 조회수 수익조차 더 이상 나와 상관없는 말이 될지도 모릅니다.

구독자가 1,000명 정도인 인스타그램 계정을 운영하는 분을 만난 적도 있습니다. 엄마였던 그분은 아이 셋과 함께하는 일상이 주 콘텐츠였어요. 어느 날 제가 사는 동네로 온다며 얼굴 한번 보자고 하기에 동네 스타벅스에서 만나게 되었습니다.

이야기해 보니 그분은 결혼 전인 20대부터 본인이 늘 꿈꾸는 것들을 적어두고, 드림 리스트를 인쇄해 벽에 붙이고 살았다고 합니다. 결혼도 본인이 원하는 나이에, 원하는 아이들 수와 성별까지 미리 계획했고, 최근엔 원하던 곳에 청약도 당첨되었다고 하더군요. 모든 과정 하나하나를 놓치지 않고 다이어리에 기록했고, 늘 계획을 세우며 실천해 왔다고 했어요. 그 성실함에 정말 놀랐습니다. 명확한 목표를 정하면 이루고자 하는 것을 진짜 이룰 수 있다는 것을 다시 확인하는 기쁨도 있었죠. 그날, 그분을 위해 이런 말을 했습니다.

"분명히 어떻게 드림 리스트를 작성하는지, 어떻게 계획해야 하는지, 반성은 어떻게 하고, 기록은 어떤 방식으로 해야 하는지 궁금해하는 분들이 있을 거예요. 어머니의 무기가 너무나 확실하니 도전해 보세요. 어머니의 삶이 그 증거니까 더 신뢰가 가고요. 먼저 어머니의 삶을 인스타그램으로 보여주고, 그 과정이 전부 드림 리스트와 계획, 기록과 함께였다는 것을 잘 풀어 콘텐츠를 만들어 보세요.

그리고 함께 참여해서 나도 목표를 이루고 싶다고 생각하는 분들을 모아서 가르치세요. 함께 기록하고 계획하는 연습도 하고요. 그분들도 그것을 일상으로 삼아 드림 리스트를 이룰 수 있도록 돕는 거죠.

참, 어머니만의 기록 습관이나 다이어리 형태가 있을 테니 그것을 바탕으로 디자인 외주를 맡겨 펀딩해도 좋을 것 같아요. 혹은 굿노트 속지처럼 아이패드용 다이어리 속지를 직접 SNS에서 판매해도 좋고요."

이 만남을 기점으로 그분은 함께 드림 리스트를 작성하는 모임을 운영하게 되었다고 해요. 네이버 인물 검색에 직접 본인을 등록하고, 그간 꿈만 꾸던 책도 내고, 꼭 한 번 해보고 싶다던 온라인 강의도 시작한다는 소식이 들려왔죠. 무엇보다 드림 리스트 작성을 브랜딩 주

무기로 삼았습니다. 한 사람의 삶이 녹아있는 콘텐츠로 계정을 더 활성화하고, 본인의 삶을 만들었던 무기를 상품화해 같은 목표를 꿈꾸는 사람들과 함께하게 된 거죠.

이 이야기들을 읽으며 어떤 생각이 드나요? 저는 조회수를 늘리기 위한 콘텐츠 제작이나, 팔로워를 급하게 많이 늘리기 위한 작업은 하지 말라고 하는 편입니다. 조회수와 많은 팔로워 수가 돈이 된다고 생각하지만 착각이거든요. 진짜 돈이 되는 것은, 내가 구독자와 만나는 내 땅에서 그들이 진정으로 원하는 것을 아는 것에서 발견할 수 있습니다. 그것이 무엇인지 대화도 하고 질문도 하면서, 그들의 필요성을 나만의 상품으로 내보이는 것이 수익화를 위한 가장 빠른 길입니다.

나만의 상품은 다양합니다. 챌린지, 모임, 강의, 또는 물건이 될 수도 있고, 협업이 될 수도 있습니다. 나만의 온라인 땅에 모인 사람들이 원하는 게 무엇인지를 찾아 따라가는 게 방법입니다. 그들이 진정으로 원하는 것을 찾고, 그 '원츠wants'를 채울 수단이 무엇인지 깊이 고민하고, 이런 걸 해보려고 하는데 어떻게 생각하는지를 먼저 물어보세요. 그리고 그 모든 고민과 행동을 잘 보여주세요. 그다음에 그것을 나만의 상품으로 내걸고, 실제로 판매를 시작하는 겁니다.

돈 말고,

반응과 관계를 벌자

04

"어떤 걸 해야 SNS로 돈을 벌 수 있을까요? 사업적으로 이야기를 한번 해보고 싶습니다."

이런 제안을 수도 없이 받습니다. 비즈니스적으로 다가와 같이 성장하자는 게 아니라, 될 만한 아이템을 골라보라는 격이죠. 제 생각은 조금 다릅니다. AI가 한국어를 할 수 있도록 검수하는 디지털 폐지줍기, 해외 구매대행 소싱 등 저 역시 돈을 벌기 위해 온갖 아르바이트를 병행했습니다. 그런데 생각해 보세요. 제가 이런 일들을 하면서 지금까지와 완전히 다른 프로젝트를 오픈한다면 전에 제 물건을 구매했던 사람들이 저를 따라올까요? 아닙니다. 이 프로젝트에 맞는 새로운 잠재고객을 찾는 일, 즉 0부터 다시 시작해야 합니다.

그러나 콘텐츠에 대한 반응과 나를 팔로우 하는 사람들과의 관계에 집중하면 확장성이 달라집니다. 어떤 새 프로젝트를 시작한다고 해도 나를 전혀 모르는 사람들보다는 관심을 보일 확률이 높죠. 그들이 '오랫동안 지켜본 나'라는 사람이 하는 프로젝트니까요.

그래서 수많은 광고가 넘치는 세상에 광고만 때려 붓는 건 처음부터 불리하다고 생각합니다. 새로운 잠재고객은 이미 '광고'에 질린 상태라 대부분은 광고비만 버릴 뿐이죠. 그러나 SNS를 통해 관계를 맺고 반응을 일으키는 것에 집중한다면, 새 프로젝트라고 해도 0부터 시작할 필요가 없습니다.

만약 하나의 프로젝트를 성공적으로 마쳤다면, 그것을 구매한 사람들이 말하는 다른 것들이 보일 겁니다. 구매 고객이 하는 질문도 좋고, 장단점, 사용기 등 무엇이든 좋습니다. 그 이야기들을 잘 모아서 들여다보면 하나의 큰 맥락이 만들어집니다. 이제 그 맥락을 판매할 준비를 하면 되는 거죠.

예를 들어 노트 앱인 굿노트 속지를 디자인했다고 할게요. 이것을 구매한 사람들의 이야기를 들어보세요. "지금이 봄철이라 그런지 벚꽃색이라 좋았어요. 앞으로 계절마다 다른 게 나오면 계절마다 구매할 거예요"라는 반응이 압도적이라면, 계절마다 하나씩 계절색에 맞게 디자인한 속지를 론칭할 수 있겠죠.

혹은 "이걸 너무 사고 싶은데, 지금 해외라서 결제가 안 돼요. 해외에서도 구매할 방법이 없을까요?"라는 반응이 압도적이라면, 상세 페이지에 페이팔로 결제할 수 있다는 걸 큼지막하게 써두고 따로 결제창을 만드는 겁니다.

"이 속지를 본 제 외국인 친구들도 이걸 너무 사고 싶어 해요. 보고 사고 싶은데, 혹시 해외에서는 판매할 계획이 없나요?"라는 반응이 많다면, 타깃은 새로운 나라의 새로운 사람으로 확장될 수 있습니다. 이런 경우라면 해외 사이트인 'Etsy'에서 상점을 열 수도 있을 겁니다. Etsy 홈페이지 자체 광고를 이용하거나, 아예 시각적인 것만 보여주는 콘텐츠를 제작해도 좋습니다. 글로벌 앱인 틱톡에서 영상으로, 이 속지를 어떻게 쓰는지 보여주기만 해도 언어가 딱히 필요 없는 콘텐츠를 제작할 수 있죠.

모두 반응과 관계에 집착해야만 얻을 수 있는 결과물입니다. 우리 일상을 되짚어보세요. 나는 관심이 많은데, 계정 주인이 딱히 소통하려는 의지가 보이지 않으면 그냥 팔로우만 하게 됩니다. 이 사람이 어떤 프로젝트를 해도 '그러려니' 하며 넘어가기 일쑤일 겁니다. 그 계정 주인과 자주 소통하던 사이라면 이야기가 달라지겠지요. 관심도부터가 다릅니다.

한 프로젝트에서 파생된 플랫폼이나 타깃 확장이 전부가 아닙니다. 반응과 관계에 집착하면 확장되는 '주제'에 대해서도 생각해 볼 수 있습니다. 처음 네이버 인플루언서 강의를 시작했을 때만 해도, 제 블로그를 궁금해하는 사람이 많아서 블로그를 주제로 한 강의를 오픈했습니다.

강의를 진행하자 블로그 말고 다른 SNS도 배우고 싶다는 사람들이 늘었습니다. 결국 요청이 많아져서 SNS 전체를 활용한 브랜딩 강의를 시작하게 되었죠. 그러자 이번에는 가장 빨리 수익화에 이르는 방법이 '온라인 모임'이라는 걸 알게 된 수강생들의 요청이 이어졌습니다. 저 또한 온라인 모임을 운영하면서 쌓은 것이 있어서, 그때부터 온라인 모임을 만드는 방법과 홍보하는 법, 모임을 운영하는 방법까지 모두 제 시그니처 강의로 만들게 되었습니다.

이후에 진행한 모든 프로젝트도 이 흐름과 같습니다. 구매 고객 중 뭔가를 요청하는 사람들이 꾸준히 모이면 그것을 내 상품으로 만들 수 있는 거죠. 고객들이 '이 부분이 불편해요'라는 댓글을 달았을 때 그냥 넘어가지 마세요. 그 문제를 해결한 다른 것을 상품화할 기회일 수 있습니다.

예를 들어 모든 프로세스를 하나하나 짚어야 하니 힘들다는 피드백을 듣는다면 로드맵을 만들어 한눈에 볼 수 있도록 제작한 PDF를 판매할 수 있습니다. 혹은 이런 피드백을 전부 수렴하여 기존의 상품을 업그레이드해도 됩니다. 방법은 다양하고 많습니다. 돈이 아니라 사람들과의 반응과 관계를 벌기 시작한다면, 앞길은 보려고 하지 않아도 보이게 마련입니다.

잡담 말고
진짜 '썰' 푸는 법

한번은 어떤 분이 본인이 운영하는 인스타그램 계정 링크를 보내주었습니다. 의류 쇼핑몰을 운영하며 열심히 SNS를 운영하고 있는데, 어디서부터 잘못된 건지 어느 순간부터 계정이 잘 크지 않는다는 고민도 함께 말이죠.

그 인스타그램 계정에 들어가니 옷이 잘 보이도록 사진도 잘 찍었고, 스타일도 통일되어서 한눈에 어떤 브랜드인지 인식하기 쉽다는 좋은 인상을 받았습니다. 피드만 봤을 때는 뭐가 문제인지 알기 어려워서 갸우뚱하며 피드 게시물을 열어봤습니다. 그제야 왜 안 되는지 단번에 이해되더군요. 피드는 친구 가족이 어떻게 되었다는 이야기, 본인의 일상 이야기, 본인이 키우는 동물 이야기로 가득했습니다.

뭐가 문제인지 보이나요? 본인의 개성이 드러나거나 내 브랜드 옷이 돋보이는 이야기가 아니라는 게 문제였습니다. '정체성'을 드러내기 위해 일상을 '소재'로 써야 하는데, 그냥 사건들만 나열한 거죠. 어떤 소재가 내 계정의 정체성과 이어져야 팔로워도 공감할 수 있다는 걸 잊은 결과입니다. 어떤 메시지나 WHY가 없다면, 주변에서 일어난 일을 그대로 옮긴 잡담일 뿐입니다.

예를 들어 '오늘 친구 강아지랑 한강에서 놀았다'라는 게 오늘의 소재라고 해봅시다. 그냥 '잘 놀았습니다'로 끝난다면 어떤 것도 드러내기 힘듭니다. 오늘 하루 있었던 일을 메모한 일기장이나 다름없죠. 이야기를 내 계정의 정체성과 결부시키려면 다음과 같이 해야 합니다. 이 계정의 목적은 어쨌든 옷을 판매하는 것이니까요.

> "한강에서 친구랑 놀려고 스키니진을 입고 갔다. 친구가 강아지를 데려왔는데, 푸들이라 그런지 10km를 뛰는 데도 지치질 않아. 와, 말로만 듣던 푸들 체력 실시간 체험. 힘이 넘치는 강아지와 2시간여를 놀아주는 와중에도 바지가 불편하지 않아서 천만다행!"

잡담 말고 썰을 풀려면 유의해야 하는 몇 가지를 짚어보겠습니다.

첫 번째, 팔로워가 몰입할 수 있는 어떤 것을 먼저 던져야 합니다. 그러려면 그들이 궁금해할 만한 것, 관심 있어 할 만한 것, 혹은 꼭 풀고 싶은 문제 등 내 팔로워들이 어떤 사람인지를 구체적으로 생각해봐야 합니다. 내 팔로워 중 한 사람은 이런 사람이라고 구체적으로 상상해 보는 겁니다.

이 사람은 38세로 스몰 비즈니스 오너입니다. 마케팅 없이도 지금까지는 썩 잘 운영해 왔는데, 코로나 이후 새로운 고객을 유치하는 일이 점점 어려워졌습니다. 오프라인이 아니라 온라인 세상으로 눈을 돌려 새로운 고객을 찾기로 했죠. 어떻게 내 사업을 내보일지 강구하고, 강의도 여럿 들었지만 실제로 적용하는 게 생각보다 어렵습니다. 강의 들을 땐 '아하! 모멘트'가 많았으나, 배운 걸 이것저것 적용해 봐도 성과로 이어지지 않아 막막합니다.

이 사람이 궁금해하거나 관심 있어 할 만한 것은 무엇일까요? 당장은 마케팅을 내 사업에 적용하는 방법이 절박할 테고, 온라인상에서 어떻게 내 상품을 사람들에게 닿게 할지, 광고비를 적게 들이고도 많은 사람의 구매로 이어지게 만들 방법은 무엇인지도 궁금할 겁니다. 더 자세히 들여다보면, 우선 온라인 마케팅 자체가 어렵다는 문제가 있습니다. SNS가 처음이라 생태계도 잘 이해되지 않고, 광고하려고 해도 광고 콘텐츠는 또 어디서부터 어떻게 만들어야 하는지도 막막하겠죠.

이렇게 구체적으로 한 사람을 가정하고, 그 일상을 상상해 보면 문제는 끊임없이 찾을 수 있습니다. 이러한 것들을 최대한 구체화하세요. 그리고 이 사람이 궁금해하고 관심 있어 하는 것과 문제점을 사용해 화두를 던지는 겁니다. 화두를 던지는 데는 20가지 정도의 방법이 있습니다. 여기에 내 팔로워 상황을 대입해서 사용해 보세요. 이 방법을 사용하기 전과는 다른 관심을 끌 수 있을 겁니다.

화두를 던지는 20가지 방법

질문으로 시작하기	"왜 그런지 궁금한 적이 있나요?"
통계 사용하기	"X%의 OO이 Y라는 사실을 알고 있었나요?"
개인적인 이야기 들려주기	"저는 X였지만 Y를 배웠습니다."
일반적인 오해 풀기	"사람들이 믿는 것과는 달리…"
유추 사용하기	"X는 Y와 같습니다. 왜냐하면…"
혜택 제공하기	"X를 실행하면 Y를 이룰 수 있어요."
긴박감 만들기	"Y를 해결해 줄 수 있는 X를 놓치지 마세요."
대담하게 진술하기	"X는 Y에 대해 알게 될 가장 중요한 것입니다."
은유 사용하기	"X는 Z의 Y입니다."
예 사용하기	"예를 들어 X를 하면 Y가 됩니다."
묻고 답변하기	"X가 Y를 한 이유는 뭘까요? 바로 Z 때문입니다."
예측하기	"지금과는 달리 미래에는 X가 표준이 될 것입니다."
인용문 공유하기	"X라는 사람이 'Y'라고 말한 것처럼"
문제를 던져 감정 자극하기	"X를 하는데 지치거나/화가 났거나/슬펐다면 Y를 해보세요."
어려움을 상상하게 만들기	"X 상황에 처한 나를 상상해 보세요."
역설적으로 이야기하기	"X가 진짜일 수도 있지만 Y도 찐입니다."
당장 궁금하게 만들기	"X (사건/이야기)에서 다음에 무슨 일이 있었는지 파트 2에서 알려드릴게요."
충격적인 사실 알리기	"X는 여러분이 생각하는 것보다 훨씬 더 위험합니다."
사용 후기와 드라마로 끝내기	"저는 X를 시도/변화했고 그것이 제 인생을 송두리째 바꿨습니다."
역사적 증거 사용	"X는 Y를 이루기 위해 수 세기 동안 유지되었어요."

두 번째, 썰의 소재는 개인적인 이야기도 좋고, 주변 사람 이야기도 좋습니다. 그러나 서사는 반드시 통일되어야 합니다. 어딘가 결핍이 있는 주인공으로 사건이 시작됩니다. 서사의 중간에는 풀리지 않는 문제나 고비가 있어야 합니다. 마지막 마무리는 결핍이 해결된 결말이 필요합니다. 우리가 보는 모든 드라마, 소설, 만화, 친구의 친구 이야기 등에는 모두 고비가 있습니다. 그 고비가 없는 이야기는 아무리 잘 짜여 있다고 해도 기억에 남지 않습니다. 평이한 사건들의 나열에 불과한 이야기가 될 수밖에 없으니까요.

아무 문제 없는 주인공으로 이야기를 시작하면, 갑자기 문제가 나타나는 게 어색합니다. 그래서 어떤 사건을 이야기하려면 반드시 주인공에게 뭔가 문제가 있어야 하죠. 아침 드라마 단골소재인 불륜은 언제 봐도 화나잖아요? 항상 당하던 부인이 어느 날 김치를 준비하더니, 남편에게 '김치 싸대기'를 날립니다. 불륜은 정말 물린 소재지만 부인의 이런 행동은 속 시원하죠.

이처럼 '주인공이 가진 문제나 결핍'에 따른 '고비'와 '문제를 해결한 행복한 결말'을 준비해 여러 가지 버전으로 이야기를 써보세요. 단순 사건을 나열한 후 그 과정에서 떠오르는 문제나 고비, 결말을 이어서 써보는 겁니다.

세 번째, 내가 하고자 하는 이야기를 나의 정체성에 맞게 먼저 정한 후, 그 메시지로 썰의 끝을 마무리합니다. 위의 3가지를 적용해 지금부터 썰을 풀어보겠습니다. 다음 내용은 연습용이 아니라 소개 피드에 가장 먼저 보이는 실제 제 이야기입니다. 누구나 삶이 드라마보다 더 드라마 같은 순간이 있다고 생각합니다. 남들에게는 아무것도 아닌 일이라도 그 사건 사이에 있는 고비를 '확대해서' 들여다보세요. 그리고 그 순간에 느낀 감정을 생생하게 이야기해 주세요. 이런 '썰'이 쌓이고 사람들이 썰에 몰입하면 내가 하는 일에도 맥락이 생깁니다. 그게 곧 내 정체성이 됩니다.

가난한 대학생이 어쩌다 콘텐츠로 먹고살게 된 4년간의 이야기
→ 개인적인 이야기 들려주기
"저는 X였지만 Y를 배웠습니다" + 가난한 대학생이라는 결핍이 있는 주인공

2018년, 새벽 5시부터 밤 11시까지 10년 넘게 연중무휴로 장사하던 부모님이 파산하면서 이런 생각이 들었습니다.

문제나 고비 시작

'절대 무작정 열심히 살지 말자. 내가 하고 싶은 거 다 하면서 영리하게 살자.'

살던 월세방을 빼줘야 해서 갈 데 없는 저에게, 당시 다니던 회사 사장님께서 아파트 방 하나를 내주셨습니다. 천운이었죠? 공짜 밥을 먹어보겠다고 친구랑 시작한 네이버 블로그를 4년쯤 운영했을 때, 저는 이 회사의 아르바이트에 지원했었습니다. 1년쯤 블로그 콘텐츠 제작을 전담한 후 아르바이트생에서 정직원이 되었죠. 사장님 댁에 함께 살면서 오너 마인드가 무엇인지를 삶으로 피부로 배울 수 있었습니다.

이 회사는 여행사라 팸투어를 간 적이 있습니다. 다른 회사나 인플루언서들과 함께 가는 자리였는데, 제가 너무 좋아하던 유튜버가 미팅 자리에 떡하니 앉아 있었어요. 팸투어 내내 '저 직업, 나한테 딱 맞아. 나 저거 하고 싶어'라고 생각하게 되었습니다.

2019년, 당시 월급이 세후 150만 원이었는데 전부 저축하고, 생활비는 아르바이트로 충당했어요. 돈은 쪼들려, 집은 얹혀살아, 가족들 상황은 드라마보다 더 드라마 같아 우울증이 세게 왔습니다. 어느 날 눈을 떴는데 더 이상 이대로는 안 되겠다 싶어서 회사를 그만두었습니다. 사장님께 큰 배신인 걸 알면서도.

사는 꼴도, 땅도, 나라는 사람의 정체성도 다 버리고 새로 시작하고 싶어서 남아공이라는 나라로 떠났습니다. 그렇게나 하고 싶던 여행 유튜버를 꿈꿨죠. 남아공에서 만난 자스민, 멜리나, 데이비드, 소피아와 미친 듯이 여행했고, 3개월 만에 새로운 사람으로 다시 태어났습니다. 전 재산을 투자해 여행 유튜브를 시작했고, 조회수도 구독자 수도 시원찮았지만 오히려 얻은 게 더 많았습니다.

한국으로 돌아온 뒤에는 뭐라도 해야 했습니다. 유튜브에 이미 전 재산을 다 투자한 뒤라 아무것도 가진 게 없었거든요. 길에서 캐리커처도 그려보고, 구매대행, AI 한국어 검수, 디자인 외주, 스마트스토어 그림 판매, 빵집과 카페 아르바이트, 문구 브랜드 론칭 등 진짜 닥치는 대로 했던 것 같아요. 매출은 0원으로 끝났지만.

신촌 고시원에서도 살고, 곰팡이가 벽 하나를 다 채운 원룸에서도 살며 '야~, 난 안 될 팔자인가보다'라고 생각했지요. 이일 저일 하다가 꽤 괜찮은 중소기업 회사에 디자이너로 지원했습니다. 저는 커뮤니케이션 디자인을 전공했거든요. 면접이 끝나고 회사 대표님께서 직접 아이스 아메리카노를 제대로 내려 주시는데, 딱 무슨 생각이 들었는지 아세요?

'나 괜찮은가보다. 돈값 할 수 있는 사람인가보다. 이런 회사 대표도 내 가치를 알아보는데, 나는 나한테 뭐한 거야?'

1년만 더 열심히 해보자고 생각하던 찰나 온라인 강의 제안을 받았습니다. 묻지도 따지지도 않고 시작했죠. 쉽지 않던 지난 시간을 거치면서 실패해도 경험은 남는다는 걸 배웠으니까요. 무엇보다 하고 싶었어요. 이 3년간의 모든 일을 콘텐츠로 제작했고, 그 콘텐츠들을 보며 나를 찾는 사람들이 더 많아졌다는 걸 느꼈습니다.

3년간 콘텐츠가 진짜 왕이고,
리더는 판매가 아니라 설득하는 사람이고,
콘텐츠와 리더십이 합쳐졌을 때, 나는 나만의 삶을 꾸려갈 수 있는 (나 스스로의) 리더가 될 수 있겠다는 작은 희망을 보았습니다.

(전하고자 하는 메시지)

때마침 론칭한 강의가 터지면서 콘텐츠의 위력을 다시 느꼈습니다. 강의, 모임, 코칭, 컨설팅 등을 통해 쌓인 것들을 토대로 지금은 다양한 서비스를 제공하고 있습니다. 현재도 제 좌우명은 유효합니다. '영리하게 하고 싶은 거 다 하며 살자!' 여기까지 오는 동안 한심하다는 말도 들었고, 나 자신에게 모진 말도 많이 했고, 앞으로도 언제 무슨 일이 일어날지 모릅니다. 그러나 그 모든 것이 모여 '지금의 나'를 만들었다고 생각합니다. 끊임없이 콘텐츠를 만들고, 새로운 시도를 하고, 하고 싶은 게 있다면 주저하지 않고 도전하는 저를요.

행복한 결말

SNS와 조회수, 광고 수익을 위한 콘텐츠 제작이 중심이었던 사람들은 '나만의 어떤 것'을 내거는 일을 처음에는 선호하지 않습니다. 하지만 팔로워와의 관계와 반응을 통해 SNS를 운영하는 게 중요하다고 꾸준히 말해왔는데요. 이번에는 SNS를 활용하는 방법에 관해 이야기해 보겠습니다. 생각보다 어렵지 않습니다. 총 6단계입니다.

1단계: 나의 맥락 찾기

SNS는 나의 정체성과 맥락을 드러내는 도구로 사용해야 합니다. 그러려면 우선 나의 맥락이 뭔지를 알아야 하죠. 강의 중에 맥락을 찾기 위해 마인드맵을 해보라고 했더니, 어떻게 시작해야 하는지 막

45

막해하는 사람이 많았습니다. 한참을 헤매다가 이렇게 질문하더군요. "성격, 잘하는 것, 싫어하는 것, 목표 이렇게 나눠봤는데 잘 모르겠어요. 해왔던 일이나 과거를 조사해야 할까요?"

물론 과거를 더듬어보는 것도 좋지만, 깊이 경험해 본 것과 내가 좋아하는 것의 목록도 함께 적어보세요. 그다음에 내가 적은 것들의 '세부 목록'을 다 펼쳐두고 그사이에서의 맥락을 찾는 게 중요합니다. 예를 들어 내가 적은 목록에는 어떤 잡무가 있고, 어떻게 분류할 수 있는지, 어떤 성격을 띠는 것인지 적는 거지요.

맥락을 찾는 5Why를 이용하는 것도 좋습니다. 5Why는 '왜'를 5번 물어보며 근원을 찾는 질문법입니다. 문제가 생기면 핵심을 파악하기 위해 5번 정도를 나 자신에게 묻고 대답하는 과정을 거칩니다. 내가 좋아하는 것, 깊이 경험해 본 것, 재능으로 인정받거나 남들보다 수월해서 내가 잘한다고 생각하는 것을 5Why를 통해 좀 더 객관적으로 깊이 들여다볼 수 있습니다.

왜 이 일을 시작했는지, 왜 더 좋아하거나 남들보다 더 잘한다고 생각하는지, 왜 일정 시간 이상 이것들을 해왔는지, 그것들이 어떤 가치가 있는지, 내가 좋아하지 않는 부분은 없었는지 등을 다음 표에 자세히 적어보세요.

내가 좋아하는 것 저는 5개의 회사를 거쳤습니다. 교수님이나 대표님들이 추천하는 회사에 입사해 일당백 포지션을 잡곤 했습니다. 회사의 규모는 늘 작았고, 전공인 디자인만 하는 곳도 아니었죠. 홍보, CS, 서류 작업, 영업, 현장 컨트롤, 마지막 회사에서는 회계와 외국 비즈니스 트립까지 다녔습니다.

46

맥락 찾기에 도움이 되는 5why

	why 왜 시작했나요?	**why** 왜 더 좋아하거나, 깊이 경험해 봤거나, 내가 더 잘한다고 생각하나요?	**why** 왜 더 좋아하거나 깊이 경험하거나 잘하는 것을 일정 시간 이상 했나요?	**why** 왜 이 일을 위해 시간을 보내었나요? 이 일이 나에게 어떤 가치를 주나요?	**why** 왜 유지해 왔나요? 좋아하지 않는 것도 있나요?
내가 좋아하는 것					
내가 깊이 경험해 본 것					
내가 잘하는 것					

더 큰 회사에 지원해 내 일만 할 수 있는 곳을 찾아도 됐을 텐데, 제 그릇이 작아 그런 줄로만 알았습니다. 그런데 어느 날 제가 해온 일을 자세히 뜯어보니 '어떤 현상의 중심에 있는 것을 파악하고 적용하는 것'이 그 중심에 있었습니다. 모든 일에 저만의 사고를 대입해서 제 스타일대로 적용하는 걸 좋아하다 보니 모두 다른 일을 같은 일인 것처럼 도맡아 왔던 거죠.

제 맥락을 찾아 나갈 때 했던 일 중 하나는 '내가 좋아하는 것의 맥락도 뜯어보기'였습니다. 맥락은 일에서만 찾을 수 있는 게 아니거든요. 내가 좋아하는 것들 사이에도 연결된 무엇이 있습니다. 예를 들어 저는 다른 음악보다 재즈를 좋아합니다. 가사도 이해하지 못하는 재즈 팝도 그저 그 리듬이 좋아서 듣죠. 하지만 좋아하는 것들의 맥락을 살펴볼 때도, 이 재즈만은 끝까지 이해되지 않았습니다. 세련되고, 왠지 음악을 잘 아는 사람들이 즐겨야 할 것 같은데 저는 그런 사람이 전혀 아니었으니까요.

그런데 내가 해온 일의 맥락을 잡고 나니 다르게 보이더군요. 재즈는 정해진 박자 없이 연주하는 사람이 즉흥적으로 만들어냅니다. 같은 곡이라도 연주자에 따라 변주 폭이 매우 넓죠. 가끔은 전혀 다른 곡인 것 같다고 느껴질 정도니까요. 즉, 재즈라는 분야 자체가 정해진 틀 없이 원하는 대로 변주가 가능하고, 다양한 장르를 적용해 구현할 수 있다는 게 제가 좋아한 이유라는 걸 이해할 수 있었습니다.

내가 깊이 경험해 본 것　내가 깊이 경험해 본 것은 뭐가 있는지도 적어보세요. 제 경우 '여행'을 좋아하는 것이 아니라 '깊이 경험해 본 것'으로 분류했습니다. 다른 나라로 여행을 떠나면 보통은 그 나라의 맛집과 쇼핑과 관광지를 먼저 찾죠. 그리고 그런 것을 즐긴다면 여행을 '좋아하는 것'에 넣으면 됩니다. 저는 현지인들과 친구가 되어 오랫동안 그들의 영역에 머무르곤 했습니다. 그러고는 마치 치환하듯이 내 나라에 살면서 느꼈던 것들을 다 씻어내고, 그 나라의 것을 내 정체성에 묻혀오곤 했습니다.

옆 나라로 가는 나이트 버스에서 아프리카의 한 할머니를 만났습니다. 그 할머니와 저는 버스에서 이야기를 나누다가 다른 나라에 도착했죠. 어쩌다 보니 할머니 댁에서 며칠을 보내게 되었는데, 하루는 할머니 예전 직장 동료들을 만나러 함께 길을 나섰습니다. 그때 "직장 다니던 50년 동안 매일 같이 다녔던 길이라 이 길을 참 좋아해"라는 말을 들었던 게 아직도 가끔 떠오릅니다. 이런 식입니다. 경치와 먹을거리가 아니라 그런 순간들이 마음에 남고, 그것을 위해 여행을 가는 편입니다.

한 번은 베트남에서 어떤 가이드를 만났습니다. 영어를 전혀 모르는 소수민족이었는데, 국가에서 가이드 직업으로라도 먹고살라는 정책을 폈다고 해요. 그래서 6개월 만에 영어를 마스터하고, 전 세계 사람들을 대상으로 영어 가이드를 한다고 하더군요.

드러나지 않는 피나는 노력을 알기에 "무엇이 당신을 이토록 열심히 살게 만드나요?"라고 물었습니다. 알고 보니 이 소수민족은 며느리가 집안일을 하면서, 바깥에서 돈을 벌어와 남편과 남편 어머니까지 먹여 살려야 하는 종살이 문화를 가지고 있었습니다. 생계를 책임지는 사람이 본인밖에 없으니 매일 큰 산을 하루에 2번 이상 넘나들며 가이드를 했다고요. 나중에 결국 이혼하게 되었다는 말을 듣고는 축하한다고 꼭 껴안아 주었습니다.

나는 굉장히 외향적이고, 사람을 좋아해서 여행이 잘 맞는다고 생각해 왔습니다. 그런데 5Why를 적어보니 저에게 여행은 '좋아하는 것'이 아니라 '깊이 경험해 본 것'에 해당했습니다.

제가 여행을 의미 있게 바라보는 건 나라마다의 문화와 그 문화 속에서 살아가는 사람들을 사회학적 관점에서 직접 체험할 수 있기 때문이었습니다. 위키피디아에 따르면 사회학이란 '사회적 행위를 해석하면서 이해하고, 그 과정과 결과를 인과적으로 설명하려고 하는 과학'이라고 나와 있습니다. 제가 해왔던 일의 맥락과 꼭 맞아떨어지죠. 억지로 엮는 게 아니라 이렇게 작은 부분까지 뜯어서 해체해 보세요.

내가 잘하는 것　잘하는 것을 찾을 때는 전공도 좋고, 오랫동안 해온 전문 분야도 좋습니다. 혹은 재능이라고 느껴질 만한 것도 좋습니다. 남들보다 월등하게 뛰어나지 않아도 됩니다. 한두 번이라도 남들에게 "어건 어떻게 하는 거냐?"라는 질문을 받은 게 있다면 전부 이 칸에 써보세요. 왜 잘하게 되었는지, 왜 이것을 내가 잘한다고 생각하는지, 왜 남들이 자주 물어보는 분야가 되었는지, 그중에서 내가 특별히 잘하는 것은 무엇인지 골라내는 겁니다.

'그림을 잘 그린다'라는 말도 자세히 들여다보면 사람마다 지닌 재능이 다릅니다. 컬러를 잘 쓰거나, 묘사를 잘하거나, 뭉뚱그려서 그리지만 멀리서 보면 형상화가 되도록 그리거나, 빛을 기가 막히게 표현하거나, 방향을 잘 잡아내 그리는 능력 등 모두 다 다르죠. 하나로

50

뭉쳐진 재능을 잘게 쪼개서, 이 3가지 조합을 꿰뚫고 나오는 하나를 연결해 주세요. 그 연결점을 가지고, SNS 콘텐츠로 올릴 만한지를 생각해 보는 겁니다.

또 5Why에는 일정 기간 이상 겪은 것만 넣어야 합니다. 최근에 푹 빠진 것들은 넣지 않아도 됩니다. 모두 다 적고 싶을 수 있지만, 긴 시간을 채웠던 것들을 고민하는 시간이 우선입니다. 이렇게 구체적으로 어떤 것에 어떤 성격이 있는지, 이것저것 요모조모 뜯어보세요. 며칠이 걸릴 수도, 몇 달이 걸릴 수도 있습니다. 하지만 일단 한 번만 찾고 나면, 나라는 사람을 총체적으로 이해할 수 있으니 반드시 해보길 바랍니다.

2단계: SNS 콘텐츠를 만들어 반응을 벌고, 관계 맺기

1단계에서 맥락은 찾았는데, 이걸 어떻게 SNS 콘텐츠로 만들지 고민이죠? 저도 그랬어요. 나름대로 맥락을 찾아 콘텐츠로 올릴 걸 정하긴 했는데, 이걸 어떻게 사용하느냐는 여전히 물음표였습니다. 그래서 제가 좋아하는 것들을 꾸준히 SNS 콘텐츠로 보여주며, 문제가 생겼을 때 어떻게 헤쳐 나가는지를 담기 시작했습니다. 길거리에서 캐리커처를 그려주게 된 이야기, 날이 너무 더워져서 온라인에서 캐리커처를 팔기로 한 이야기, 전에 그린 그림을 활용해 문구류 창업에 도전했는데 입점 심사가 까다로운 곳들을 어떻게 뚫을 수 있었는지 등이었죠.

물론 처음부터 포인트를 잡아도 됩니다. 하지만 당시에는 SNS에 사는 모습 그 자체를 담고, 제가 찾은 맥락을 함께 보여주면서 알맞은 주제를 잡을 생각이었습니다. 그러다 네이버 인플루언서 심사를 2번 만에 합격하게 된 계기를 쓴 적이 있습니다. 첫 번째 심사엔 뭘 제출했고, 두 번째 심사엔 뭘 다르게 해서 제출했는지에 관한 포스팅이었습니다.

그때도 '네이버 인플루언서'라는 키워드가 경쟁률은 매우 낮은데, 찾아보는 사람은 많다는 걸 알고는 있었습니다. 하지만 짐작보다 훨씬 많은 사람이 제 블로그에 들어와 질문하기 시작했죠. 반응이 예상보다 훨씬 좋았으며, 이를 계기로 사람들과 더 소통하게 되었고, 자연스럽게 제 블로그를 '이웃추가' 하는 사람도 늘었습니다.

이후로는 SNS를 운영하며 만나는 문제들이나 나름의 해결책을 써봤는데, 팔로워들에게 꾸준히 반응이 있었어요. 반응을 아는 방법이 뭐냐고요? '시청 시간'을 보면 됩니다. 대부분의 SNS 플랫폼에서는 사람들이 내 포스팅이나 영상을 몇 분이나 보고 있는지를 통계로 제공합니다. 그 통계와 팔로워가 느는 추이를 보며 어떤 게시물이 가장 반응이 있는지를 알아낼 수 있습니다.

이런 방식으로 먼저 반응을 체크하고, 그렇게 맺은 관계를 더 다져나가면 됩니다. 질문하면 꼬박꼬박 대댓글을 달고, 그와 관련된 콘텐츠도 제작하며, 팔로워들이 원하는 것이 무엇인지를 더 생각해 보고 소통하는 것이죠.

3단계: SNS 말고 나만의 땅으로 데려와 구독자 만들기

이렇게 모은 팔로워들을 나만의 땅으로 데려와야 합니다. 앞에서부터 쭉 읽었다면, 여러분도 SNS 플랫폼이 우리를 지켜주지 않는다는 걸 알 겁니다. 그렇다면 내가 주인인 나의 땅을 찾아야죠. 웹사이트, 무료 커뮤니티인 디스코드, 카카오톡 오픈 채팅방, 뉴스레터 무엇이든 좋습니다.

또 나만의 땅으로 팔로워를 데려오려면 '내가 그들에게 줄 수 있는 명확한 것'이 필요합니다. 경험상 처음에 구독을 유도할 땐 무료 전자책이나 자료를 주는 것이 좋았습니다.

예를 들어 다이어트를 다루는 계정이고 다이어트 콘텐츠를 보러 온 사람들이 타깃이라면, '일주일 안에 –1kg, 한 달간 총 4kg을 빼는 식사법'을 주제로 PDF 파일을 제공할 수 있을 거예요. 혹은 식사법을 알려주는 무료 단톡방도 좋겠죠.

만약 여행을 주제로 활동하는 사람이라면, 가장 인기 있는 여행지 맛집 리스트를 모아 장소와 가격을 함께 정리한 엑셀 시트를 공유해도 좋습니다. 타깃이 그런 정보에 반응이 많았다면 분명 수요가 있을 거예요. 단 이 경우는 빠른 정보가 생명이니 반응이 오자마자 엑셀 시트 제작에 들어가야 합니다.

또 육아를 주제로 활동하는데, 신생아에서 두 돌 이내 아이를 기르는 엄마라면 '아이들이 밤마다 숙면하도록 돕는 수면 교육법'을 주제로 미니 코스를 제공해도 좋습니다. 아이가 밤마다 깨서 우는 것을 한 번이라도 경험한 엄마라면 관심이 있을 테니까요.

리틀리(Littly) 웹사이트

내 땅으로 초대하는 방법이 궁금할 거예요. 앞으로 자세히 설명하겠지만, 구독 페이지 링크를 프로필에 넣어 둘 테니 그곳으로 와달라고 요청하면 됩니다. 만약 링크가 하나 이상이라면 리틀리Littly라는 웹사이트에서 링크 모음집을 만들어 나만의 링크를 발급받아 넣는 방법이 있습니다.

저는 나만의 온라인 땅으로 뉴스레터를 선택했습니다. 다양한 비즈니스 모델과 마케팅 방법, 콘텐츠를 제작하며 사는 삶에 꼭 필요한 것들과 정보들을 공유하는 뉴스레터를 매주 화요일과 토요일에 발행하고 있습니다. 우리의 진짜 목적은 '팔로워를 나만의 땅으로 데려와 관계를 더 깊게 다져나가는' 것이라는 걸 기억하세요.

뉴스레터든 뭐든 콘텐츠 제작 자체에 함몰되지 말고, 큰 그림을 한 번 더 확인하며 운영한다면 팔로워들이 친밀함을 느끼는 순간이 옵니다. 앞에서 설명한 '썰 푸는 법'에 유의해 콘텐츠를 제작하고, 언제 구독자를 찾아가는지 정확한 요일과 시간을 알려주세요. 나만의 온라인 땅을 시작하게 된 계기를 밝히고, 사람들이 의심하지 않도록 어떤 것을 받을 수 있는지도 명확하게 이야기해 주세요. 그리고 서서히 마음의 문을 열어나가는 겁니다.

4단계: 구독자한테 도움이 되는 나만의 어떤 것 만들기

뉴스레터를 나만의 온라인 땅으로 정하고 알게 된 것이 있습니다. 내가 소통하려고 노력해도 메일에 답변이 오거나 딱히 반응이 있는 건 아니라는 것을요. 운영한 지 한 달이 되어서야 '내가 또 콘텐츠를 잘 만드는 데만 신경 썼구나' 싶어서 부랴부랴 설문조사를 시도했습니다. 그래도 별다른 반응이 없어서 당황스러웠지만, 처음에는 관계를 다져가는 시기니 기다려야 한다고 마음을 다잡았어요. 그러나 곧 시작부터 잘못되었다는 걸 깨달았습니다. 내가 알려주고 싶은 게 아니라 구독자들이 원하는 걸 다뤄야 했던 거죠.

그래서 그때부터는 구독자가 보고 싶은 콘텐츠가 무엇인지, 구독자는 어떤 사람인지. 지금 당장 필요한 것은 무엇인지 등을 적극적으로 물었습니다. 이메일을 받아보는 사람의 이름을 넣어 뉴스레터를 발행하고, 이메일을 받은 당신의 생각을 회신으로 알려달라고 했죠. 또 그렇게 받은 회신엔 일일이 다시 답장을 보냈습니다.

또 뉴스레터를 약 3개월간 운영하면서 한 번도 바꾸지 않았던 양식을 바꿨습니다. "오늘 뉴스레터는"이라는 제목으로 별점만 매길 수 있던 설문조사 양식도 수정했죠. 별점 외에도 요즘 하는 고민은 무엇인지, 저에게 하고 싶은 말이 있다면 자유롭게 적어달라고 하며 여지를 두었어요. "오늘 뉴스레터는 어땠어요? 10초 피드백하기"라는 글에 링크를 첨부하고, 눈에 띄도록 큰 글씨로 넣어두었습니다.

여기까지 진행하자 지금까지와는 다른 반응들이 나왔습니다. 뉴스레터를 보낼 때마다 적어도 10명 정도의 피드백이 오기 시작한 거죠. "그게 뭐야? 너무 적잖아" 하는 사람도 있겠지만 정말 큰 수확이었습니다. 아무리 노력해도 오지 않던 피드백이 내가 썼던 글보다 더 자세히 돌아오고, 개인적인 고민을 주고받으면서 콘텐츠에도 '공감이 가는' 장치들이 수없이 생겼거든요. 당연하죠. 구독자가 직접 써준 고민이라서, 같은 관심으로 모인 사람들이라면 한 번쯤 해봤을 고민일 확률이 높으니까요.

그렇게 구독자들과 관계를 쌓아가다 보니 지금 당장 해결이 필요한 문제점이나 이전부터 있었지만 해결하지 못한 것들이 보였습니다. 또 직감적으로 '이건 분명히 내 구독자들이 좋아할 거야' 싶은 콘텐츠도 만들었죠. 그랬더니 반응이 있었습니다. 제 구독자들의 고민을 크게 나누면 다음과 같았습니다.

○ 어떤 콘텐츠를 만들어야 할지 모르겠다. 나에게 어떤 콘텐츠가 맞는지 알기 어렵다.
○ 날고 긴다는 사람들이 많은데 이 사이에서 나만의 무기가 무엇인지 뾰족하게 다듬기가 힘들다.
○ 나도 나만의 상품을 제작해서 판매하고 싶은데 어디서부터 시작해야 할지 모르겠다.

이것들만 모아서 고민에 대한 대답을 Q&A 형식으로 뉴스레터

56

에서 다루기도 했습니다. 이메일로 고민을 공유하는 것이 '신박하다'면서 본인의 고민을 더 깊게 털어놓는 구독자도 있었고, 같은 고민을 하고 있었는데 덕분에 해결된 부분이 많다고 하는 사람도 있었습니다. 이렇게 더 반응이 좋은 것들, 더 피드백이 많이 오가는 것들을 엮어 '구독자들에게 도움이 되는 어떤 것'을 다듬다 보면 그 자체를 상품화할 수 있는 시기가 반드시 옵니다. 그 토대를 쌓기 위해 구독자들과의 관계를 더 깊게 맺어나가는 것이 우리의 목표입니다.

5단계: 이것들을 팔고, 피드백을 받아 발전시키기

사실, 사람이 하는 생각은 거의 비슷합니다. 개인적으론 사람들이 고민하는 것은 사랑, 자유, 시간, 건강, 인간관계, 성장까지 총 6가지 카테고리 안에 있다고 생각합니다. 고민이 비슷하니 공감도 할 수 있는 거고요.

앞의 4단계를 통해 이제 우리는 내 맥락에 동의하는 사람들을 나만의 온라인 땅에 데려와 관계를 맺었습니다. 그 결과 이들의 문제들을 듣고, 필요로 하는 것을 알게 되었죠. 이제부터는 이들에게 도움이 될만한 가치들을 엮어 상품화하는 과정이 필요합니다. 유형의 상품도 좋지만, 저는 무형으로 테스트해 보길 권합니다.

제작이나 유통기한 등 유형의 상품은 실패에 따르는 기회비용이 큽니다. 5단계는 최대한 다양한 시도를 하는 것에 초점이 맞춰져 있습니다. 그래서 빨리 시도해 보고, 반응이 오는 것은 상품화하여 바로 내보내 보는 속도가 중요합니다. 테스트를 빠르게, 많이 하려면 기회비

용이 적으면 적을수록 좋으니까요. 이 단계에서 웹사이트를 만들 수
도 있지만, 계좌이체로 결제받는 귀찮음을 감수하고라도 사람들의 지
갑이 열리는 순간이 언제인지를 빨리 테스트해 보라고 강조합니다. 속
도가 중요한 만큼 시스템 세팅보다, 팔리는 것이 무엇인지를 경험하는
게 우선이죠.

소중한 구독자에게 뭔가를 판매한다는 데 거부감이 드는 사람이
분명히 있을 거예요. 하지만 문제를 진정으로 해결하고 싶은 사람들은
'돈을 낸다'가 아니라 '문제를 해결한다'는 느낌으로 접근한다는 걸 알
아야 합니다. 얼른 해결하고 싶은 마음인 거죠. 그러니 판매에 대한 부
정적인 생각이나 시선은 잠시 거둬도 좋습니다. 어떤 것에 반응이 있
는지에 대한 감을 잡고, 사람들이 지갑을 여는 포인트가 무엇인지, 내
가 어떻게 접근해야 좀 더 다르게 보일지 등을 충분히 분석하는 시간
을 가지세요.

6단계: 이 사이클을 또 돌리기

마지막 단계는 이 사이클을 다시 돌리는 것입니다. 저는 작년에
만 20개의 서비스를 오픈해, 테스트 삼아 이 과정을 더욱 가속화시켜
봤습니다. 무형이라 가능했던 일입니다. 어떤 가치를 주고, 어떤 문제
를 해결하는 명확한 과정을 반복하다 보면, 어느 순간 팔려고 애쓰지
않아도 이 물건이 가진 가치에 매료되어 사는 사람들이 나타납니다.
그때, 우리는 사람들의 문제와 해결책이 무엇인지를 더 살펴보며, 나
만의 무기를 더 뾰족하게 만들 수 있습니다.

한 사이클을 돌고 난 후 바로 전혀 다른 사이클을 돌리지 말고, 반응이 좋은 것은 꾸준히 가져가야 합니다. '한 우물만 파라'는 말이 있지요. 한 우물을 깊게 파려면 먼저 지반을 넓게 파야 합니다. 그중 한 곳을 정해 더 깊이 파는 것이죠. 하나를 깊이 파기 전에, 어떤 것이 있는지 더 넓게 파기 위해 '반응이 좋은 것'을 꾸준히 더 지켜볼 수 있도록 가져가는 겁니다. 그리고 다른 우물을 옆에 또 파는 것이죠. 콘텐츠를 제작하는 일은 지구력 싸움이지만, 현금은 지구력만 있다고 들어오지 않으니까요. 정확한 것은 건지고, 그 줄기들이 합쳐져야 큰 흐름이 만들어집니다.

고정 수익을 조금이라도 더 만들려면 일단 반응이 좋은 것들은 쭉 가져가세요. 이 프로젝트가 나랑 딱 맞지는 않다 싶어도 반응만 좋다면 최소 10회는 더 해보길 권합니다. 저는 약 1년간 어떤 것을 꾸준히 해보면서, 그것에서 오는 깨달음이 매달 다르다는 것을 느꼈습니다. 적어도 1년간은, 반응이 있는 것들을 꾸준히 더 발전시켜 봐야 차별화된 어떤 것을 만들 수 있습니다. 차별화는 현금 흐름을 더 단단히 만들 수 있으니까요.

리틀리 툴로 SNS 링크 모음집 만들기

#리틀리   #여러링크를한번에보여주기   #링크모음웹페이지

1

리틀리 웹사이트(https://litt.ly/start_now)에 들어간 후 '회원 가입 하기'를 클릭합니다.

2

계정 만들기 화면이 나타나면 'https://litt.ly/' 뒤에 들어갈 도메인 이름을 입력한 후 '시작하기'를 누릅니다. 내 계정 닉네임과 같은 게 좋습니다. 저는 제 닉네임인 '아나의디노'를 영어로 만들어 'anasdino_'로 입력했습니다.

'https://litt.ly/anasdino_'라는 링크가 만들어집니다.

3

이제 프로필을 설정할 차례입니다. 먼저 '페이지' 탭의 '프로필'에서 원하는
레이아웃을 선택합니다. 여기서는 가운데 있는 것을 선택했습니다.

① 프로필 이미지만 있는 레이아웃
② 프로필 이미지 + 배경 이미지가 다 보이는 레이아웃
③ 배경 이미지만 있는 레이아웃

4

'이미지 업로드'에는 프로필 사진을, '메인 텍스트'에는 닉네임을 입력합니다.
본명을 함께 넣어도 좋습니다.

5

운영하는 SNS가 2개 이상이라면 '+블럭추가'를 누릅니다.

6

'블럭 추가' 대화상자가 나타나면
'SNS 연결'을 누릅니다.

7

'SNS 연결' 탭이 나타나면 '채널 목록'에 추가할 SNS 링크 주소를 입력합니다.

Tip
'+소셜추가'를 누르면
다양한 SNS 채널을 선택해
주소를 추가할 수 있습니다.

8 다시 '+블럭추가' 버튼을 클릭한 후 이번에는 '링크'를 클릭합니다.

9 '링크' 항목이 나타나면 내 구독자 모집 제목과 링크를 입력한 후 '이미지업로드' 버튼을 클릭합니다. '타이틀 텍스트'에는 사람들이 받을 수 있는 이득을 구체적으로 쓰세요. '연결될 링크주소'에는 구독자 모집 URL 주소를 넣습니다.

10

이제 버튼에 보일 이미지를 삽입합니다. 이미지는 10MB 이하로 선택하고 '적용'을 클릭합니다.

11

화면 왼쪽에 버튼 모양이 나타납니다. 주목이 필요하면 '큰 카드형'을 선택하고, 버튼이 많다면 '작은 버튼형'을 골라 클릭하면 다음과 같이 적용됩니다.

12

마지막으로 '디자인' 탭에서 원하는 배경 색상과 버튼 색상을 선택하세요.

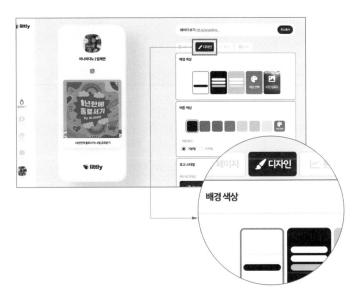

13

오른쪽 상단의 '주소 복사'를 클릭해 복사합니다. 내가 원하는
SNS 프로필에 복사한 링크를 붙여 넣으면 끝입니다.

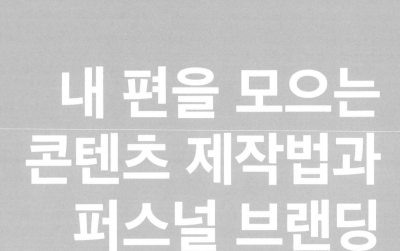

Part 2

내 편을 모으는
콘텐츠 제작법과
퍼스널 브랜딩

Contents Matrix

콘텐츠 매트릭스란, 콘텐츠가 전환 유입경로에서 어디에 속하는지, 타깃 고객에게 도달하기 위해
어떤 전술을 사용하는지라는 두 가지 차원을 기반으로 콘텐츠를 구성하는 시각적 보조 도구입니다.
콘텐츠 매트릭스는 높은 수준의 마케팅 전략을 개발하고, 실행을 평가하기 위한 강력한 도구입니다.
_clearvoice.com

한 우물만 파지 말고

지붕 씌우기

"한 가지만 다뤄야 하는 건 잘 알아요. 그런데 저는 관심사가 너무 많거든요. 그래서 어떻게 해야 할지 모르겠어요."

이런 고민을 토로하는 분이 있었습니다. 글을 주로 쓰는데, 인스타그램 브랜딩과 관련된 전자책 펀딩도 하고, 모임도 운영하고, 동시에 본인이 부른 노래, 작곡, 랩 하는 영상들을 블로그와 인스타그램에 올리기도 한다더군요. 성공하려면 하나만 해야 한다고들 하는데, 본인은 그런 사람이 아니라 힘들다면서요.

하나만 하면 좀 수월한 건 사실입니다. 하나의 주제로 채널을 운영하면 결이 하나인 콘텐츠를 꾸준히 제작할 수 있으니 더 효율적이기도 하죠. 하지만 알다시피 콘텐츠 제작으로 먹고사는 일은 지구력이 생명입니다. 오래 갈 수 있는 무엇이어야만 생계도 유지할 수 있죠. 그런 면에서 보면 억지로 하나만 고집하기보다는 내가 오래 할 수 있는 여러 개의 주제를 선택하는 게 더 유리합니다.

산만하게 만들지 않는 맥락을 찾을 수만 있다면 충분히 가능하죠. 주제를 선택할 때 내가 하고 싶은 이야기를 쭉 연결할 수 있는 '지붕'을 씌우는 거니까요. 내가 하는 모든 일을 하나로 아울러서 이야기할 수 있는 것들을 찾아보세요. 함께 이야기하는 대상들과 팔로워를 포함해 하나의 '군'이라고 가정한다면, 이들에게 어떤 공통점이 있는지를 생각해 보세요. 내가 하고 싶은 것과 맥락이 비슷한 것이 있을 겁니다.

예를 들어 처음엔 글을 쓰는 계정으로 시작하여 팔로워를 모았는데, 문구류에 관심이 가는 상황이라고 가정해 봅시다. 그렇다면 문구류와 글을 한 번에 묶을 수 있으면서도, 팔로워'군'이 가장 좋아할 만한 주제를 찾아보는 겁니다.

글을 쓰는 계정이라고 해서 항상 똑같은 글을 쓰는 건 아니잖아요. 내 팔로워들이 어떤 것에 크게 반응했는지 댓글을 통해 유추합니다. "일상을 공감할 수 있는 포인트들이 특히 좋았다"라는 평이 많다면 일상에서 공감을 불러일으킬 수 있는 상황에 문구류를 대입해 보는 거죠. 그리고 그것을 글로 풀어내면 됩니다. 이때 지붕은 '일상 공감 문구'라고 씌울 수도 있겠습니다. 여기서 문구에는 '글'과 '문구류'의 이중적인 의미가 있음을 독자들이 충분히 느낄 수 있도록 풀어야 합니다. "일상적으로 떠오르는 문구와 일상적으로 쓰는 문구류는 닮았습니다"는 어떨까요.

만약 콘텐츠에 달린 댓글이 충분하지 않다면, 각 콘텐츠에 사람들이 얼마나 오래 머물렀는지를 확인하는 방법도 있습니다. 대부분의 SNS 플랫폼에서는 사람들이 내 콘텐츠에 얼마나 오래 머물렀는지를 분석한 데이터를 보여줍니다. '인사이트' 혹은 '데이터', '분석'이라는 이름의 메뉴를 확인해 보세요. 내가 올린 글 중 어떤 글이 인기가 가장 많았는지를 보고, 그 글에서 사람들이 좋아한 요소가 무엇이었는지, 왜 좋아했는지를 뽑아보는 겁니다.

만약 현업에 있는 사람들만 아는 노하우를 공유한 글이었다면 정보 자체가 좋았던 거겠죠. 그저 정보가 필요한 사람들이 들어온 것이라 댓글도 많이 쌓이진 않았을 거예요. 이런 경우라면 완전히 새로운 문구류를 주제로 방향을 틀어도 무관합니다. 아직 팬층이 굳건하게 쌓이거나 내가 어떤 사람인지 확실한 방향성이 잡히지 않은 상태니까요.

그러나 감성이 짙게 묻은 글에서 사람들이 오래 머물렀다면, 내가 보여준 감성 자체가 좋은 경우일 겁니다. 이런 경우라면 글 쓰는 스타일은 유지하되 문구류를 소재로 콘텐츠를 만드는 게 현명합니다. 문구류가 글에 미치는 영향, 어떤 문구류를 쓸 때 글감을 더 가져올 수 있는지, 문구류가 만들어지기까지의 과정을 인생에 비유해서 글로 풀어본다든지 등의 방법으로 써보는 거죠. 이때 큰 맥락은 글과 문구류가 합쳐진 것인데, 감성이 위주인 글을 써야 한다는 '지붕'을 찾을 수 있습니다.

때로는 어떤 것이 불편해 해결하면 좋겠다는 생각이 들 수도 있습니다. 나와 같은 불편함을 느끼는 사람들이 있거나, 내가 그 분야를 너무 잘 알 때 이런 일이 생길 수 있습니다. 그럴 때는 '해결'을 지붕으로 삼을 수 있습니다. '나는 이것이 불편하다'라는 '문제'만 제시해도 좋습니다. 그 분야를 너무 잘 알아서 남들은 잘 느끼지 못하는 불편을 느끼는 사람이라면 다른 누군가에겐 '인사이트' 혹은 '깊은 고찰'로 다가올 수도 있습니다.

예를 들어 직업이 디자이너인데 길거리 간판들을 보며 아쉬운 것이 많다면, 이 '구체적인 아쉬움'이라는 지붕을 씌우는 거죠. 이 간판은 인테리어 메인컬러랑 정반대라서 매장 분위기와 연결되지 않는다. 귀여운 느낌의 가게인데, 가게의 철학은 매우 철두철미한 고객 서비스라서 이걸 손님이 느낄 수 있을지 모르겠다. 외부 느낌은 고급스러운 식당인데, 막상 메뉴판에는 귀여운 글꼴이 행간과 자간조차 제대로 정리되어 있지 않아 어수선하고 지저분하다 등 감상을 솔직하게 콘텐츠로 만들면 됩니다.

이 정도로 디테일한 시선에 수정 방향이나 대안까지 내놓을 수 있다면 전문가로 자리 잡기 쉽습니다. 문제점을 구체적으로 잡아낼 뿐만 아니라 기존 작업물을 올바른 방향으로 수정할 능력이 있다는 걸 반증하는 거니까요.

아예 처음부터 내 강점에 집중해 키워드를 정리하는 것도 좋습니다. 사실 지붕을 씌우면 없던 직업을 만들거나 선점할 수도 있습니다. 사람들이 공통으로 반응을 보이는 주제나 니즈needs에 착안해 개발하는 것도 좋지만, 자칫 뻔한 결과물이 나올 수 있으니 주의해야 합니다. 세상에 나올 만한 것들은 이미 다 나와서 청중의 피로도가 생각보다 높으니까요. 좀 더 창의적으로 나의 가능성을 최대한 열어두고, 자유롭게 생각해야 하는 이유가 이것입니다. 이 '지붕 씌우기' 주제 아래 가장 말도 안 될 것 같은 것들을 다 꺼내어 엮어보는 작업을 시작해보세요.

만약 여러 종목의 운동을 다루는 사람이라면, 필라테스나 헬스, 테니스처럼 특정 운동 하나의 전문가는 아니라서 고민일 수 있습니다. 그렇다면 내가 가진 강점 키워드를 모아서 '모든 운동을 종합적으로 다

가르칠 수 있는 운동 전문가'로 지붕을 씌워도 좋습니다.

확실하게 지붕을 씌우려면 '모두 다 할 수 있다'는 것에도 특정한 이름을 부여해야 합니다. 모두 다 할 수 있다는 건, 자칫 아무것도 할 수 없다는 것과 비슷하게 들릴 수 있으니까요. 이런 경우 '모든 분야를 모두 아울러 잘 할 수 있는 사람'이라고 길게 말하지 않고도 가능한 지붕은 '맞춤운동 설계자' 정도가 되겠네요. 모든 운동을 종합적으로 가르칠 수 있으니 어떤 고객이 와도 맞춤양복처럼 맞춤운동을 설계할 수 있는 사람이라는 걸 내세우는 거죠. 이제 '지붕 씌우기'가 어떤 것인지, 왜 필요한 것인지 감이 올 거라고 생각합니다.

내 강점을 찾아내 적절한 지붕을 씌우는 작업은 꼭 필요합니다. 지인 중 한 분은 다른 사람들과 금방 친해지곤 합니다. 심지어 만난 지 얼마 안 된 사람들한테 일거리를 따오거나, 같이 일할 사람들을 찾아 연결해 주는 일까지 자연스럽게 해냅니다.

이런 나만의 강점이 있다면 본인만의 정해진 공식을 구체화해 보세요. 저는 이분을 보며 '조인터Joint-er'라는 새로운 지붕을 생각했습니다. 사람과 사람 사이를 잇는 사람이죠. 그렇다면 조인터는 어떤 사람들에게 필요할까요? 누구를 위해 어떤 일을 할 수 있을까요? 이럴 때는 내가 가진 강점의 반대편을 보면 됩니다. 내 강점을 갖고 싶어 할 만한 사람들을 구체적으로 떠올려 보는 것이죠.

사람과 사람을 잇는 성질의 반대에는 혼자 일하는 사람, 즉 내향적인 사람이 있겠죠? 내향적인 사람들이 가진 고민은 다양하겠지만 '내향적인 인간도 조용히 눈에 띄는 법, 유명한 사람의 애제자가 되어 빠른 성장 루트를 구축하는 법, 비즈니스에서 만난 사람을 편한 인맥으로 나아가게 만드는 법, 조인트 사고' 등을 내세운다면 비즈니스를 통해 사람들을 잇는 강점을 내향적인 사람들에게도 충분히 어필하는 지붕이 될 수 있습니다. 또 이 지붕은 내향적인 10대에서 80대까지 꾸준한 수요가 있을 겁니다. 특정한 기술 하나가 아니라 인간관계 전반과 관련된 분야니까요.

지붕은 언제든 달라질 수 있고, 진행하면서 수정할 수도 있습니다. 세상은 다양한 것들에 둘러싸여 있고, 어제와 오늘이 전혀 다른 판으로 굴러갈 만큼 새로운 것이 매일 튀어나오는 시대니까요. 단 하나의 주제에 매몰되지 말고 다양한 주제를 찾되 지붕을 씌워보세요. 최대한 거시적으로 하되, 많은 사람이 공감할 수 있도록, 특히 내 팔로워들이 편안하게 받아들일 수 있도록 해야 합니다.

내 강점을 찾아

무기로 다듬기

안타깝게도 내 무기는 내가 구하려고 들면 바로 구해지지 않는다는 성질이 있습니다. 그럴 때는 주변 사람들에게 내가 특별히 잘하는 게 뭐라고 생각하는지 물어보세요. 딱 한 가지만이라도 좋습니다. 메모지를 꺼낸 후 그 대답을 모두 기록하세요. 그중 '이걸 내가 잘한다고?'라는 생각이 드는 것도 있을 거예요. 그런 것은 맨 아래쪽으로 보내면 됩니다. 그렇게 거르고 남은 것 중 가장 오래 할 수 있을 것 같은 것, 오랫동안 집중해도 좋은 것들은 메모지 위쪽으로 보냅니다.

이제 메모지 위쪽에 있는 것들을 대상으로 답해 보세요. 다음은 실제 컨설팅에서 어떤 사람의 주제를 찾기 위해 물어보는 질문 리스트 중 9가지만 추려낸 핵심입니다.

주제를 찾기 위한 질문 리스트

Q1	나만의 경험이나 지식, 취미로 한 사람을 바꿀 수 있다고 가정해 보세요. 그 경험/지식/취미는 무엇이고, 그 사람은 어떤 사람인가요? 어떤 나만의 프로세스로 그 사람을 바꿔줄 것인가요?
Q2	남들은 잘 모르지만 내 눈에 보이는 어떤 분야의 본질이 3가지 이상 떠오르나요? 그것은 무엇인가요?
Q3	여태껏 살아오면서 가장 크게 직면했던 문제를 속 시원하게 해결했던 경험이 있나요? 그것을 어떻게 이겨내게 되었나요? 그 방법은 무엇인가요?
Q4	사람들에게 말했을 때 논란의 여지가 있는 나만의 생각이 있나요? 그 생각과 관련된 다른 생각은 어떤 것이 있나요?
Q5	나만의 루틴이 있나요? 이 루틴을 다른 사람들에게 적용했을 때 기대되는 효과는 무엇인가요? 이 루틴을 가공해 프로세스화 해서 알려줄 수 있나요?
Q6	내가 꾸준히 배우는 것이 있나요? 그것은 나에게 어떤 의미가 있나요? 이게 특별한 이유는요?
Q7	길을 지나가다가 어떤 사람이 나에게 흥미로운 질문을 던졌어요. 나는 그 질문이 흥미롭고 어떻게 대답해야 할지 명확하게 알고 있죠. 그 질문은 무엇이고, 어떤 것에 대한 것인가요?
Q8	1년간 한 가지 주제에 대해서만 이야기해야 한다면 어떤 주제를 선택하겠어요?
Q9	내가 하는 일을 구슬이라고 생각한다면, 이 구슬을 모두 꿸 수 있는 무기는 무엇인가요?

전문성을 주제로 만들기 혹시 여러분 중 위 질문들에 2가지 방향성이 있다는 걸 눈치챈 사람 있나요? 첫 번째는 경험/지식/취미를 가공하여 주제로 삼는 것입니다. 원래 가진 재료가 많은 사람이라면 비교적 쉽게 주제를 선택할 수 있죠. 세무/회계, 디자인, 코딩, 광고 등 지금까지 쭉 해왔던 전문적인 일과 겹친다면 콘텐츠를 만들 때 자료 조사하는 시간이 조금 덜 들고 편할 겁니다.

이 질문에는, 직업적 전문성뿐만 아니라 지금까지의 경험을 '전문성'으로 가정한다는 시각이 포함되어 있습니다. 남들보다 쉽게 기계를 만지는 사람은 어떤 기계를 다루는 방법을 빨리 습득할 수 있을 테니까요. 즉 내 강점을 먼저 들여다보고, 그 강점을 잘 다듬어나갈 수 있다면 그것을 주제로 선택하는 방법입니다.

강점을 주제로 선택하면 일어나는 놀라운 일 중 하나는 '수월하고 직관적으로' 남들과 다른 생각을 할 수 있다는 것입니다. 리더가 되기에 좋은 위치를 선점할 수 있지요. 남다른 생각은 사람들을 불러 모을 수 있고, 사람들이 모이면 뭘 시도해도 더 빨리 나아갈 수 있으니까요.

나만의 의견을 주제로 만들기 두 번째는 남들과 다른 가치관을 가졌다거나, 문제해결 경험을 통해 개발된 나만의 의견을 주제로 삼는 것입니다. 이 주제는 논란거리가 되어도 괜찮고, 뾰족하면 뾰족할수록 좋습니다. 이 사람 말을 들어보면 이 사람 말이 맞고, 저 사람 말을 들어보면 저 사람 말이 맞는 사람도 많습니다. 확고하게 한 쪽 입장을 취하면 그 의견이 도드라져 보이고, 그럴수록 사람들 머릿속에 내 자리가 쉽게 만들어질 수 있습니다. 애매한 것이 아니라 분명한 어떤 것을 떠올렸을 때 그 자리에 내가 있도록 하는 것이죠.

부먹찍먹의 의견 차이가 그렇습니다. 탕수육을 부어 먹든 찍어 먹든 다 괜찮다고 하는 사람 말고, 나만의 철학은 부먹인데 이유는 무엇인지 정확히 의견을 내세울 수 있는 사람이 되는 것입니다. 나랑 같이 탕수육을 먹었던 상대는, 적어도 나를 확실한 취향이 있는 사람으로 기억할 수 있습니다. 이럴 때 어느 쪽이든 상관없다고 답하면 상대방은 다음에 또 물어볼 거예요. 기억에 남지 않았으니 그럴 수밖에 없죠.

세상엔 다양한 사람이 있지만, 본인만의 색이 있을 때 눈에 띄기 쉽습니다. 무채색 정장을 입은 사람들 속에서 형광 연둣빛 재킷을 입고 있는 단 한 사람이 있다면, 어느 쪽으로 눈이 갈까요?

물론 모든 의견을 다 뾰족하게 대할 필요는 없습니다. 하지만 적어도 내 시선에서 봤을 때 어떤 확실한 문제가 있는지, 그리고 이 문제를 어떻게 해결할 수 있는지 이야기할 만한 주제를 선택해 보세요. 문제를 분명하게 인지하고, 해결책까지 낼 수 있다면 같은 문제를 겪었거나 겪는 사람들의 신뢰를 얻기가 쉬워집니다.

상상해 보세요. 예를 들어 인스타그램에 올릴 콘텐츠를 디자인하는 데 매번 스트레스를 받는 사람이 있다고 합시다. 현재 그 사람 피드에는 2가지 콘텐츠가 있습니다. 하나는 "오늘은 SNS를 알려드릴게요"로 시작하는 콘텐츠, 또 하나는 "그동안 인스타그램 카드뉴스를 매번 만드는 것에 지쳤나요? 오늘은 카드뉴스 디자인을 내 입맛에 맞게 자동화할 수 있도록 도와드릴게요"라고 시작하는 콘텐츠. 여러분이라면 어떤 콘텐츠에 먼저 끌릴까요? 어떤 문제를 확실하게 겪어보고 해결해 본 경험, 그 자체만으로도 주제가 될 수 있습니다.

내 키워드 정의하기 주제와 함께 나를 드러낼 수 있는 키워드를 정의하는 작업도 꼭 필요합니다. 이 키워드를 정해두면 앞으로 어떤 콘텐츠를 만들거나 새로운 주제로 영역을 넓혀도 사람들의 머릿속에 인식된 '나'라는 브랜드가 확고하게 유지될 수 있거든요.

예를 들어 스티브 잡스를 떠올려 보세요. 자동으로 청바지, 검은 목티, 애플이 떠오를 거예요. 매일 똑같은 검은 티와 청바지만 입으면, 아침에 옷을 고민할 필요가 없겠죠. 이 시간을 다른 일에 쓰거나, 바로 일을 시작할 수도 있을 거예요. 남들에게 보이는 것보다 나에게 편한 것을 선택한 착장이기도 하고요. 옷 하나에서 이런 것까지 짐작할 수 있다는 게 놀랍지 않나요. 저는 스티브잡스의 퍼스널 키워드를 '생산성, 단순함, 개인적'으로 재정의했어요. 우리에게도 이런 키워드가 필요합니다. 우리만 아는 게 아니라, 다른 사람들에게 나를 인식시켜야 하니까요.

키워드는 3개 정도면 됩니다. 딴 길로 새지 않고, 명확하면서, 단순하지도 않습니다. 명사보다 형용사로 표현하면 콘셉트를 구현하기도 훨씬 쉽습니다. 시각화하기가 쉽다는 뜻이에요. 세상에 없는 말이라도 괜찮아요. 없는 단어지만 나와 가장 잘 어울리는 단어라면 그건 '내가 만들어낸 나만의 단어'죠. 즉, 사람들 머릿속에 나를 단단히 심는 데 매우 유리한 '네이밍'입니다.

방법을 알아도 직접 해보면 키워드 정하기가 생각보다 어려울 수 있습니다. 그때 '내가 가는 장소의 키워드를 내 마음대로 정의해 보기' 연습을 해보세요. 사람을 대상으로 키워드를 뽑는 것보다 장소의 느낌을 키워드로 정리해 보는 거죠.

예를 들어 낡은 카페가 있다고 해볼게요. 세월의 흐름을 보여주는 듯 외관은 잔뜩 녹이 슬어 있습니다. 기대 없이 문 안으로 들어서니 주인의 손길이 머문 시간이 느껴질 만큼 은은하게 빛나는 우드톤 가구들이 정갈합니다. 자, 이 카페에 대한 나만의 키워드를 발굴해 보는 겁니다. 누군가는 그저 '관리가 안 된, 지저분한'으로 분류할 거예요. 이때 나만의 시선과 의미를 담아 '시간을 거스르지 않는, 세월이 묻은, 세월의 흐름을 담뿍 담은' 등의 키워드로 뽑을 수도 있는 거지요. 정답 같은 건 없으니 '내 느낌을 담는다'라는 마음으로 시간 날 때마다 틈틈이 연습해 보세요. 어느 순간 나의 키워드가 보이는 날이 올 겁니다.

03

여기 '게리Get-ee'라는 사람이 있습니다. 게리는 어떤 문제를 해결하고 싶어 합니다. 우연인지 나는 현재 게리가 가진 문제에 대해 고민하고, 제대로 해결한 경험이 있습니다. 게리를 어떻게 도울 수 있을지 생각해 보세요. 수많은 다른 사람의 방법이 아니라 나만의 해결책이 있나요?

게리의 문제를 어떻게 해결할지 해결책을 제안할 수 있다면, 아니 해결책 없이 문제만 구체적으로 알고 있어도 좀 더 깊이 있는 콘텐츠를 제작할 수 있습니다. 게리 역시 다른 사람들보다 내게 더 친밀감을 느낄 수밖에 없습니다. 같은 문제를 겪었다는 그 자체만으로 더 인간적으로 다가오거든요. 나를 이해해 줄 수 있는 사람으로 보일 겁니다.

사람들은 가까운 사람을 '나'로 인식하는 뇌 영역 근처에 놓는다고 합니다. 가까우면 가까울수록 상대방을 나처럼 생각하게 된다는 것이죠. 나와 가까운 사람들은 어떤 사람들인가요? 적어도 공감할 수 있

는 관계일 겁니다. 공감할 수 없는 사람과 가까워지기란 어려운 일이
니까요. 그래서 팔로워와 가까워지고 싶다면, 공감할 수 있는 그들의
어려움과 고난 등을 떠올려봐야 합니다. 지금 당장 펜을 하나 들고 와
서 이 책 귀퉁이든 어디든 좋으니 게리에 관해 써보세요.

○ 게리는 어떤 사람인가요?

○ 나이는 어떻게 되나요? 성별은요?

○ 싱글인가요? 가족이 있다면 가족 관계는요?

○ 지금 게리는 뭘 하고 있나요?

○ 게리의 직업은 무엇인가요?

○ 게리가 좋아하는 상황이나 물건이나 취미, 취향은요?

○ 언제 가장 화를 많이 내나요?

○ 지금 겪고 있는 문제나 증상은요?

○ 게리가 가진 오해나 저지를 확률이 높은 실수는 무엇인가요?

○ 게리가 지금 가진 걱정이 있나요? 누가 속 시원하게 대답해 줬으
  면 하는 풀리지 않는 질문이 있나요?

○ 그 질문에 내가 해줄 수 있는 답이 있나요?

○ 이 답을 구체화해서 **A to Z**로 이야기해 준다면, 어떤 것들을 이
  야기해 주고 싶나요?

마지막 질문의 A to Z는 어떤 문제의 본질까지 짚어서 거시적
으로 보는 것일 수 있습니다. 하지만 실제로는 모든 문제를 다 짚을 필
요는 없습니다. 당장 있는 문제를 간단하게 해결할 수 있는 A to Z여
도 되고, 범위는 내가 정하기 나름입니다. 다음 표처럼요.

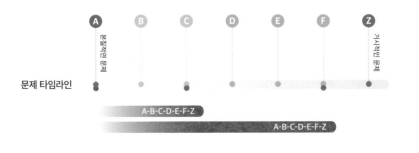

저는 게리를 다음과 같이 정의했습니다.

게리의 풀리지 않는 고민

- 광고 수익, 조회수 수익만 바라보며 콘텐츠를 만든다.

- 팔로워 수가 꽤 많으나 판매할 상품 자체가 없다.

- 고정적인 수익을 내기 힘들다.

- 콘텐츠를 꾸준히 만들지만 수익을 내진 못한다.

- 알고리즘이 바뀌거나 SNS 플랫폼이 사라지면 내 계정도 날아가
  고, 더 이상 크리에이터로 생활할 수 없다.

게리가 가진 문제

- 상품 및 수익화 전략이 없다.

- 조회수에만 신경 쓰는 콘텐츠를 만든다.

- 시간과 에너지를 콘텐츠에만 쏟는다.

게리에게 전하는 나만의 A to Z

(저는 5단계로 시스템을 나눠보았습니다.)

84

1단계: 니치(niche, 틈새, 빈틈) 검색 & 시장조사

2단계: 관련 콘텐츠 제작하기

3단계: 나만의 땅으로 사람 모으기

4단계: 발생 및 수익화

5단계: 광고 & 디벨롭 & 광고

게리의 질문과 걱정

- 어떻게 블로그/틱톡/뉴스레터로 돈을 벌어요?

- 어떻게 판매해요?

- 상품은 어떻게 만들 수 있어요?

- 지금은 뭘로 돈을 벌어요?

- 어떻게 하면 집에서 돈을 벌 수 있어요?

게리에게 주고 싶은 나만의 인사이트 & 깨달음

네이버 인플루언서에 대해 어떻게 생각하는지, 아이디어스 입점 심사를 어떻게 통과했는지, 사업 기획서를 어떻게 써서 정부사업 심사에 합격할 수 있었는지, 아프리카에 안전하게 여행 가는 방법과 업체를 끼고 가는 법은 무엇이 있는지 등 저만이 가진 문제해결 방법과 관련 스토리를 블로그에 썼습니다.

그랬더니 그걸 본 사람들은 항상 더 많은 질문을 던졌고, 저는 다시 답했죠. 강의 제안이 들어오길래 바로 도전했습니다. 사람들이 주로 물어보는 것을 바탕으로, 내가 아는 걸 정리해서 구체화시켰을 뿐인데도 2달 만에 1억이라는 매출이 나왔어요.

어떤 사람들이 무엇을 궁금해하는지를 알고, 어떤 해결책을 줄 수

있는지를 고민하고, 어떻게 구체적으로 정리해 보여줄 것인가가 관건이었어요. 이렇게만 할 수 있다면 온라인 강의, 전자책, 그룹 코칭, 1:1 컨설팅 능 온라인에서 수익화할 방법은 다양합니다.

이 모든 게 다 내 콘텐츠를 보는 게리가 누구인지를 아는 것에서 시작됩니다. 하지만 참 막연하죠? 게리에 대해 구체적으로 알기 위해 다음의 표를 채워보세요. 어떤 사소한 것이든 좋습니다. 게리에게 도움이 될 수 있다 싶으면 어떤 아이디어든 자유롭게 써주세요.

게리의 풀리지 않는 고민	
게리가 가진 문제	
게리에게 전하는 나만의 A to Z	
게리의 질문과 걱정	
게리에게 주고 싶은 나만의 인사이트 & 깨달음	

86

콘텐츠를 제작할 때는 일관된 톤과 분위기를 유지하는 것이 중요합니다. 톤과 분위기를 만드는 방법은 다양하지만, 일관된 어조만큼 그 사람을 드러내는 게 또 없죠. 물론 나만의 색, 배치, 편집 스타일 등의 디자인도 나를 드러낼 수 있는 외형이 될 수 있어요. 하지만 디자인을 아무리 잘해도 다른 누군가와 겹칠 확률은 매우 높습니다. 비슷하게 보이는 것들 중 하나를 고르는 것이니까요.

다만 어조는 그렇지 않습니다. 한 사람의 세계는 수많은 사건으로 점철된 경험과 생각과 환경이 버무려져 있잖아요. 그 세계 안에서 완성된 어휘는 그 누구와도 비교할 수 없죠. 그래서 한 사람의 세계를 나타내는 콘텐츠에서 가장 독창적인 것이 어조일 수 있습니다. 콘텐츠 제작 방법을 크게 보면 3가지 방향성으로 나눌 수 있습니다. 나만의 어조를 바탕으로 어떤 방향성이 나한테 맞을지 생각해 보세요.

87

편집해서 보여주는 클립형

'지금 해외에서 가장 핫한 온라인 사이드잡 5가지' 등의 정보 전달 콘텐츠

첫 번째는 클립형입니다. 내 주제와 관련된 여러 자료나 정보를 모은 다음 클립을 꽂아두는 것처럼 쏙쏙 뽑아 따로 정리한 후, 잘 편집해서 보여주는 방법입니다. 기존 정보들을 이용하기 때문에 처음에는 참신하게 다가서기 어렵지만, 내 주제에 입문하는 사람들을 쉽게 모을 수 있다는 장점이 있습니다. 또 콘텐츠 기획 영역과 만드는 영역 중 기획은 거의 손대지 않고, 내 주제와 관련된 자료만 모으면 바로 보여줄 수 있으니 상대적으로 시간이 덜 든다는 매력이 있습니다.

만약 선택한 주제에 나름의 깊이가 필요하다면 처음 시작할 때 이 방법을 권하겠습니다. 자료를 모으면서 더 많은 것들을 접하고 공부하며 흡수할 수 있으니까요. 공부만 하는 게 아니라 콘텐츠까지 제작하니 제작과정에 대한 연습도 꾸준히 할 수 있습니다.

예를 들어 온라인 사이드잡이 주제라고 해볼게요. 사이드잡에 관한 자료가 넘쳐나는 요즘, 영어로 된 유튜브 영상들을 찾아보며 여러 가지 정보를 정리합니다. 그 후 직접 요약한 '지금 해외에서 핫한 온라인 사이드잡 5가지' 같은 콘텐츠를 만들면 클립형이 될 수 있습니다. 클립형으로 제작할 때 유의할 점은, 3개 이상 여러 정보를 벤치마킹해야 한다는 겁니다. 하나만 보고 똑같이 만들면 클립형이 아니라 표절이니 반드시 주의하세요.

클립형으로 시작해서 시간이 어느 정도 지나면 다른 방향성으로 더 나아갈 수도 있습니다. 땅을 깊이 파려면 일단 깊이 파고자 하는 그 주변의 땅을 넓게 파야 한다고 앞에서 말했었습니다. 클립형으로 넓게

자료를 찾아본 후 엮는 과정에서 깊이가 생기는 겁니다. 이 시기에는 꼭 한 가지 방향 안에만 있을 필요도 없습니다. 단, 초반 6개월에서 1년 정도는 같은 어조를 유지해야 팔로워들이 일관성을 느끼니까 이후에 다른 타입을 고려해 보세요.

직접 찾아가서 보여주고 만나는 발굴형

'뉴욕에서 얼마의 월세를 내며 사나요' 길거리 인터뷰, 맛집 등의 리뷰 콘텐츠

두 번째는 발굴형입니다. 기존 자료를 모아서 보여주는 게 아니라, 특정한 일을 하는 사람을 찾아가 그 일에 대해 보여주는 것이죠. 가장 대표적인 예는 잘나가는 맛집들을 방문해, 그 맛집에서 요리하는 장면들을 찍어서 올리는 '맛집 탐방' 유튜브 채널입니다. 콘텐츠 제작이야 당연히 본인이 하지만, 콘텐츠 제작을 위해 준비해야 하는 것들은 연락과 섭외가 거의 전부입니다. 섭외가 쉽게 진행되도록 제안서를 잘 작성해야 합니다.

섭외나 연락 없이도 발굴형이 될 수 있는 주제로 또 어떤 것이 있을까요? 요즘 핫한 〈또간집〉도 그런 예입니다. 지나가는 사람에게 '○○○하는 채널'이라고 소개하고 인터뷰할 건지 물어보는 방식도 같은 예죠. 제작자인 내가 주인공은 아니지만, 콘텐츠의 큰 줄기만 정해놓고 인터뷰할 사람만 있으면 바로 제작에 들어갈 수 있다는 큰 장점이 있습니다.

외국의 한 유명 틱톡커는 '뉴욕에서 얼마의 월세를 내며 사는지'를 묻는 인터뷰 채널을 운영합니다. 이 채널에 나오는 사람들은 유명

한 CEO부터 밴에 사는 사람들까지 다양합니다. 이 채널 팔로워들은 다양한 집을 보면서, 동시에 다른 사람의 집을 자세히 들여다볼 수 있나는 것, 상상하지도 못한 집을 꾸미고 산다는 것에 즐거워합니다.

단, 채널이 알려지지 않았을 때라면 섭외가 어려울 수 있습니다. 그래서 처음에는 길거리에서 바로 하는 것보다 먼저 섭외한 후 콘텐츠 촬영 일정을 잡아 제작하는 걸 추천합니다. 섭외 시에는 인터뷰이가 얻을 수 있는 이익을 강조하는 게 요령입니다. 제작한 영상이나 글을 홍보용으로 사용할 수 있도록 도와준다든가, 원본을 제공한다든가, 소정의 상품을 주거나 이 사람이 할 수 없는 일이나 경험을 제공하는 등의 방법이 있습니다. 간단한 채널 소개와 비전에 대해 밝히는 것도 중요합니다. 당연히 본인 자랑이 아니라 인터뷰이에게 도움이 될만한, 영감을 불러일으킬 수 있을 만한 소개여야 합니다.

발굴형에 팔로워가 쌓이기 시작하면, 이제 이런 수고 없이도 채널에 나오고 싶어 하는 사람이 계속 생길 겁니다. 사람이 모여있으니 저절로 흘러 들어오는 것이죠. 시작하는 시기엔 어느 정도 난관이 예상되지만, 팔로워가 모이면 가장 수월한 방법이기도 합니다.

내가 직접 새로운 것을 체험하고, 이것을 경험해 보니 어떻더라는 것을 알려주는 유형도 발굴형입니다. 리뷰 콘텐츠가 대표적인데, 스타벅스나 맥도날드의 신메뉴 리뷰, 디지털 기기 리뷰, 여행지 리뷰 등이 모두 해당합니다.

깊은 통찰을 나눠주는 리더형

게임부터 연애, 보험, 부동산, 경제, 정치까지 영역을 망라한 전문형 콘텐츠

세 번째는 리더형입니다. 쌓아둔 경험과 인사이트를 제대로 나눌 수 있다면 자연스럽게 리더가 됩니다. 어떤 주제를 처음으로 시도하는 사람이라면 도전하기 어려운 영역입니다. 중수라고 해도 접근하기 어렵죠. 본인만의 생각과 철학이 있어야 하며, 대가 없이 나눌 수 있을 때 시도할 수 있는 방향성이기 때문입니다.

어떤 분야의 거장이나 고심한 시간이 쌓인 사람이 리더형을 선택했을 때, 가장 빨리 온라인에서 이름을 알릴 수 있습니다. 이때 '전문성'이라는 단어에 갇히지 마세요. SNS가 유리한 건 회사에 입사할 때처럼 '공식적인' 전문성이 꼭 필요한 건 아니라는 거니까요. 콘텐츠만으로 경쟁할 수 있습니다. 나만의 경험이나 재미있는 발견도 모두 이기는 게임을 할 수 있는 카드가 됩니다.

예를 들어 30대인데 깊은 연애를 많이 해본 사람이면서, 연애를 고찰해 온 사람이 있다고 할게요. 이 사람이 연애 관련 콘텐츠를 제작한다면 본인이 원하지 않아도 자연스럽게 리더형이 됩니다. 경험에서 나오는 것 자체가 콘텐츠가 될 테니까요.

내가 어떤 주제를 선택했고, 어느 정도의 시간을 쌓았느냐에 집중해 유형을 선택하세요. 가장 상위 개념은 리더지만, 리더에서 출발해 새로운 콘텐츠를 시작하면 발굴형으로 방향을 틀 수도 있습니다. 클립형도 마찬가지지요. 어떤 방향성을 선택하느냐도 중요하지만, 일단 선택한 후에는 이 방향성을 한동안 쭉 유지하는 것도 중요합니다. 들쑥날쑥 절대 금지!

블로그로 시작하라고

말하는 이유

05

어렸을 때부터 그림일기가 숙제였던 터라 일기 쓰기 정도는 다들 한 번쯤 해봤을 거예요. 일기는 어디서 따로 배우지 않아도 내 의식의 흐름대로 써 내려가면 되죠. 일기와 콘텐츠의 다른 점은 '남들이 본다는 것, 그리고 다른 사람에게 가치를 주어야 한다는 것'입니다.

그래서 일기는 편하게 써 내려갈 수 있어도, 막상 일기와 비슷해 보이는 콘텐츠를 제작해서 올리려고 하면 막막합니다. 핵심 가치는 무엇으로 할지, 어떤 메시지를 선택해야 할지 알 수 없습니다. 아이디어를 내는 것조차 처음 시작하는 사람에겐 부담스러울 수 있고요.

그럴 때 저는 편한 대로 아무거나 써보라고 합니다. 일기 쓰듯이 오늘은 뭘 먹었는지, 누구를 만나서 뭘 했는지, 어땠는지, 그리고 내일은 뭘 할건지 등 말 그대로 아무거나 쓰는 거예요. 이 '아무렇게나' 하는 과정에서 사고력이 길러집니다. 어떤 콘텐츠를 만들든 사람들에게 어떤 가치라도 있어야 하는데, 그 가치는 '사람들이 어떤 걸 좋아할지 늘 귀 기울이고 사고하는' 습관에서 나옵니다.

아마존 창업자 제프리 베이조스는 "글쓰기가 사고력을 개발하는 전부다"라고 했습니다. 실제로 망망대해처럼 흘러가는 의식의 흐름을 잠깐이라도 붙잡고 좀 더 깊게 생각하게 하는 게 글쓰기인 거죠. 이런 활동을 제약 없이 할 수 있는 곳이 블로그입니다. 내가 붙잡은 생각 중 하나라도 괜찮은 게 있다면, 바로 발행할 수 있는 곳도 블로그지요. 사진을 잘 찍을 필요도 없고, 키워드도 신경 쓰지 않고 아무거나 먼저 써 보는 연습이 필요합니다. 엉망이어도 괜찮아요. 그저 쓰는 겁니다. 쓰는 행위에 부담을 느끼지 않아야 사고가 가능해집니다. 그 후에 콘텐츠를 만들기 시작해도 늦지 않습니디.

말은 몇 시간이고 핵심 없이 계속 뱉어도, 스스로 다시 들어보려고 하지 않는 이상 큰 지장 없이 그냥 넘어갈 수 있습니다. 그러나 글은 핵심이 없다는 것을 짚어보기 쉽고 모니터링이 수월합니다. 되짚어 볼 수 있도록 기록되었기 때문이지요. 그래서 글은 말이 되었을 때 더 정돈된 느낌으로 변화할 수 있습니다. 즉 주제가 무엇이든 일단 '글'로 정리된 상태라면 영상 등 다른 형태의 콘텐츠나 플랫폼으로 나아가기가 훨씬 수월해집니다.

블로그로 콘텐츠 제작을 시작해야 하는 두 번째 이유는 매우 명확합니다. 사람들은 뭔가를 검색한 결과 내 블로그에 유입된다는 거죠. 이미 내가 발행한 글에 대해 어느 정도 알고 들어온 사람이라는 게 중요합니다. 이게 왜 중요한지 예를 보면 금방 이해할 수 있을 겁니다.

자, 무선 마우스가 필요한 사람이 있습니다. 딱히 원하는 게 없는데, 요즘 트렌드도 모르겠고 해서 네이버에 '무선 마우스 추천'으로 검색해 봤죠. 그랬더니 검색결과 중 5가지 무선 마우스를 비교한 블로그가 있어서 들어가 봤습니다. 어라? 내가 수년간 써본 결과 가성비도 좋고 호환도 잘 되는 마우스가 마지막에 추천되어 있네요.

이 사람은 무선 마우스가 필요해 직접 검색한 결과 내 글을 보게 된 사람이니까 내 의견을 참고할 확률이 높습니다. 지나가다가 우연히 들어온 게 아니니까요. '목적'을 가진 사람이라는 게 중요합니다. 내가 제대로 된 정보와 제품을 제공한다면 바로 판매로 이어질 수도 있다는 얘기니까요. 내 브랜드 제품일 수도 있고, 제휴 마케팅 링크를 걸어두고 수수료를 받을 수도 있습니다.

'제휴 마케팅'이란 특정 링크를 통해 물건이 판매될 때마다 팔린 물건값 일부를 수수료로 받을 수 있는 걸 말합니다. 그 링크를 통해 구매한 사람이 많으면 많을수록 더 많은 수수료를 벌 수 있지요. 글 하나만 잘 써두면 더 이상 신경 쓰지 않아도 계속 이런 수수료가 들어온다는 게 매력이죠. 배송이나 제작, 재고 처리에 골머리 썩을 일도 없이.

그러니 마음 편하게 시작할 수 있는 플랫폼을 찾고 있다면, 블로그로 먼저 시작해 보세요. 눈에 차지 않는 어린아이 같은 콘텐츠라도 괜찮습니다. 시작부터 모든 걸 잘할 필요는 전혀 없으니까요. 쓰고 읽고 고쳐보는 행위를 반복하면서 글쓰기도 늘고, 사고력도 커갑니다. 피카소도 처음에는 초현실주의 그림부터 그렸다는 사실을 떠올리세요. 일단 시작하고, 계속 써보는 겁니다.

블로그에 꼭 필요한

유혹의 기술

06

블로그에서 포스팅할 때 필요한 기능 자체는 간단합니다. 중요한 건 딱 필요했던 글만 읽고 나가는 게 아니라 다른 글들까지 읽도록 유도하거나, 가독성 좋게 만들어 한 포스팅을 읽더라도 더 오래 머물게 해야 한다는 것입니다. 더 많은 사람을 데려오는 것만큼이나 중요해요. 한 사람이 들어오더라도 내 다른 콘텐츠와 내가 보여주는 상품에 더 관심을 가질 수 있도록 해야 내 땅으로까지 데려올 수 있다는 걸 잊지 마세요. 사실 이것은 블로그 말고 다른 플랫폼을 쓸 때도 마찬가지입니다.

다른 글까지 읽도록 유도하는 링크

캐논 카메라가 궁금해서 검색하다가 내 블로그에 들어온 유저가 있습니다. 이 사람은 캐논의 특정 카메라가 궁금한 건 아니고, 취미용 카메라를 찾다가 우연히 내 글을 발견했습니다. 유저가 가성비 캐논 카메라에 대해 다 읽을 때쯤, 취미용 소니 카메라를 소개하는 블로그 글 링크가 마지막에 붙어 있는 걸 발견하면 그것도 눌러볼 확률을 높일 수 있습니다.

포스팅 하나로 나를 발견한 유저가 관련 글을 더 읽게 만드는 것이죠. 이럴 때 한 포스팅에 다른 글을 넣는 링크 기능을 사용하면 좋습니다. 링크 기능은 내가 원하는 웹페이지를 넣거나, 내 블로그에 있는 다른 글을 넣을 때 유용합니다.

지루한 제목만 보이게 하지 말고, 대표사진도 함께 보이도록 버튼 형식으로 넣으세요. 아무래도 글자보다는 이미지가 더 쉽게 다가오니까요. 사진과 함께 포스팅 제목이 함께 나오기 때문에, 어떤 내용인지 굳이 크게 보여주지 않아도 가시성을 높일 수 있습니다.

요리하는 블로거라면, 제철음식을 활용한 요리 레시피를 올릴 때 봄이면 봄대로, 여름이면 여름대로 나누어 시리즈로 제작할 수도 있죠. 포스팅마다 전에 작성했던 시리즈 글들을 링크로 올리면, 일단 들어온 사람들이 내 블로그 안에 머무르는 시간을 늘릴 수 있으니 꼭 활용하세요.

가독성을 높이는 편집 테크닉

본문 가독성을 높이기 위한 기술도 필요합니다. 흥미로운 정보나 스토리가 가득할 것같은 책이나 포스팅을 발견했습니다. 설레는 마음으로 열었다고 상상해 보세요. 개미보다 작은 8포인트 글자들이 다닥다닥, 게다가 행 사이 간격도 너무 좁아 읽기 전에 숨부터 찬다면? 금방 지쳐서 떠날 거예요. 개인적으로, 저는 아예 읽지 않습니다. 보는 사람이 읽기 쉽도록 배려해야 진짜 글이라고 생각하니까요.

이것을 한 마디로 '가독성 좋게 만든다'고 합니다. 가독성 좋게 만드는 데는 여러 가지 방법이 있습니다. 특히 블로그에서라면 본문 서체 종류와 크기, 인용문과 가로선, 목록, 띄어쓰기 기능을 적극적으로 활용해 보세요.

서체　네이버 블로그에서 제공하는 서체는 총 9가지입니다. 인쇄 매체에서 잘 읽히는 것은 명조체지만, 모바일과 웹에서 가장 보기 좋은 서체는 고딕체입니다. 본문 서체는 고딕체 중 아무거나 2개 이하로 쓰세요. 3개 이상 사용하면 본문 통일성이 없어지고, 행 사이 간격이 다 다르게 적용돼 알게 모르게 읽는 사람의 눈이 피곤해집니다. 오히려 내용에 집중하기가 어려워지면 안 되겠죠. 모든 방해 요소를 없애고 깔끔하게 만들기 위한 가장 빠른 방법입니다.

서체 크기　같은 맥락에서 글자 크기도 2~3가지 정도로 정해두고 작성하는 걸 권합니다. 다양한 크기와 다양한 색이 존재하면 눈이 어수선해지니까요. 진하게, 옆으로 기울이기, 밑줄 긋기 등 강조 기능을 다양하게 사용하되, 서체의 종류나 색상은 2가지 이내로 사용하는 것이 좋습니다.

목록 기능　목록 기능도 눈여겨볼 만합니다. 뭔가를 순서대로 전하거나 중요한 포인트만 따로 정리해 알려주고 싶을 때 써보세요. 특히 강조해야 할 것이 여럿일 때 유용합니다. 서체나 서체 크기를 바꾸는 게 아니라, 본문에서 자세히 다룬 뒤 마지막에 목록으로 요약해주는 형식으로 사용하세요.

목록 형태는 점으로 이루어진 '기호 목록'과 숫자로 끊어주는 '숫자 목록'이 있습니다. 요약을 원할 때는 기호 목록을, 순서가 중요한 것을 정리할 때는 숫자 목록을 사용하면 됩니다. 원하는 내용을 쓴 뒤 드래그해서 선택하면, 바로 위에 단축메뉴가 나타나는데 여기서 '리스트'를 클릭하면 됩니다.

블로그 링크 기능 연습하기

#네이버블로그에디터 #본문에서또다른본문으로 #블로그에서다른땅으로

1 네이버 블로그 에디터를 실행합니다. 링크를 넣고 싶은 자리에 커서를 가져간 후 기본 도구 막대에서 '링크' 아이콘을 클릭합니다. '링크' 대화상자가 나타납니다.

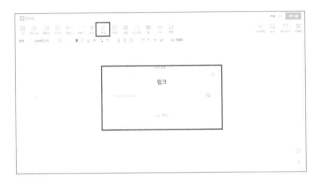

2 넣고 싶은 포스팅 URL을 복사해 붙여 넣습니다. 웹페이지가 나타나면 '확인'을 클릭합니다.

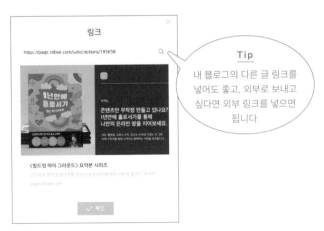

Tip
내 블로그의 다른 글 링크를 넣어도 좋고, 외부로 보내고 싶다면 외부 링크를 넣으면 됩니다.

3

블로그 본문에 웹페이지가 나타나면 완성입니다.

블로그 목록 기능 연습하기

#네이버블로그에디터 #기호목록 #숫자목록

1 본문에 원하는 내용을 입력한 후 마우스로 드래그하면 바로 위에 단축메뉴가
나타납니다. 맨 오른쪽 아이콘을 클릭하면 '기호 목록, 숫자 목록, 목록 해제' 중
선택할 수 있습니다.

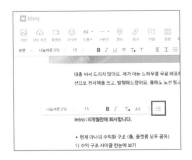

2 기호 목록을 선택하면 앞에 기호가 나타납니다. 숫자 목록을 선택하면
앞에 숫자가 붙어 한결 정리되어 보입니다.

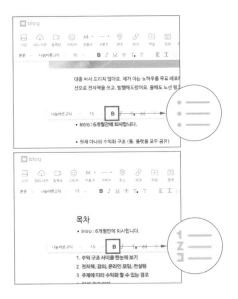

키워드만 잘 써도

하루 100명은 거뜬!

07

'글쓰기 습관 모임'을 진행한 적이 있습니다. 여기서 글의 질은 물론 블로그 지수와 방문자 수까지 끌어올리는 방법을 공개했죠. 그 결과 하루 43,000명까지 만들기도 했습니다. 그 정도까지 욕심내진 않더라도 한 달 안에 하루 100명 정도 만들기는 정말 쉽습니다. 사람들이 사용하는 검색어, 즉 키워드 선택만 잘해도 충분히 가능합니다. 이번에는 그 키워드 뽑는 법에 관해 이야기해 봅시다.

연관 키워드를 보여주는, 블랙키위

#연관검색어 #사고의흐름 #검색흐름

가장 먼저 해야 할 일은 내 팔로워군이 검색할 만한 게 뭘지 고민해 보는 것입니다. 뭔가를 리뷰할 때도 내 팔로워군에게 어떤 도움이 될지, 그것을 어떤 식으로 검색할지 생각해 본 후 키워드를 분석해야 합니다.

예를 들어 소고기를 판매하는 사장님이라면, 소비자가 소고기를 찾아볼 만한 상황이나 검색어를 먼저 생각해 보는 거죠. '○○소고기 오늘 시세 00원'이라고 올릴 게 아니라, 소고기 부위를 설명해 주거나 소고기를 이용한 요리 레시피를 포스팅해도 좋습니다. 포스팅 맨 끝에 내 소고기를 구매할 수 있는 링크를 넣으면 방문자 수를 늘리고, 자연스럽게 구매로 이어질 수 있습니다.

소비자가 어떤 검색어를 사용할지 도무지 떠오르지 않는다면 키워드 검색툴을 사용합니다. 검색 툴은 정말 다양한데 제가 추천하는 툴은 '블랙키위'입니다. 이 사이트에 들어가 먼저 특정 단어를 검색해 보세요. 이 검색어와 관련해서 사람들이 찾아보는 다른 검색어까지 볼 수 있습니다. '월간 검색량'을 보면 한 달 검색량이 얼마나 되는지 알 수 있고, '블로그 누적 발행량'은 지금까지 발행된 블로그 누적 문서 수를 말합니다.

'소고기'를 검색하니 '소고기 영어, 소고기 안심, 할랄 고기' 등 소고기를 검색하는 사람들이 같이 검색하는 연관 키워드들이 보입니다. 함께 검색된 연관 키워드까지 한 번에 나와 어떤 키워드를 써야 할지 아이디어를 얻을 수 있습니다. 생각하지 못했던 의외의 키워드가 있다면 메모지 앱이나 파일에 따로 저장해서 관련 키워드들은 정리해 두세요.

블랙키위 웹사이트(https://blackkiwi.net/)

경쟁률을 보여주는, 키워드 마스터

#경쟁률 #보석캐기 #검색량은많고경쟁률은적은

키워드 아이디어를 얻었다면 이제는 어떤 키워드가 좋은지 골라야겠지요. 내 팔로워군이 찾아볼 법한 것, 내가 의도하는 것과 맞아떨어지는 키워드를 골라내야 합니다. 수많은 키워드 중 옥석을 가리는 시간이죠. 그때 가장 유용한 방법이 각 키워드의 검색량을 보는 겁니다. 사람들이 얼마나 검색하는지, 검색량 대비 경쟁률이 얼마나 되는지 살펴볼 수 있는 툴이 바로 '키워드마스터'입니다.

만약 검색하는 사람 대비 그 검색어로 글을 올리는 사람이 훨씬 많다면 "키워드 경쟁률이 높다"라고 말합니다. 경쟁률이 높다면 단시간에 노출되기 좋은 키워드라고 보기 어렵죠. 너무 많다는 뜻이니까요. 그래서 처음 시작하는 사람이라면 경쟁률 높은 키워드보다는 비교적 경쟁률이 낮은 키워드 한두 개를 먼저 꿰차는 게 낫습니다.

키워드마스터 웹사이트(https://whereispost.com/keyword/)

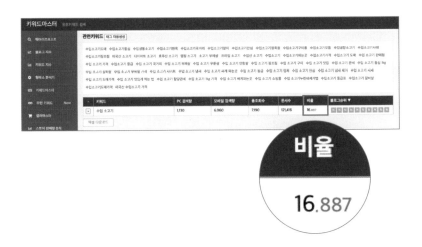

먼저 찾아보고 싶은 키워드를 검색창에 검색해 보세요. 검색결과의 '비율' 항목을 보면 그 검색어의 경쟁률을 알 수 있습니다. 예를 들어 비율이 17이라면 경쟁률은 17:1로 보면 됩니다. 즉 '수입 소고기'라는 검색어를 사용해 내 블로그 글을 발행한다면, 사람들이 해당 검색어로 검색했을 때 그 검색결과에 내가 뜰 확률이 17:1인 거죠.

이런 방법으로 키워드를 3~5개 정도 골라주세요. 그리고 가장 좋은 키워드를 메인 키워드로 잡습니다. 만약 메인 키워드를 '수입 소고기'로 잡았다면, 이 키워드는 제목에 1번, 본문에 5번 정도를 꼭 넣어줘야 합니다. 나머지 키워드는 세부 키워드로 잡고 본문에서 3~5번 정도 언급하면 됩니다.

한 달 검색량이 3,000번 이상인데 비율이 0인 검색어가 있다면 내 글이 노출될 확률과 내 블로그 방문자 수가 늘어날 확률이 높겠죠. 단, SNS 플랫폼 알고리즘은 계속 바뀌기 때문에 현재 비율이 0이라고 해서 반드시 내 포스팅이 뜬다는 보장은 없습니다. 말 그대로 '확률'이니까요.

하지만 이것을 알고 쓰는 것과 모르고 쓰는 것에는 큰 차이가 있습니다. 검색어 경쟁률을 따져 보며 신중하게 검색어를 선택하고, 보기 좋게 글을 쓰는 습관만으로도 강의 참여자 90%가 한 달 만에 하루 방문자 수 100명을 돌파할 수 있었습니다. 그 전략을 지금 다 나누었습니다. 이제 책을 잠시 접고, 핸드폰을 열어 이 두 사이트를 찾아보세요. 그리고 내 팔로워군이 검색할 만한 키워드를 검색해 보세요. 어떤 키워드가 나왔나요? 어떤 키워드로 글을 쓰면 좋을 것 같나요? 경쟁률은 어떤가요?

고객을 부르는 흐름,

콘텐츠 매트릭스 만들기

'광고 수익 말고는 다른 수익이란 게 아예 없는 걸까? 왜 돈이 될만한 게 없을까?' 블로그를 시작하고 4년째가 되었을 때 문득 이런 생각이 들었습니다. 당시는 네이버 블로거들이 수익을 좇아 유튜브나 티스토리로 옮기던 시기였습니다. 그쪽 플랫폼들이 조회수 수익을 더 잘 쳐줬거든요.

며칠간 고민하다가 제가 작업했던 디자인물을 포스팅해 보기로 했습니다. 기획 의도와 디테일을 보여주는 포스팅이었지요. 업로드 후 까맣게 잊고 지내다가 댓글이 달린 걸 뒤늦게 발견했습니다. 5명 정도였는데, 디자인할 사람을 구하니 포트폴리오를 더 보여줄 수 있냐며 연락처를 비밀 댓글로 남겨두었습니다. 5명 중 4명은 사업을 이미 진행 중이었고, 1명은 개인 프로젝트였어요. 이 포스팅은 심지어 1,000명에게도 노출되지 않은 상태였습니다.

그때 깨달았습니다. 내가 할 수 있는 것을 어떻게 보여주느냐에 따라 내 콘텐츠를 보는 사람이 그냥 지나갈 수도 있고, 잠재고객이 될 수도 있고, 적극적인 댓글과 소통을 통해 고객이 될 수도 있다는 것을요. 노출 횟수가 다가 아니라는 것도 함께 다가왔습니다.

내가 깨달았다고 해서 잠재고객을 만드는 일이 척척 진행되지는 않았습니다. 이 포스팅 이후 제일 괜찮은 작품을 포트폴리오로 만들어 올려둬도 사람들은 그저 '예쁘네요'라고 말하며 지나갈 뿐이었거든요. 답답했던 저는 5명이 댓글을 단 포스팅을 꼼꼼히 살펴보기 시작했습니다. 그제야 보이더군요. 문제는 콘텐츠 하나하나가 아니었어요. 그 포스팅에는 해당 콘텐츠가 들어 있는 카테고리와 내가 지금까지 뭘 만들었는지 전체 흐름을 볼 수 있는 링크까지 달아두었더라고요.

지금과 달리 그때는 카테고리와 링크의 중요성을 몰랐기 때문에 별 생각 없이 포스팅했었죠. 하지만 그 포스팅들은 카테고리별로 나뉘어 있었고, 각 콘텐츠는 한 카테고리 안에서의 흐름을 따르고 있었어요. 이전 포스팅에선 어떤 걸 이야기했고, 이번 포스팅에선 어떤 걸 다룰 것인지. 다음엔 어떤 정보로 돌아올 것인지도 가볍게 명시되어 있었죠. 글 안에 알게 모르게 흐름을 만들어 놓았던 것입니다.

3년이 지난 뒤에야 이렇게 흐름을 만드는 것이 '콘텐츠 매트릭스'라는 걸 알게 되었습니다. '콘텐츠 매트릭스'란 콘텐츠에 일련의 지침이나 프레임워크를 씌우고, 그에 따라 각 콘텐츠를 제작하는 것을 말합니다. 형태는 다양합니다. 내가 어떤 흐름을 만드느냐에 따라 충분히 다를 수 있으니까요. 너무 어렵게 접근하지 말고, 내 팔로워군, 그들의 문제, 내가 해결해 줄 수 있는 것만 명확하다면 지금부터 나온 콘텐츠 매트릭스에 대입하면 됩니다.

일단 저의 프레임워크는 팔로워들과 더 소통하고, 나라는 사람이나 나의 브랜드를 더 인식하게 만들어, 결국은 잠재고객이 되도록 만드는 것까지가 목표입니다. 이 프레임워크는 팔로워군에 대한 이해를 바탕으로 내가 전달하고자 하는 메시지를 보다 체계적으로 정리할 수 있도록 도와줍니다.

단순히 '내 것을 사세요!'라고 물건을 들이미는 게 아니라 팔로워군이 관심을 가질 만한 콘텐츠를 제작하고, 나의 이야기를 더 깊게 다루면서 감정적인 공감대를 탄탄하게 만드는 것이 이 콘텐츠 매트릭스를 사용하는 이유입니다. 이를 통해 팔로워군은 내 잠재고객이 되고, 수많은 전문가 중에서도 내가 '진짜 내 문제를 해결해 줄 수 있을 것 같은' 느낌을 주는 것이 핵심입니다. 더 나아가 팔로워군과 탄탄한 관계를 이어나갈 수 있는 토대가 되지요. 각자의 주제를 대입하여 다음 매트릭스를 사용해 보세요.

콘텐츠 매트릭스 4단계

1단계: 나를 모르는 사람들에게 나를 드러내는 것

2단계: 팔로워군이 원하는 것에 집중한 것

3단계: 더 깊이, 더 진솔하게 관계를 쌓는 것이 목표인 것

4단계: 잠재고객으로 전환할 수 있는 토대를 마련하는 것

1단계	2단계	3단계	4단계
가감 없이 지금 그대로를 묘사하기	영감/팁/요령	갈등이나 문제를 해결한 경험	고객 후기/ 판매 페이지
비하인드 스토리	나만의 철학/사명	혜택/Q&A/이벤트	창의성/전략, 큰 그림, 케이스스터디
감동적이거나 임팩트 있는 이야기	나만의 원칙/루틴	피드백 반영하기, 설문조사 실시	제한하기

1단계   1단계에서는 나라는 사람의 진정성을 보여줄 수 있어야 합니다. 감정적인 연결을 만드는 과정이죠. 다른 사람이 진정성을 느끼게 하는 요소는 다양하지만, 저는 '기업이 할 수 없는' 것에 초점을 맞춥니다. 제대로 갖춰서 화려하고 완벽해 보이는 판을 짜는 콘텐츠는 기업이 할 수 있는 일이며, 왠지 옆집에 살 것 같은 사람이 만든 것 같지 않습니다. 게다가 우리가 아무리 애를 써도 제대로 갖추고, 화려하고, 완벽한 것으로 기업을 뛰어넘기란 매우 어려우니까요.

그렇다면 기업이 할 수 없는 일은 무엇일까요? 날것의 나를 표현하는 것입니다. 널브러진 책상에 목이 늘어난 티셔츠를 입고 영상을 찍어도 좋습니다. 영상이 아니라 글이라면 정제되지 않은 거친 어휘도 좋습니다. '주옥같다, 인생 한 방이다' 같은 표현이 내가 항상 쓰는 표현이라면 그렇게 표현해도 좋습니다. 날것의 나를 가감 없이 지금 그대로 묘사하고, 어떤 일 뒤에서 고군분투하는 이야기를 공유하고, 감동적이거나 인상적이었던 사건을 전하며 사람들과의 감정적인 연결을 만드는 단계가 1단계입니다.

테이크아웃 카페 알바 브이로그 (19일차 알바 새내기)

저는 이 단계에서 길거리 카페에서 아르바이트하던 현장을 촬영하고, 가감 없이 내보냈습니다. 이 콘텐츠를 업로드한 뒤 진성팬이 생기기 시작했어요. 나만의 길을 모색하고 있는 와중에 생계를 위해 아르바이트를 뛰는 현실적인 모습에 크게 공감했다고 생각합니다.

2단계   2단계에서는 '나만의 어떤 것'을 조금씩 보여줍니다. 수많은 사람 중 왜 나를 선택해야 하는지를 보여주는 단계죠. 차별화하는 겁니다. 나만의 영감/팁/요령을 공유해 주세요. 아주 작은 팁이라도 괜찮습니다. 만약 내가 메이크업하는 사람이라면 '화장만 하면 모든 게 둥둥 뜨는 얼굴에 추천하는 베이스 메이크업 아이템'처럼, 평소에 가졌던 불편함을 해소할 수 있는 아이템을 소개하는 것도 2단계에 해당합니다.

나만의 철학이나 사명을 보여줘도 좋습니다. 흔히 가훈도 여기에 해당합니다. 나만의 좌우명도 좋습니다. 무슨 개똥철학이냐는 생각

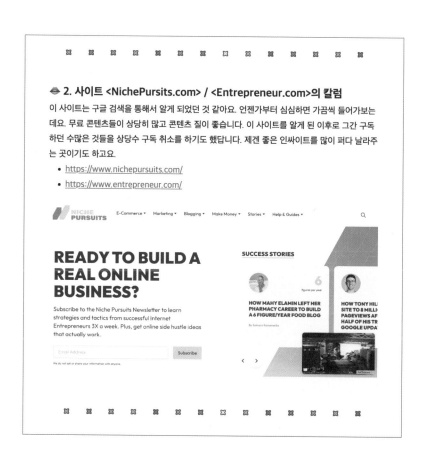

🔹 2. 사이트 <NichePursuits.com> / <Entrepreneur.com>의 칼럼

이 사이트는 구글 검색을 통해서 알게 되었던 것 같아요. 언젠가부터 심심하면 가끔씩 들어가보는데요. 무료 콘텐츠들이 상당히 많고 콘텐츠 질이 좋습니다. 이 사이트를 알게 된 이후로 그간 구독하던 수많은 것들을 상당수 구독 취소를 하기도 했습니다. 제겐 좋은 인싸이트를 많이 퍼다 날라주는 곳이기도 하고요.

- https://www.nichepursuits.com/
- https://www.entrepreneur.com/

은 일단 접어두고, 일단 '나만의 것'을 보여주는 겁니다. 오로지 차별화를 우선으로 두고 '이 사람은 그 흔한 사람 중 하나가 아니구나'라고 생각하도록 만들어야 합니다. 내 주제에 관련된 어떤 사소한 것이든 조금이라도 다른 철학이나 사명이 있다면 공유해 주세요.

나만의 원칙과 루틴을 함께 공유하며 보여주는 것도 좋습니다. 매일 러닝을 하는 사람이라면 운동 후 매번 작성하는 운동 일지 양식을 공유하거나 나만의 원칙을 보여줘도 좋습니다. 어떤 상황이든 주제에서 벗어나지 않으면서, 팔로워군이 다시 볼 수 있는 원칙과 루틴이 있다면 공유하세요.

저는 요즘 읽는 마케팅 책들 이야기를 하기도 합니다. 굉장히 개인적인 것이지만 흔한 콘텐츠가 아니라 '내돈내산'을 중심으로 나만 하는 것에 대해 공유하는 사례입니다. 부담스럽지 않게 읽을 수 있지만 이것들을 선택하게 된 계기 등을 이야기하죠. 큐레이션된 것들을 보여주며 나의 관점에 대해서도 말합니다.

3단계 팔로워군과의 더 깊은 관계를 위해 소통하며 만들어 나가는 콘텐츠 매트릭스를 제안합니다. 갈등이나 문제를 해결한 경험, 팔로워군이 얻을 수 있는 혜택이나 이벤트를 내가 직접 제공하는 것, 팔로워군이 물어본 것들을 활용하는 Q&A, 설문조사를 진행한 후의 피드백 콘텐츠 등을 제작해 보여주세요. 듣거나 읽기만 하고 끝나는 것이 아니라, 진심으로 그들의 질문에 답변하면서 상호 소통하는 단계입니다.

3단계는 팔로워가 하는 질문에 집중해, 그에 답하는 모든 콘텐츠라고 할 수 있습니다. 제 팔로워들은 퇴사하게 된 계기와, 퇴사 후 현재의 콘텐츠 제작자가 되기 전까지의 과정이 어땠는지, 어떤 것을 배웠는지에 대한 질문이 많았습니다. 이렇게 개인적인 스토리를 엮어서 팔로워 질문에 답하는 콘텐츠로 내보낼 수도 있습니다.

4단계 팔로워군을 잠재고객으로 바꾸는 단계입니다. 지금까지 감정적으로 연결해 상호소통하는 관계를 만들었다면, 4단계에서는 내가 판매하는 프로젝트에 대해 소개하세요. 물론 도움이 되고 충분한 가치를 보여줄 수 있어야 합니다. 링크 하나와 세일 품목이 간단히 적

힌 마트 광고 문자는 다들 잘 열어보지 않습니다. 사람들에게 내가 소개하고 싶은 것을 노출하기 전에, 사람들한테 도움이 될 만한 것을 같이 넣는다면 어떨까요?

소개할 프로젝트가 다른 것과 별반 다르지 않다는 느낌을 주려면 정확히 반대로만 하면 됩니다. 큰 그림도 없고, 전략 따위 없는 밍밍한 판매 글을 보여주며, '이번엔 이런 프로젝트를 진행합니다'라고 소개하고 상세 페이지를 캡처해 SNS에 업로드하는 거죠. 관심 있게 봐줄까요?

4단계의 마지막 기술은 '제한하기'입니다. 하나는 가격을, 또 하나는 시간을 제한하는 것으로 나뉩니다. 가격은 정해진 시간 안에서만 이 가격이라는 걸 명시합니다. 사람들이 이 프로젝트를 누릴 수 있는 시간이 제한적이라는 걸 전하는 거죠. 즉 지금이 아니면 살 수 없고 참여할 수도 없다는 것을 명확하게 이야기합니다.

다음은 제가 보내는 뉴스레터 일부입니다. 1개의 아이디어로 60가지 콘텐츠를 만드는 템플릿을 소개하는 내용입니다. 아이디어 하

🙂 비하인드 스토리

왜 이 곡을 만들었는지, 어떤 경험이 여름에 대한 글을 쓰도록 만들었는지 등등. 비하인드 스토리는 많을거에요. 저라면 가장 개인적인 경험을 구체적으로 풀어볼 것 같아요. [나는 여름에 관한 노래를 만들었답니다]가 아니라, [이러한 경험이 나로 하여금 이러한 여름 노래를 만들게 했답니다.]라고 이야기하는 것이지요.

"여름에만 이별을 3번이나 겪었습니다. 사계절 중 여름을 가장 싫어하게 된 계기는 단순히 후덥지근해서가 아니에요. 이별을 부르는 계절이라는 생각 때문이지요. 이제 여름만 되면 마음이 시립니다. 첫 번째 이별은 [이러했]고, 두 번째 이별은 [이러했]으며, 세 번째 이별은 [이러했]거든요. 그 속에서 깨달은 것들과 경험으로 [이러한 여름 이별 노래를] 만들게 되었습니다."

어때요? 내가 여름에 대한 노래를 만들었다고 한마디로 끝내는 것과는 전혀 다른 이야기처럼 보이지 않나요? 소재에 대해 어떻게 접근해서 어떻게 풀어내는지 더 궁금한 분들은 CCD 템플릿을 참고해주세요! :) -마침 아나의디노 오픈 이래 최초 감사 세일 시즌이니 많이 들러주세요 :)-

이렇게 소재를 새롭게 뒤집어서 본 적이 있나요? 디노님께는 어떤 소재를 어떻게 뒤집었을 때 사람들에게 반응이 있었나요? 이 메일에 회신하여 알려주시면, 저도 재미있게 읽고 답장 드릴게요!

P.S. 원래 메일 주시면 모든 메일에 답장드리고 있어요. 🐢

나를 어떻게 풀어서 여러 가지 콘텐츠로 활용할 수 있는지에 대한 팁과 함께 템플릿을 소개합니다. 마지막 부분에 '오픈 이래 최초 감사 세일 시즌'이라고 언급하며, 지금 구매해야 할 이유를 주고 있습니다. 시간을 제한하는 것이죠.

이 4단계 전체에 걸쳐 가장 중요한 것은 사람들이 원하는 가치를 충분히 보여줄 수 있어야 한다는 거예요. 마케팅 자동화를 원하는 기업 오너가 팔로워군이라고 가정할게요. 여태까지 나왔던 마케팅 자동화 방법을 전부 다 알려주든, 핵심만 짚어 알려주든 방법과 상관없이 그 오너가 끌릴 만한 주제와 내용을 보여줘야 한다는 뜻입니다. 뜬금없이 게임을 만드는 AI툴을 소개하거나 직장인의 비애를 다루는 콘텐츠가 나오지 않도록 주의하세요.

이 콘텐츠 매트릭스는 꼭 순서대로 할 필요는 없지만, 전반적으로 이런 흐름을 갖고 간다는 것을 알면 좋습니다. 포스팅 하나에 이 모든 단계가 다 들어있기도 하고, 일주일에 올리는 4개의 콘텐츠마다 각 단계가 하나씩 있어도 됩니다. 순서보다는 이런 흐름에 집중하여 콘텐츠를 제작해 보세요.

깊이 매몰되기 전에

콘텐츠 재활용하기

조회수 80만이 나왔던 영상을 제작한 적이 있습니다. 우연히 터진 영상이었는데, 처음에는 기분이 좋았다가 점점 암담해졌습니다. 도대체 이런 영상을 어떻게 또 만들 수 있을지 고민되었죠. 만약 여전히 조회수 수익만을 위해 콘텐츠를 제작하고 있었다면, 저는 하루 대부분의 시간을 콘텐츠에 매달리느라 다른 일은 하지 못했을 거예요.

팔로워를 잠재고객으로 만들고 나만의 온라인 땅에서 만나 나의 프로젝트를 소개하기로 결심했을 때, 콘텐츠는 '사람들을 만나기 위한 수단'으로 바뀌었습니다. 그래서 콘텐츠와 조회수를 위해 일하는 게 아니라, 한번 만든 콘텐츠를 최대한 많은 플랫폼에 올려야 한다고 판단했습니다.

하나의 콘텐츠를 여러 플랫폼에 업로드할 수 있습니다. 재가공만 살짝 거치거나 하나의 플랫폼에 올린 것을 자동화 툴을 활용해 다른 플랫폼에 올리면 됩니다. 계속 반복하지만 중요한 것은 '메시지가 뚜렷하고, 팔로워군에게 가치가 있는' 콘텐츠를 제작하는 것입니다. 아무리 많은 플랫폼에 내 콘텐츠를 업로드할 수 있어도 뻔한 콘텐츠라면 주목받기 어려우니까요. 플랫폼마다 너무 많은 것을 더하거나 빼지 말고, 핵심 콘텐츠에 조금씩만 다른 가공을 덧대 쓰는 게 요령입니다.

처음에는 핵심 내용이 담긴 '글 콘텐츠'를 베이스로 삼습니다. 블로그 포스팅이나 뉴스레터를 가장 먼저 제작해 업로드하는 거죠. 이후에 이것을 캡처하거나, 글에 나온 내용을 카드뉴스 형태로 재가공해 인스타그램에 업로드합니다. 그리고 이렇게 나눈 내용을 카메라 앞에서 그대로 읽거나 좀 더 요약해서 말하면 영상이 되는 식입니다. 콘텐츠는 단 하나만 만든 후 블로그, 뉴스레터, 인스타그램, 유튜브, 틱톡까지 5개 플랫폼으로 재활용하는 방법입니다.

이 방법은 제작자의 에너지를 아낄 수 있다는 것 말고도 이점이 하나 더 있습니다. 하루에 모든 SNS 플랫폼을 다 보는 사람은 많지 않잖아요? 가장 자주 이용하는 플랫폼 하나를 보는 게 보통입니다. 사람들의 이런 습관 덕분에 하나의 플랫폼에만 올렸을 때보다 더 많은 사람에게 발견될 수 있다는 장점이 있습니다. 활용법을 좀 더 자세히 들여다보면 이해가 쉽게 될 겁니다.

첫 번째, 블로그에 글 콘텐츠를 만든 후 캡처해서 인스타그램에 업로드합니다. 이건 캡처만 하면 되니 넘어갈게요.

두 번째, 글 콘텐츠를 인스타그램에 카드뉴스 형식으로 가공해 올립니다. 미리캔버스miricanvas나 캔바canva라는 툴을 통해 카드뉴스를 쉽게 만들 수 있습니다. 두 툴 다 무료 디자인 템플릿이 다양하게 제공됩니다. 해당 사이트에 들어간 후 '인스타그램 포스트'라는 디자인을 선택한 다음 바로 사용하면 됩니다.

두 가지 툴 중 하나를 골라야 한다면 저는 '캔바'를 추천할게요. 한국 정서에 좀 더 맞는 디자인은 미리캔버스에 많지만, 가독성이 떨어지거나 너무 화려해서 글 콘텐츠 자체가 묻히는 경향이 있습니다. 반면 캔바는 글로벌 툴이라서 외국 툴과 잘 연동된다는 게 장점입니다. AI로 만드는 서류도 이미 다 구현된 상태라 자동화하기도 편하죠. 무엇보다 규모가 커서 디자인스쿨 등 교육 콘텐츠가 풍부합니다. 어떤 툴이든 일단 손에 익혀 쓰기 시작하면 다른 툴로 옮기기가 힘듭니다. 다른 툴로 옮기지 않아도 될 만큼 시대에 맞춰 발 빠르게 움직이는 툴을 선택하세요.

세 번째, 이렇게 편집한 카드뉴스를 모아 영상으로 내보내는 방법이 있습니다. 인스타그램 릴스, 유튜브 쇼츠, 틱톡 모두 플랫폼 자체에서 편집할 수 있는 기능이 들어 있어 클릭 몇 번이면 가능하죠.

플랫폼의 생명은 '사람들을 오래 내 플랫폼에 머무르게 하여, 광고주에게 돈을 받아 수익화하는 것'입니다. 만약 한 플랫폼 안에 다른 플랫폼 마크가 있다면, 사용자들이 그 마크를 보고 외부 플랫폼으로 나가는 걸 염려하는 건 당연하겠죠. 따라서 하나의 영상을 그대로 다른 플랫폼에 올리면 불이익이 있을 수 있습니다. 잘 노출되지 않는다는 뜻입니다.

이런 경우를 위해 딕톡에 올린 영상을 딕톡 마크를 지우고 다른 플랫폼에 업로드해 주는 AI툴도 있습니다. 이 툴은 이 책이 나오는 시

미리캔버스로 만든 카드뉴스

점에도 모르는 사람이 많을 거예요. 자동화 툴을 소개하는 PART 4에서 자세히 설명하겠습니다.

　네 번째, 글 콘텐츠를 핸드폰 앞에서 읽어 영상을 촬영한 뒤 편집하여 내보내면 비디오 영상이 됩니다. 비디오 영상을 만드는 게 어렵다고 생각하지 않아도 됩니다. 플랫폼 내에서 편집해도 되고, 모바일에서 영상을 쉽게 편집할 수 있는 'VITA' 같은 앱을 사용해도 됩니다. 노트북을 주로 사용한다면 'VREW' 툴도 좋습니다. 두 툴 다 자동 자막 기능이 있습니다. 내가 글을 읽어서 영상을 촬영했기 때문에 발음만 흐릿하지 않다면 자동으로 자막을 달 수 있죠.

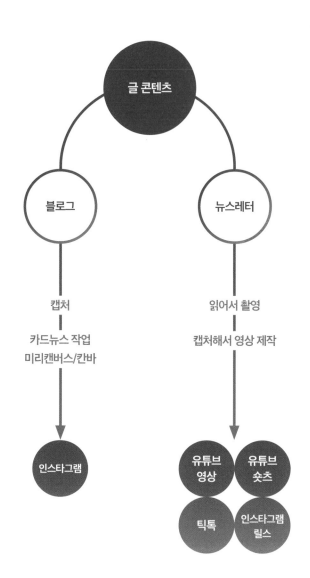

따라하기

카드뉴스를 틱톡 콘텐츠로 재활용하기

#SNS콘텐츠재활용 #콘텐츠는목적이아니라수단 #1타다피

① 인스타그램 카드뉴스를 틱톡 콘텐츠로 재활용하는 예시입니다. 틱톡에서 촬영을 시작한
   뒤 오른쪽 하단의 '업로드'를 누릅니다.
② 활용할 카드뉴스를 순서대로 탭한 후 '다음'을 누릅니다.
③ 상단의 가위모양 아이콘을 눌러 음악을 선택합니다.

④ '추천됨' 중 내 콘텐츠와 가장 어울리는 분위기이거나 저작권이 없는 음악을 선택합니다.

⑤ 제목과 카드뉴스가 결합된 숏폼 영상이 만들어집니다. '다음'을 누릅니다.

⑥ 본문에 안내하고 싶은 내용을 작성한 후 '게시'를 눌러 업로드하면 됩니다.

Tip

이렇게 짧은 영상을 '숏폼(short form)'
이라고 하는데요, 숏폼 영상은 한 플랫폼
에 올린 후 다른 플랫폼에도 업로드할 수
있습니다. 다만 틱톡은 틱톡 영상에만
적용되는 틱톡 마크가 있는데, 이 마크를
지워서 다른 플랫폼에 업로드해야
불이익이 없습니다.

카드뉴스를 숏폼 형태로 재활용한 예시

헛심 빼지 말고,

플랫폼별 노출 알고리즘

이해하기

10

키워드는 간단하게 '검색어'라고 생각하면 됩니다. 앞에서 블로그를 설명할 때 키워드를 잘 선택해 사용하는 것이 중요하다고 말했었습니다. 기본은 안다고 생각하고, 이제 좀 다른 말을 할게요. 키워드는 중요하지만, 모든 플랫폼에서 키워드가 가장 중요한 것은 아닙니다.

물론 검색 위주인 플랫폼에서는 키워드가 중요합니다. 하지만 그게 아니라면 내가 노출되는 알고리즘을 잘 알고 이용하는 게 더 효과적입니다. 그러려면 플랫폼별 알고리즘을 이해하는 게 중요하겠죠.

검색이 아니라 추천 시스템에 따라 노출시키는
유튜브와 인스타그램

어느 날 재즈에 관심이 생겨서 유튜브에서 재즈를 검색해 재즈 음악을 많이 듣고, 저장도 하고, 댓글도 달았다면 언젠가부터 유튜브 추천 영상에 재즈가 많이 나올 거예요. 유튜브는 '검색' 시스템이 아니라 '추천' 시스템이라 그렇습니다. 대부분의 추천 시스템은 사용자가 어떤 콘텐츠를 소비하는지 잘 봤다가 관련성이 높은 것을 보여줍니다. 따라서 유튜브에서는 키워드보다 제목과 섬네일에 신경 써서 제작해야 하는 게 맞습니다.

'유튜브는 검색이 아니라 추천 시스템이다. 추천할 때 내가 올린 영상의 제목과 섬네일에 신경 쓴다'까지는 이해했죠? 자, 이제 문제 나갑니다. 내 채널에 아직 영상이 쌓여있지 않아서 어떤 채널인지 식별할 수 없는 상태라면 어떨까요? 이런 경우 유튜브 알고리즘은 내 채널을 노출시키지 않을 수도 있습니다.

이럴 때는 내가 입력한 키워드가 기준이 됩니다. 그래서 유튜브 채널 식별을 위해, 또 구글 검색 시 연동되어 내 영상이 노출될 수 있도록 키워드 활용 방법을 알아둬야 합니다.

먼저 뒤에 있는 따라하기를 참고해 '튜브버디'를 설치하세요. 유튜브 검색 페이지에 사용할 키워드를 검색해 보겠습니다. 예를 들어 재즈 음악을 피아노로 연주해서 만드는 플레이리스트 영상을 업로드한다면 '재즈 플레이리스트'로 검색합니다. 이때 튜브버디 프로그램도 자동으로 같이 실행됩니다. 오른쪽 튜브버디 패널에서 'Show keyword score' 버튼을 클릭합니다.

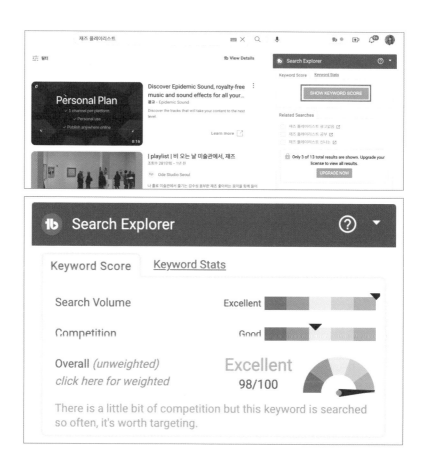

이 채널에서 현재 검색한 키워드에 관한 정보가 나타납니다.
'Search Volume'은 사람들이 얼마나 검색하는지를 알려줍니다. 녹색
으로 갈수록 많이 검색하고, 붉은색으로 갈수록 검색량이 많지 않다는
뜻입니다. 'Competiotion'은 경쟁률을 알려줍니다. 현재 세모가 노란
색 부분에 걸쳐있죠? 중간 정도로 괜찮다는 의미입니다. 경쟁이 없지
는 않지만 해볼 만한 키워드라고 판단할 수 있습니다.

'Overall'은 전반적인 평가입니다. 현재 100점 만점에 98점인

데, 이것은 이 키워드를 사용하여 영상을 만들면 검색결과에 노출될 확률이 높으며, 그만큼 조회수를 얻기에 유리하다는 뜻입니다.

유튜브처럼 인스타그램 역시 추천 시스템입니다. 내가 올린 인스타그램 포스팅이 무엇에 관한 내용인지 알고리즘이 알 수 있도록 키워드를 달아주면, 알고리즘이 이 포스팅이 뭘 다루는지 정확히 분류하고 노출시키게 됩니다. 인스타그램에서는 키워드 자체가 중요하다기보단 이게 어떤 콘텐츠인지 알려주는 기준으로 사용한다는 뜻입니다. 그러니 인스타그램에서는 키워드를 찾는 데 시간을 많이 쓸 필요가 없어요. 어떤 콘텐츠를 업로드할 때, 관련된 정확한 키워드 3~5개 정도만 써주면 충분합니다.

콘텐츠의 질이 중요한 틱톡

틱톡은 무조건 콘텐츠로 승부합니다. 첫 3초가 중요하니 앞부분에 신경 써서 제작하세요. 개인적으로 전체 40초 정도 길이가 짧은 정보를 전달하기에 적합했고, 스낵 콘텐츠라면 30초도 넉넉하다고 생각합니다.

최근 틱톡이 변했습니다. 원래 틱톡은 30초 영상으로 시작하고 끝냈는데, 최근에 3분짜리 영상까지도 업로드할 수 있게 바뀌었어요. 더 긴 콘텐츠를 이용해, 더 오래 플랫폼에서 머무르게 하기 위한 전략으로 보입니다. 이런 추세가 이어진다면 틱톡 내에서도 검색 시스템이 활발하게 사용될 수 있습니다. 이렇게 되면 긴 영상을 업로드할 수 있는 이 시점부터는 틱톡에서도 검색이 중요해질 가능성이 있다는 뜻이죠.

틱톡에서는 최근 3개월간 가장 인기 있는 영상에 달린 키워드를 조합하여 사용하는 걸 권합니다. 방법은 간단합니다. 틱톡 앱을 실행한 후 상단의 돋보기 모양 아이콘을 클릭하고 키워드를 입력합니다. 예를 들어 'Piano Jazz'를 검색하면 왼쪽 그림 같은 결과가 나타납니다. 오른쪽 상단의 필터 아이콘을 누르면 '정렬 기준, 동영상 카테고리, 게시한 날짜'로 필터링해서 검색결과를 볼 수 있습니다. 필요한 옵션을 선택하면 됩니다. '정렬 기준'은 '관련성'으로 설정해야 해당 키워드와 관련이 높은 콘텐츠들이 검색됩니다. '게시한 날짜'는 '지난 3개월'로 설정한 후 '적용'을 누르세요.

그러면 맨 오른쪽 그림처럼 전과는 다른 검색 결과가 나타날 거예요. 이 영상에 사용된 키워드를 섞어서 내 영상에도 적용하면 됩니다. 단, 틱톡도 검색 기반이 아닌 플랫폼이니 키워드 조사에 힘을 많이 쏟기보다는 콘텐츠 자체의 질에 집중해야 합니다.

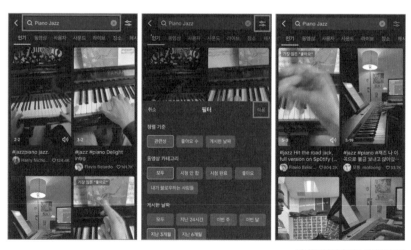

필터를 적용한 후 새로 검색된 콘텐츠

튜브버디 툴 설치하기

#크롬확장프로그램 #유튜브동영상뜯어보기 #영상분석도구

1
크롬을 실행한 후 Chrome 웹스토어 검색창에 'tubebuddy'를 검색합니다.
이 프로그램은 크롬에서만 사용할 수 있습니다.

2
다음 화면에서 'Chrome에 추가'를 클릭합니다.

3
대화상자가 나타나면 '확장 프로그램 추가'를 클릭합니다.

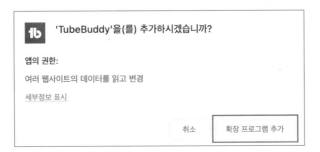

추가가 완료되면 'TubeBuddy이(가) Chrome에 추가됨'이라는
안내가 나타납니다.

 바로 유튜브를 실행해 보세요. 튜브버디가 정상적으로 설치되었다면
화면 상단에 로그인하라는 안내가 나타납니다. 빨간 글자 부분을 클릭하면
나타나는 대화상자에서 'Sign-in with YouTube' 버튼을 클릭합니다.

현재 유튜브에 로그인된
채널과 같은 아이디를 선택하여
튜브버디에 로그인하라는
안내가 나타납니다.

'계정 선택' 화면에서 유튜브 채널
과 같은 아이디를 클릭합니다.

7

G Google 계정으로 로그인

tb

TubeBuddy에서 내 Google 계정에 액세스하려고 합니다

👤 ▓▓▓▓▓▓@gmail.com

이렇게 하면 TubeBuddy에서 다음 작업을 할 수 있습니다.

●   **YouTube 동영상, 평가, 댓글, 자막 보기, 수정 및 완** ⓘ
     전 삭제

▶   **YouTube 콘텐츠에 대한 YouTube 분석 보고서 조** ⓘ
     회

▶   **YouTube 계정 관리**   ⓘ

TubeBuddy 앱을 신뢰할 수 있는지 확인

민감한 정보가 이 사이트 또는 앱과 공유될 수 있습니다. 언제든
지 Google 계정에서 액세스 권한을 확인하고 삭제할 수 있습니
다.

Google이 데이터를 안전하게 공유하는 방법을 알아보세요.

TubeBuddy의 개인정보처리방침 및 서비스 약관을 확인하세
요.

| 취소 | 허용 |

액세스 확인 화면이 나타나면 '허용' 버튼을 클릭해 TubeBuddy와 유튜브 계정을 연동하면 끝입니다.

제목부터 영상까지

처음 3초를 사로잡는

15가지 공식 공개

11

아무리 유익하고 훌륭한 콘텐츠라도, 제목이나 시작 부분이 매력적이지 않으면 세상에서 빛을 보기가 어렵습니다. 콘텐츠를 척 봤을 때 쉽게 가늠되지 않으면 금방 나가버릴 거니까요. 그래서 저는 제목과 영상 처음 부분에 충분한 가치를 보여줄 수 있게 하라고 권합니다. 그렇지만 참 말이 쉽죠? 누군들 안 그러고 싶겠어요.

그래서 제목이나 영상의 첫 시작에서 사용하면 좋은 15가지 방법을 공개합니다. 수학 공식처럼 콘텐츠의 첫 시작을 어떻게 해야 할지 막막할 때 하나씩 써보며 딱 맞는 걸 찾아보세요. 이 방법은 어떤 주제에도 적용할 수 있습니다.

1. 비교로 시작하기

"X는 다방면으로 Y와 비슷하지만, Z가지 중요한 차이점이 있어요."

2. FOMO 사용하기. FOMO(Fear of Missing Out, 포모)는 단어 그대로 옮기면 '고립공포감'이며, 기회를 놓치는 것에 대한 두려움을 자극한다는 뜻입니다.

"X의 기회를 놓치지 마세요."

3. 목록과 이유 사용하기

"X가 Y보다 나은 10가지 이유"

4. 사실을 짚어가기

"X는 Y를 하기 위해 과학적으로/통계로 증명이 된 것입니다."

5. 실시간으로 보여주기

"실시간으로 X를 하는 것을 보여드릴게요. 이 라이브는 추후에 공개되지 않습니다."

6. 경쟁사/경쟁자와 도발적으로 비교하기

"X가 Y보다 나은 이유"

7. 비밀 공유하기

"여러분, 산업/현장의 무대 뒤에서 실제로 어떤 일이 벌어지고 있는지 궁금한 적이 있나요? 자, 오늘은 다른 곳에서는 찾을 수 없는 몇 가지 비밀을 공개하겠습니다."

8. 받아들이기 어렵지만 진실인 것을 공유하기
"저는 여러분들이 'X 목표를 달성'하길 원한다는 것을 알지만 여기에 함정/어려운 것들이 있습니다. 여러분이 하던 일을 지금처럼 계속한다면 원하는 결과를 이루기 어려울 거예요. 대신에 이렇게 해보세요."

9. 개인적인 고백. 청중이 공감할 수 있는 개인적인 이야기나 경험을 공유합니다.
"전에 이것을 공개적으로 공유한 적이 없지만(개인적인 이야기/경험) 오늘 여러분과 공유하는 것은 우리 모두 어려움을 겪고 있고, 결코 혼자가 아니라는 것을 알리기 위함이에요."

10. 전문가의 극단적인 의견 공유하기. 화제가 되거나 논란이 되는 문제에 대한 '극단적인' 전문가의 의견을 공유합니다.
"○○전문가는 이렇게 이야기했습니다. (극단적인 의견 밝히기)"

11. 폭로하기. 처음 시작할 때 사람들이 함구하고 있는 사실이나 전혀 다른 결말로 마지막까지 팔로워를 긴장하게 만드세요.
"충격적인 사실을 알게 되어서 공유합니다. 이 사실은 업계 전문가들이 모두 알고 있지만 밝히지 않는, 극소수만 아는 사실인데 여러분들도 알면 놀라실 거예요."

12. 문제에 대해 경고하기. 팔로워들의 잠재적인 문제나 현재 문제를 짚어 경고하고, 주의를 기울이도록 만들어야 합니다.

"시금처럼 X를 했을 때 야기되는 Y 문제가 있습니다."

13. 비하인드 스토리 공유하기. 청중에게 창작 과정이나 비하인드 스토리를 공유합니다.

14. 개인적인 이야기. 사소한 상황이라도 좋으니 팔로워군이 공감할 수 있는 개인적인 이야기나 경험을 공유합니다.

15. '만약에'로 시작하기. 사람들이 어떤 상황을 상상하게 만드세요.

이 15가지 공식을 사용한 예시를 몇 가지 들어보겠습니다. 예를 들어 '유튜버들을 위한 장비 리뷰'가 주제인 채널을 운영하는데, 위 공식을 활용해 제목이나 영상 시작 부분을 제작한다면 다음처럼 할 수 있을 겁니다. 나의 주제와 연결해 어떻게 시작할 수 있을지 감이 올 거예요. 하나하나 연습해 보고, 상황에 따라 콘텐츠에 적용해 보세요.

1. 비교로 시작하기

"유튜브 촬영용 카메라로 유명한 캐논 ○○카메라는 소니 ○○카메라와 사양에서 별 차이가 없지만 2가지 중요한 차이점이 있습니다. 꼼꼼하게 비교해 드릴게요."

6. 경쟁사/경쟁자와 도발적으로 비교하기

"소니가 캐논보다 ○○면에서 월등하게 나은 이유"

11. 폭로하기

"유튜브 영상을 제작하는 스튜디오에서 암암리에 거래되고 있는 스킬들을 공유할게요. 이제 영상 제작을 맡기지 않고 혼자서도 쉽게 할 수 있습니다."

Part 3

이제는 수익화,
콘텐츠가 돈이 되는
구체적인 방법

FIND GOLD NUGGET!

아이디어를 수익으로 연결시키는 온라인 비즈니스 실전편. 정보성 콘텐츠를 통해
나만의 노하우를 판매하는 큰 그림을 공유합니다. 이제껏 광고 수익, 조회수 수익만 바라보며
콘텐츠를 만들었다면 나만의 플랫폼, 나만의 상품이 필요한 때입니다.
책을 통해 콘텐츠를 돈으로 만드는 노하우를 얻어가세요.

'결핍'이 돈이 된다,

정답 말고 결핍 찾기

01

저보다 팔로워가 훨씬 많아도 수익화로 이어지지 않는 계정이 수두룩합니다. 가끔은 저 사람은 귀여운 콘셉트니까 '귀여운 굿즈를 제작해서 본인이 직접 걸치고 영상에 꾸준히 나오기만 해도 구매하는 팔로워들이 많겠다' 싶을 때도 있습니다. 생각만 조금 바꾸면 수익화로 이어질 수 있습니다. 당연히 팔로워가 많을수록 유리합니다.

문제는 팔로워가 많지 않은 경우입니다. 이럴 땐 내가 파고 있는 주제에서 사람들이 느끼는 결핍이나 어려움이 무엇인지를 찾는 게 중요합니다. 그에 대한 '정답'을 알려준다기보다는 어떤 방식으로 '다르게' 그것들을 해결해 줄 사람인지를 보여주는 게 중요합니다. 고정관념을 아예 뒤집을 수 있다면 더 좋고요. 이렇게 하면 사람들은 흔하게 볼 수 있는 여럿 중 하나가 아니라, 다른 솔루션을 제공해 줄 수 있는 사람으로 나를 인식하게 됩니다. 즉 나만의 방식으로 사람들이 생각하지 못했던

142

문제에 대해 정의하고, 그것을 통해 결핍을 찾아줘도 좋다는 말입니다.

　예를 들어 홈페이지를 제작하고 싶은 대표님들이 늘 먼저 찾는 것은 홈페이지를 제작할 수 있는 사람입니다. 그런데 웹빌더를 사용하면 최소 300만 원부터 1천만 원은 우습게 호가하는 업체가 필요 없다는 사실은 잘 모르죠. 참고로 웹빌더web-builder는 코딩 없이도 웹사이트를 만들 수 있는 툴입니다.

　만약 웹디자인 하는 사람이라면 웹빌더와 관련된 상품을 판매할 수 있을 겁니다. "대표님, 아직도 최소 300만 원 주고 웹사이트 만드세요? 잠깐만요!"라는 제목의 콘텐츠를 만들어 대표님들의 눈길을 사로잡을 수 있습니다. 콘텐츠 마지막에는 우리가 제공하는 서비스를 소개하면 되겠죠. 웹빌더가 무엇인지, 웹빌더로 얼마나 쉽게 웹사이트를 만들 수 있는지 알리는 강의나 합리적인 가격의 제작대행 서비스를 론칭할 수도 있습니다.

　하나 더 예를 들어볼게요. 최근에 컨설팅을 진행하면서 특허받은 '냄새나지 않는 고등어'라는 제품을 뜯어보게 되었습니다. 연기가 나지 않는다는 의미로 '무연無煙 고등어'라는 이름이 붙어 있었어요. 하지만 그 이름에서 냄새가 나지 않을 거라는 확신은 들지 않았습니다. 그래서 시각적으로 연상할 수 있고, 정말 냄새가 나지 않을 것처럼 느껴지는 '지퍼락 고등어' 등으로 이름을 바꿔보라고 제안했습니다.

　또 냄새가 나지 않는다는 것은 직접 사서 구워보기 전까지는 알수 없는 거죠. 그래서 냄새를 측정할 수 있는 도구를 사용해 프라이팬에서 고등어를 구웠을 때와 특허받은 고등어를 구웠을 때의 냄새 수치를 비교해서 보여주라고 했어요. 더불어 꼭 이 고등어가 아니더라도 에어프라이어에 고등어를 넣고 돌리면 확실히 냄새가 덜하니, 이것 역시 해결할 필요가 있다고 짚어드렸습니다. '냄새나지 않는 고등어'의 '진짜 경쟁자'는 에어프라이어이니까요.

자, 어떤가요? 저만의 시각으로 다른 접근법을 판매해 돈을 벌었습니다. 소비자가 궁금한 것과 와닿지 않는 것을 찾아 브랜드에서 생각하지 못했던 문제를 정의한 결과입니다. 이런 예시를 콘텐츠로 만들어 꾸준히 나누면, '이 사람은 내 물건이 왜 팔리지 않는지(혹은 더 팔 수 있는지) 이유를 찾아줄 수 있을 거야'라고 생각하는 구독자가 계속 늘어날 겁니다. 결핍을 꼬집어 내놓은 결과죠.

물건과 서비스가 넘쳐나는 요즘은 특히 이런 결핍과 문제를 해결하는 서비스 론칭이 더 수월합니다. 다만 '사람들이 왜 다른 업체가 아니고, 나에게 구매해야 하는지'에 대해서는 고민해야 합니다. 차별화되는 게 무엇인지를 찾아야 하는 거죠.

똑같은 과일 가게라도 A 가게는 제철 과일을 그때그때 경매를 통해 가져옵니다. 손님들은 제철 과일을 가장 맛있을 때 합리적인 가격으로 먹을 수 있다고 입을 모으죠. B 가게는 본인들이 손수 과일밭을 가꾸고, 무농약으로 키워서 내놓는 것이라 가장 신선하고 건강한 과일을 제공합니다. 같은 과일 가게지만 손님의 유형은 다릅니다. 제철 과일을 저렴하게 먹고 싶은 사람은 A로

가고, 맛보다 유기농이 중요한 사람은 B로 갈 겁니다.

가장 쉽게 찾는 방법은 '가격'입니다. 가격을 더 저렴하게 정하거나 할인하는 방법입니다. 결론부터 말하면 가격 경쟁은 마진이 생기지 않는 상황까지 갈 수도 있으니, 가격 그 자체만으로 차별화하는 건 힘듭니다. 다른 가치를 줄 수 있어야 하죠. 이럴 때 다음 3가지 중 하나의 가치를 더 넣어서 서비스를 차별화하라고 제안합니다.

1. 하나의 그룹만 공략하거나
2. 하나의 가치를 더하거나
3. 시간이나 퍼스널 터치를 더 제공하거나

첫 번째, 하나의 그룹만 공략하는 것입니다. 고객의 범위는 좀 좁아지겠지만, 원하는 게 따로 있는 사용자에게 집중하는 거죠. 한 우물만 파는 방법입니다. 예를 들어 웹빌더로 웹사이트를 만드는 서비스가 있다고 합시다. 하나의 그룹만 공략하려면 1인 사업가 등을 대상으로 그들이 직접 웹사이트를 만들 수 있는 서비스를 판매합니다. '혼자서 관리하기 쉽고, 한 번만 잘 만들어두면 더 손이 가지 않는다'는 것을 어필하면서요.

두 번째, 하나의 가치를 더 더하는 것입니다. 기존 가치가 '더 저렴하고 쉽게 스스로 만들 수 있는 웹사이트'였다면, 여기에 다른 가치를 하나 더 적용해 두 가지 포인트가 있는 서비스를 만듭니다. 예를 들어 웹사이트를 구축하길 원하는 1인 사업가들에게 장기적으로 필요한 내 땅, 즉 뉴스레터 구독자도 함께 모을 수 있도록 알려준다는 가치를 얻을 수 있습니다. 가치 1+1 법칙이지요.

'혼자서도 웹사이트를 더 저렴하고 쉽게 만들 수 있는데, 거기에 더해 새로운 스킬도 배울 수 있다고?' 비슷하지만 기존의 웹사이트 혼자 만들기 서비스와는 확실히 다릅니다. 예산은 빠듯한데 혼자서 모든 걸 다 해야 하는 1인 사업가라고 생각해 보세요. 웹사이트도 없고, 고객 모집에도 영 힘을 못 쓰고 있다면 이 서비스가 매력적으로 보일 수밖에 없을 겁니다. 결핍을 찾아낼 뿐만 아니라 가치를 더하여 수익화하는 방법입니다.

세 번째, 나의 시간을 더 제공하거나 개인적으로 더 많이 접촉하는 것을 추가합니다. 고액 서비스를 론칭할 때 사용하는 방법입니다. 줌으로 해도 되는 것을, 직접 대면으로 만나서 한다든가, '방법'을 알려주는 게 아니라 '내가 대신해 주는' 방식으로 가는 것이죠. 이 방식은 '제가 다 해드립니다' 공식인데, 뒤에서 더 자세하게 설명하겠습니다.

무엇이든 서비스를 론칭하기 전, 다양한 결핍을 찾고 위의 3가지 가치를 더해 보세요. 만약 결핍을 찾기가 어렵다면 네이버 카페나 단톡방, 디스코드discord 같은 곳에 자주 들어가서 사람들이 계속 토로하는 문제점이나 언급하는 주제들을 눈여겨보세요. 참고로 디스코드는 음성 등으로 채팅할 수 있는 공간입니다. 단톡방의 다른 형태라고 생각하면 됩니다.

그래도 결핍을 찾기 어렵다면 방법이 하나 더 있습니다. 설문조사를 해보세요. 사람들에게 어떤 주제에 대해 어떤 게 평소에 힘들었는지 진솔하게 물어보는 거죠. 참여하는 사람만 참여할 것 같지만, 의외로 '나는 이런 부분이 힘들었기 때문에 조사해 보고 싶다'라며 진솔하게 다가가면 많은 사람이 고충을 나눕니다. 단, 이 방법은 팔로워군과 어느 정도 신뢰가 쌓였을 때 시도해야 합니다. 아무도 팔로우하지 않고, 어떤 콘텐츠도 올라오지 않은 계정에서 설문조사를 할 수는 없으니까요.

아직도 팔 게 없다고
생각하나요?

'상대방의 필요'를 찾는 것에서
시작하세요.

그들이 원하는 가치가 돈이 된다,

'미미미!' 절대금지

02

몇 달 전 수강생 한 분이 카톡을 보냈습니다. 20개나 되는 메시지를 한 번에 보냈길래 급한 일인 줄 알고 놀라서 얼른 열어봤지요. 열어보고는 제 예상을 뛰어넘는 상황이라 더 놀랐습니다. 이 수강생은 다이어트 제품과 프로그램을 함께 판매하는데, 다이어트 프로그램과 보조제 사진을 잔뜩 보냈더군요. "○○ 프로그램에 참여하세요!"라는, 딱 봐도 나 말고도 다른 사람들한테도 이렇게 다 돌렸겠구나 싶은 메시지와 함께.

많은 사람이 괴로워하는 부분이 바로 이것입니다. '나 이런 상품 만들었어요! 나 이런 성과를 만들었어요!'는 내 이야기일 뿐, 남들은 내가 잘되든 말든, 뭘 오픈하든 별 관심이 없습니다. 선택지도 많고 바쁜 세상에서, 나 개인의 성과를 다른 누군가가 유심히 봐줄 거라고 기대하지 마세요. 이게 팩트고, 이걸 정확히 알고 시작하는 게 중요합니다.

아무한테나 다 돌릴 것 같은 사진과 메시지를 계속 보내봤자 귀찮고 짜증 나서 차단당하기 십상입니다. 그래서 나에 대해서만 줄창 이야기하는 일명 '미미미!(ME, ME, ME!)' 말고, '어? 나 이거 필요한데? 이건 나한테 도움이 될 것 같은데?'라고 생각하게 만드는 방법이 필요합니다. 결핍까지 다 찾아놓고도 이 수강생처럼 '미미미!'를 시전하면 결핍을 찾던 시간까지 모두 다 수포로 돌아갑니다. 사람들의 결핍과 갖고 싶은 가치를 찾았다면 이제 이것들을 잘 보여줄 장치와 단계가 필요합니다.

그 첫 번째가 맛보기를 할 수 있는 판을 까는 것이죠. 연애로 치면 '썸' 타는 기간입니다. 온라인 강의 원톱인 클래스 101에도 맛보기 강의가 있고, 쿠팡의 와우 회원 서비스도 첫 달은 무료잖아요. 체험해 보지 않으면 실감할 수 없는 가치라면 반드시 맛보기를 할 수 있도록 준비하세요. 강의라면 미리보기를, 음식이라면 시식을, 구독제라면 한 달 무료를 운영해 보세요.

두 번째, 후기를 쌓아야 합니다. 특히 어떤 서비스를 처음 론칭할 때라면 후기가 가장 중요합니다. 지금까지의 경력이 아무리 많아도, 어떤 사람들에겐 충분한 선택의 이유가 될 수 없습니다. 전문가라고 해서 뭐든 다 잘하는 건 아니니까요. 충분히 거짓으로 만들 수도 있어서 요즘은 후기를 믿지 않는 사람들도 꽤 있지만, 후기가 0개 있는 서비스와 1,000개 넘는 서비스에 대한 신뢰도는 압도적으로 다릅니다. 첫 번째 단계에서 무료로 진행한 맛보기 서비스에 대해 참여자들의 후기를 부탁하세요. 애초에 무료로 모집할 때부터 소감을 반드시

149

공유해야 한다는 조건을 걸어두고 진행하는 것도 좋습니다.

세 번째, 무료 체험을 진행하고 후기들까지 쌓았다면 이제 유료로 전환할 차례입니다. 처음부터 가격을 정하기 어렵다면 최소한의 가격을 측정한 후 서비스를 오픈하세요. "가격은 다음 달이 되면 더 올라갑니다" 같은 문구를 통해 가격이 변동될 수 있음을 소비자에게도 알려주세요. 갑자기 가격이 바뀐 게 아니라는 걸 충분히 보여주고, 그다음에 최저 가격부터 조금씩 가격을 올리는 겁니다. 한 달 간격이든 1년 간격이든 좋지만, 처음 테스트하는 과정에서는 한 달 단위로 변경하는 걸 권합니다.

이렇게 가격을 올리다 보면 구매자는 좀 줄지만, 매출은 더 만족스럽고 품은 덜 팔아도 되는 좋은 구간을 찾을 수 있습니다. 예를 들어 한 사람당 10만 원씩 30명을 받아 한 달에 300만 원의 매출을 일으키는 강의가 있다고 합니다. 가격을 조정해 한 사람당 50만 원의 수업료를 받고, 강의 수준을 올리고 인원을 줄여 10명을 모집하면 500만 원의 매출을 만들 수 있는 식입니다. 20명을 더 관리하지 않아도 200만 원의 추가 매출이 생깁니다. 강의 제작자는 더 높은 퀄리티로, 더 적은 인원을 관리하면서도 더 큰 이익을 보는 거죠. 참여자는 더 밀도 높은 관리를 받을 수 있고, 또 다른 가치를 제공받을 수 있다는 점에서 이익이고요. 양쪽 다 손해가 없습니다.

반대로 참여자 입장에서 본 방향도 찾을 수 있습니다. 더 저렴한 가격에 압도적으로 많은 참여자가 더 만족해하는 가격도 있는 거죠. 예를 들어 이 50만 원짜리 수업을 5만 원에 판매합니다. 코칭이나 관리 서비스 없이 VOD만 팔지만, 가격이 워낙 매력적이라 압도적으로 많은 500명 이상의 구매자가 생길 수도 있습니다.

이 두 가지 방향을 가늠해 본 후 가격을 결정합니다. 사람들이 '지갑을 열었다'는 것은 이 서비스가 이 가격에 제공되는 것이 충분히 합리적이거나 오히려 더 저렴하게 느껴진다는 것을 의미합니다. 지금까지의 데이터와 나의 성향과 상황을 고려해 가격을 정하면 됩니다.

각 단계에 한 달씩 걸린다고 가정했을 때, 빠르면 3개월 안에 나만의 무기를 만들어 판매를 시작할 수도 있습니다. 물론 모든 걸 완벽하게 하려고 들면 3년이 걸려도 못 합니다. 이건 장담할게요. 이름 하나, 컬러 하나, 모집 방식에 따른 결제 환경을 만드는 것 하나 때문에 골치를 앓으며 심혈을 기울이는 사람이 생각보다 많습니다. 한 걸음도 못 떼고 주저앉지 마세요.

장담컨대 이 책을 집어 든 독자 중 이 모든 프로세스를 해본 사람은 0.01%도 안 될 겁니다. 그러니 프로세스를 따라 꼭 조사해야 할 것만 조사하고, 디테일한 건 그냥 일단 넘어가세요. 판매까지의 한 사이클을 다 돌려보는 게 목적이지, 모든 과정을 디테일하게 파헤칠 필요는 없습니다.

'앎'에는 3가지 단계가 있다고 합니다. 식(識), 지(知), 지성(知性) 순입니다. 머리로 그저 알기만 하는 식(識)의 단계, 옳고 그름을 분별하며 원리를 이해하는 지(知)의 단계, 마지막은 지(知)를 실천하며 이리저리 뜯어보고, 내 것으로 만들어 어디든 적용이 가능한 지성(知性)의 단계입니다. 이 책을 만약 식(識)의 단계에서만 그치려고 썼다면 사실과 정보만을 모은 기본서를 냈을 겁니다. 그러나 독자들이 더 이상 헤매지 않고 가이드라인을 따라 더 잘 움직이기를 바라서 이 책을 집필하게 되었습니다. 우리의 목표는 앎에 실천을 더해 성공하는 것이니까요.

상세 페이지가 달라야 돈이 된다,

금광 찾기

03

옷을 사려고 인터넷 쇼핑을 할 때, 같은 옷처럼 보이지만 전혀 다른 느낌을 줄 때가 있죠? 어떤 페이지에 올라온 옷은 사진이 굉장히 돋보이고, 활용도도 다양하게 느껴집니다. 어떤 페이지에 올라온 건 내가 입었을 때 어떤 느낌일지 전혀 감이 잡히지 않습니다. 55, 66, 77 사이즈까지 다 입을 수 있다고 쓰여 있는데, 상세 페이지를 아무리 봐도 55 사이즈만 입을 수 있을 것 같거든요.

옷뿐만 아니라 다른 물건을 살 때도, 서비스도 마찬가지입니다. 같은 서비스를 같은 가격에 제공해도 다릅니다. 어떤 곳은 뭘 제공하는지, 나에게 어떤 도움이 될지, 여기 말고 다른 곳을 선택하면 뭐가 아쉬울지 등을 단박에 알 수 있는데, 반면에 눈에 전혀 들어오지 않는 곳도 있습니다. 심지어 이 둘이 같은 물건인지 눈치채지 못하고 지나갈 때도 있습니다. 알고 보니 같은 물건을 다른 가게에서 각자 판매하고 있는 경우가 얼마나 많은데요.

　'사람들의 마음을 사로잡을 수 있는 페이지'는 판매할 때 매우 중요한 파이를 차지합니다. 어떤 물건을 판매할 때 보이는 설명 페이지를 '상세 페이지'라고 하는데요. 팔리는 상세 페이지가 되려면 어떤 게 들어가면 좋을지 하나하나 뜯어봅시다.

　첫 번째, 당연히 내 상품만의 차별화입니다. 다들 아는 것처럼 나올 것들은 세상에 이미 다 나왔습니다. 그렇다면 왜 수많은 브랜드 중 내 것을 사야 하는지, 왜 옆집 커피가 아니라 우리 집 커피를 마셔야만 하는지를 설득할 수 있어야 하죠. 그 '납득할 만한 포인트'를 생각하는 것이 차별점을 뽑는 시작점입니다. 이 과정을 저는 '금광 찾기'라고 부릅니다. 생각해 보세요. 금광에는 금이 가득합니다. 금광만 찾는다면 채굴은 시간문제입니다. 얼마나 많은 금이 묻혀있을지, 얼마나 큰 화수분이 될지 아무도 모르는 것이죠.

　이제 금광 찾는 법이 궁금할 겁니다. 예를 들어 내가 소고기를 판매하는 도매상이라고 합시다. 사람들이 왜 같은 동네의 다른 도매상이 아니라 '나한테' 소를 사야 하는지 생각해 보세요. 어떤 도매상은 100% 유기농 사료를 먹여 소를 키우고, 도축장에서 바로 사 갈 수 있도록 유통 시스템을 마련해 신선하고 저렴하다는 걸 어필합니다. 다른 도매상에선 A++급 소고기만 판매합니다. 또 다른 도매상에선 반대로 B급이나 C급 고기를 아주 저렴하게 판매할 수도 있습니다.

　어떤 가게에 가야 할까요? 상황은 내 물건을 살 사람들에 따라 달라집니다. 고가의 고기만 취급한다고 내건 고깃집 사장님에게는 A++ 고기만을 판다는 차별점이 먹힙니다. 반대로 저렴한 고기를 사서 가성비 맛집을 운영 중인 사장님에게는 B, C급의 고기를 시가보다 더 저렴하게 판매한다고 말해야 할 겁니다.

차별화를 생각할 때 반드시 알아야 할 중요한 포인트가 있습니다. 가격으로 승부하는 건 굉장히 위험하다는 것입니다. A라는 사람이 소고기 한 근을 100원에 팝니다. 이 가격은 동네에서 가장 저렴한 가격이죠. 그래서 저렴한 고기를 찾는 자영업 상인들이 모두 A에게 물건을 삽니다. A는 많이 팔아 조금 남기는 박리다매 방식으로 1,000원이라는 이윤이 생겼습니다.

이때 A를 가만히 지켜보던 B가 나타납니다. 최근에 소고기 가격이 많이 낮아진 것도 알고 있고, 다른 동네에서 새로운 공급처도 찾았습니다. B는 소고기 한 근을 90원에 팔기 시작합니다. 오로지 가격이 가장 큰 매력이었던 A는 어떻게 해야 할까요? 그때부턴 치킨 게임이 시작되는 겁니다.

여기까지 오면 A는 어쩔 수 없이 80원에 팔게 되는데, 이러면 B 역시 80원에 샀어도 80원에 판매할 수밖에 없습니다. 소고기는 상하면 팔 수 없으니 본전치기라도 해야 하니까요. 사람들이 A에게 소고기를 사는 동안 B의 소고기는 부패할 수밖에 없으니 울며 겨자 먹기라도 해야 합니다. 손해 보지 않으려면 이윤이 0원, 세금이나 운용비를 생각하면 마이너스라도 80원에 팔아야 별 수 없습니다. 그렇게 서로 피만 보고 끝납니다.

실제로 빈번하게 일어나는 사례입니다. 실제로 부모님이 운영하던 주유소에서도 이런 일이 벌어졌습니다. 《데이터는 어떻게 인생의 무기가 되는가》에 실린 미국 세금 데이터 연구자들에 따르면, 절대 부자가 되지 못하는 업종 8가지 중 하나가 주유소라고 합니다. 이 결괏

154

값에는 가격 경쟁 외에도 다양한 요소가 반영되었지만, 우리가 주목해야 할 것은 금광을 찾을 때 오로지 '저렴한 가격'에 집중하는 순간, 사람들은 비싸게 사려 하지 않는다는 것입니다. 하루 종일 일해도 인건비도 안 남는 헛수고입니다.

두 번째, '사고 나서야' 알게 되는 것에 집중해서 차별화하지 않는 것입니다. 주유소 파산 후 엄마는 떡케이크를 배우기 시작했습니다. 그리고 1년 만에 케이크집을 창업했습니다. 처음에 발견한 문제는 엄마 케이크 가게에 차별점이 없다는 점이었습니다. 떡케이크집은 이미 많거든요. 어떤 차별점이 있을지 고민하다가 '포항에서 제일 맛있는 떡집'이라는 타이틀을 달았습니다.

반응은 딱히 없었습니다. 사서 먹어보기 전까지는 '맛있는지 아닌지' 알 수 없으니까요. 그래서 떡케이크를 사기 전, 사람들에게 매력적인 차별점은 무엇일지 다시 고민했죠. 이번에는 케이크를 사는 사람들의 감정과 상황에 집중했습니다. 떡케이크는 주로 축하 자리를 위해 주문합니다. 그중에서도 칠순, 팔순 잔치를 위한 떡케이크 주문이 80% 정도였어요. 이 부분에 집중해 '즐거운 잔치 자리'를 빛내줄 또 하나의 장치를 찾기 시작했습니다. 용돈! 그래서 떡케이크 위에 꽂힌 장식을 손으로 살짝 당기면, 깔끔하게 포장된 돈이 한 장씩 쏟아져 나오는 떡케이크를 판매하기 시작했습니다.

물론 다른 가게에서도 용돈 케이크를 판매했죠. 하지만, 우리 가게에서는 판매에서 그치지 않고 줄줄 뽑아져 나오는 돈을 보며 행복해하는 어르신들 영상을 모아 업로드했습니다. 케이크를 사보지 않고 영상만 봐도 느껴지잖아요. 케이크에서 용돈이 나오고, 그걸 받는 내 부

155

모님이 행복해할 거라는 걸. "누가 센스 있게 이런 케이크를 주문한 거야?"라는 말을 듣게 될 거라는 걸 말이죠. 이런 순간을 공유하니 어버이날이나 부모님 생신 등 축하 자리에 용돈 케이크 주문율이 월등하게 높아졌습니다. 용돈 코팅 등 위생처리를 하다 보니 주변 케이크 가게보다 1,000원 이상 더 비싸도 주문은 꾸준히 이어졌어요.

이 사례는 사람들이 느끼는 감정, 즉 물건을 사고 나서야 느낄 수 있는 결과를 먼저 알 수 있도록 보여준 것입니다. 맛은 먹어보기 전까진 모릅니다. 누구는 너무 달고 누구는 밍밍할 수 있지만, 행복한 경험은 사기 전에도 충분히 미리 보여줄 수 있습니다. 이 물건을 사고 나서야 알게 되는 어떤 것이 아니라, 결과를 먼저 알 수 있도록 장치를 준비해 차별화하세요.

세 번째, 가격 가이드라인은 미리 정해야 합니다. 앞에서 말한 치킨게임을 피하려면 서비스처럼 가격을 매기기 애매한 것들이라도 '최소한으로 받아야 하는 가격'을 정해두고 그 이하로는 떨어지지 않게 관리합니다.

가격은 품질을 위주로 측정합니다. 서비스 가격 같은 건 시간으로 따져도 좋고, 들어가는 최소한의 비용을 계산해도 좋습니다. 간단히 계산해 봅시다. 먼저 1년간 들어가는 고정적인 비용을 계산합니다. 서비스를 유지하는 데 다양한 비용이 들지만 저는 웹 유지 비용, 이메일 마케팅 툴, 영상 업로드 툴, 디자인 툴, 줌 유료 버전 사용 비용 그리고 광고비용이 매달 꾸준히 들어갑니다.

상황마다 사람마다 비용이 다를 겁니다. 이런 최소 비용을 모두 합한 후 1년은 52주니까 52로 나눕니다. 그러면 한 주에 얼마가 필요한지 알 수 있죠. 이것을 다시 7로 나누어 하루에 얼마인지를 보고, 이것을 다시 24시간으로 나누어 1시간에 얼마인지를 계산합니다. 여기까지 하면 숨만 쉬어도 1시간에 얼마 나가는지를 알 수 있습니다. 서비스를 론칭한다면, 이 서비스를 론칭하기까지 필요한 시간에 앞에서 계산한 1시간당 고정 비용을 곱해 보세요. 그리고 그 가격 이상을 받으면 됩니다.

참고로, 다짜고짜 사무실부터 빌리지 마세요. 내 방에서 시작해도 됩니다. 사무실 임대료처럼 생각보다 큰 고정 비용을 상쇄하기 위해, 최소한의 서비스 가격을 훅 올려버리는 위험을 자초할 필요가 없습니다.

이것은 오로지 손해를 막기 위한, 최소한의 비용을 감당하기 위한 계산법입니다. 이 서비스의 가치가 얼마나 되는지를 보여줄 수만 있다면 최소한의 가격이 아니라 얼마든지 더 받을 수도 있죠. 그래서 첫 번째인 '차별화'가 매우 중요하다고 한 겁니다.

네 번째, 아무나가 아니라 '단 한 명'만을 위한 것을 내세워야 합니다. 이것은 분명한 사실입니다. 피부 관리, 눈썹 문신 같은 뷰티 산업 사장님들을 타깃으로 상세 페이지나 인스타그램 카드뉴스를 직접 만들 수 있도록 알려주는 사람을 만난 적이 있습니다. 그 산업에 사장님들이 필요로 하는 것, 그 사장님들이 추구하는 분위기를 정확하게 알고 있고, 그런 포인트로 서비스를 론칭해 대박이 났다고 해요. 과녁을 맞히고 싶다면 화살 끝을 가장 뾰족하게 다듬을수록 유리합니다.

다섯 번째, 상세 페이지는 읽기 쉬워야 하는 건 물론 '잘 보이도

157

록' 만드세요. 글자수는 적을수록 좋습니다. 2시간짜리 영화를 보는 동안 스킵하고 싶은 부분이 10군데가 넘는 시대입니다. 수십, 수백 명이 매달려서 만든 영화도 그런데 나 혼자 만든 상세 페이지는 오죽할까요. 글보다는 그림, 그림보다는 영상입니다. 나의 차별점을 찾아 가장 시각적으로 보여줄 수 있는 것에 집중하세요. 지루함을 피하기 위해 핵심만 적은 글과, 시각적으로 내 서비스를 가장 잘 표현한 것의 콜라보가 중요합니다.

안 입은 듯 편한 치마를 판매하고 있다면 '가볍습니다' 대신, '소파에 누워 있던 언니가 치마를 입은 채로 샤워했다'고 표현할 수도 있겠죠. 그 상황을 영상으로 보여주면 더 좋습니다. 만약 머리 싸매지 않고도 영어 단어를 자동으로 외울 수 있는 나만의 암기 시스템이 있다면, '이런 시스템이 있답니다. 우리와 함께 영어 단어를 많이 외워봅시다!'를 외치지 마세요. 그 시스템을 활용하여 '8살짜리도 단번에 단어 10개를 외우는 영상'을 실시간으로 찍어 공유하는 게 훨씬 효과적입니다.

마지막 포인트는 '디자인'입니다. 상세 페이지에 뭘 담을지 기획이 끝났다면 보기 좋게 만들면 됩니다. 문제는 어떤 경우엔 차별점 자체가 없을 수도 있다는 거죠. 그럴 때 차별화를 위한 마지막 승부수가 바로 디자인입니다. 이도 저도 아니면 디자인을 기존 공식과는 다르게 가는 거예요. 시장에 나온 상세 페이지 디자인이 보통은 분홍색이라면, 검정이나 형광 주황 등 기존에는 없던 컬러를 적용해 보는 겁니다. 서체도 바꿀 수 있고요. 로고를 아예 특이하게 가는 방법도 있습니다.

시각적으로 압도하면 그것이 곧 차별점이 되는 방법입니다. '위글위글wigglewiggle'이라는 브랜드를 검색해 보세요. 여러 가지 형광 컬러가 섞인 위글위글 제품들은 어떤 테마의 디자인 페어든 200미터 밖에서도 가장 먼저 눈에 띕니다. 사람들은 이 브랜드에서 판매하는 제품의 품질은 보지도 않고 구매합니다. 품질 자체보다 그 브랜드만의 압도적인 분위기와 시각적인 무드를 구매하고 싶으니까요.

상세 페이지를 만드는 디자인 툴로는 무료로 이용할 수 있는 '미리캔버스'를 추천합니다. 우리나라 상세 페이지 규격에 맞게 이미 디자인된 템플릿과 무료 소스가 많아서, 내가 원하는 서비스의 차별점만 얹어주면 됩니다.

미리캔버스 툴로
상세 페이지 디자인하기

#미리캔버스   #상세페이지   #템플릿활용하기

1

미리캔버스 웹사이트(https://www.miricanvas.com/)에 들어갑니다.
'3초 회원가입'을 클릭해 가입한 후 로그인하세요.

2

왼쪽 메뉴 중 '템플릿'을 클릭한 후 '상세 페이지'를 클릭합니다.

3

'상세 페이지' 화면이 나타나면 내 브랜드와 결이 맞는 템플릿을 선택합니다.

4 작업화면에 템플릿이 나타납니다. 템플릿에 있는 텍스트 박스를
더블클릭한 후 내용을 수정합니다.

5 사진을 넣으려면 왼쪽 메뉴 중 '업로드'를 클릭합니다. '열기' 대화상
자가 나타나면 가져올 사진을 모두 선택하세요. 왼쪽 '업로드' 패널
에 선택한 사진이 모두 나타납니다. 넣고 싶은 사진을 클릭한 후 작
업화면으로 드래그하고 크기를 조절합니다.

6 서체 색상을 바꿔볼까요? 작업할 텍스트 박스를 클릭하면 자동으로 왼쪽에 '텍스트' 패널이 나타납니다. '글자색'을 클릭한 후 원하는 색을 선택하면 됩니다.

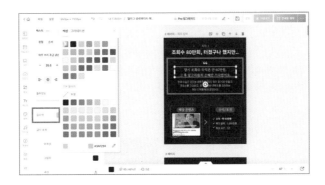

7 도형 모양을 바꿀 때도 마찬가지입니다. 작업할 도형을 클릭하면 자동으로 왼쪽에 '도형' 패널이 나타납니다. 모서리 모양이나 외곽선 종류, 두께 등을 편집할 수 있습니다.

8 다 되었으면 오른쪽 상단의 '다운로드 - 웹용 - JPG - 빠른 다운로드'를 클릭해 상세 페이지를 내 컴퓨터로 다운로드합니다.

'대신 해드립니다'

공식

지금부터는 내 서비스의 차별점을 강조하고, 새로운 서비스를 론칭할 때 쓸 수 있는 공식 4가지를 전하겠습니다. 그 첫 번째는 '대신 해드립니다' 공식입니다. 상품은 재고를 쌓아두고 팔아야 하지만, 온라인 서비스는 재고 관리와 배송이라는 번거로움이 필요 없다는 장점이 있습니다. 미리 만들어둔 파일들만 내려받으면 바로 사용할 수 있으니까요.

　　또한 이 공식은 고객이 서비스를 구매한 후 예시와 가이드라인을 참고해 본인 필요에 맞게 바꿔 사용할 수 있습니다. 한 번만 잘 만들면 판매가 계속돼도 따로 더 해야 할 일이 없어서 수동적인 수입을 만들기에 좋습니다. 다음과 같은 타이틀이 이 공식에 해당합니다.

○ 웹사이트 디자인 템플릿 판매
○ 몸 타입별 다이어트 식사 가이드라인 판매
○ 굿노트 속지 템플릿 판매

예를 들어 웹사이트 디자인 템플릿 판매도 '대신 해드립니다' 공식에 해당합니다. 웹사이트 제작은 큰 비용이 드는 일입니다. 하지만 요즘은 코딩을 몰라도, 디자인을 배우지 않아도 웹사이트를 제작할 수 있습니다. 웹사이트 제작 툴을 사용하면 되거든요.

문제는 툴에서 제공하는 템플릿이 아니라 특별히 원하는 디자인이 있을 때입니다. 만약 원하는 것이 비슷하게 적용된 디자인 템플릿이 있다면? 제작을 맡기는 비용에 비하면 턱없이 저렴하게 원하는 결과를 얻을 수 있을 겁니다. 템플릿을 구매한 후 기존 디자인 위에 내 웹사이트에 들어갈 글이나 사진을 채워나가는 간단한 작업만 하면 되니까요. 제작자는 디자인 템플릿을 제작해서 올려두기만 하면 사용자가 구매할 때마다 수익이 생깁니다.

이 공식을 사용한 또 다른 예는 사람마다 다르게 적용할 수 있는 다이어트 식사 가이드라인입니다. 다이어트를 원하는 사람의 몸 타입을 확인하는 방법과 타입에 따라 제시된 가이드라인에 맞춰 식사하며 건강하게 다이어트를 할 수 있도록 돕는 거죠. 제작자는 이 가이드라인을 볼 모든 사람을 고려해 몸 타입을 찾을 수 있는 자세한 설명을 넣고, 그게 맞게 식사할 수 있도록 꼼꼼하게 가이드를 제시해야 합니다.

구매자는 '내 몸에 잘 맞는 다이어트 식사법은 무엇일까'라는 생각으로 접근했기 때문에, 내 타입이 없으면 쓸모없죠. 바로 환불 요청이 들어올 확률이 높습니다. 다양한 경우와 변수를 모두 예측할 수 있어야 어떤 구매자든 만족할 겁니다. 하지만 이렇게 접근하면 모든 유형과 식사 가이드 등을 다 챙겨야 하니 어렵잖아요. 그럴 때는 가장 일반적인 몇몇 타입만 다루는 가이드라인을 판매하다가 점차 늘려가는 방법도 좋습니다.

판매자와 구매자, 둘 다 좋은 방법도 있습니다. '1년간 무료 업데이트'라는 이득을 사용자에게 제공하는 것입니다. 구매한 지 6개월이 지난 사람도 업데이트를 받아볼 수 있도록 하는 거죠. 가격은 다른 것과 비슷한데, 최신 내용을 더 보내준다거나 도움이 될 내용을 그때그때 업데이트해 주면 쌍방 이득입니다.

그래도 맞는 타입이 없다며 환불 요청이 들어온다면 빠뜨린 경우의 수를 자동으로 알게 되는 거나 다름없으니 그것은 그것대로 이득입니다. 그럴 때는 환불해 주거나 해당 내용을 업그레이드해 준다는 옵션을 제공할 수도 있습니다. 기존 구매자도 업데이트 내용을 1년간 무료로 볼 수 있으니 판매자, 구매자, 환불을 원했던 사람까지도 모두 이득이겠죠?

비슷한 예시로, 취향에 맞게 선택해서 사용할 수 있는 굿노트 속지, 특정 디자인 스타일이 느껴지는 디자인 템플릿 등이 있습니다. 이 공식은 큰돈을 먼저 투자하기 부담스러울 때, 혹은 내가 원하는 템플릿에 내가 원하는 내용만 넣어서 결과물을 구현할 수 있을 때 주로 구매가 일어납니다. 따라서 제작자는 이 템플릿 활용법을 확인할 수 있는 결과물을 최대한 많이 보여주는 게 유리합니다. 다양한 예시를 보여주면 해당 템플릿의 가치를 높일 수 있고, 더 많은 고객을 당길 수도 있습니다.

예를 들어 굿노트 속지 템플릿 2개를 판매한다면, 이 2개를 활용해 다이어리도 쓰고 위시리스트도 제작할 수 있도록 직접 사용한 장면을 찍어서 업로드하는 식이죠. 여행 가서 찍은 사진을 넣으면 여행 중에도 사용한다는 걸 보여줄 수 있습니다. 사용성이 클수록 '더 큰 가치'를 줄 수 있으니 다양한 활용 예시를 영상이나 사진으로 찍어 상세 페이지에 보여주세요. 열 마디 말보다 한 장의 사진이 더 시각적으로 잘 다가오니, 많은 글을 읽지 않고도 쉽게 이해할 수 있도록 배려하는 겁니다.

또 이런 디자인 템플릿은 사용법을 제대로 보여주는 것이 중요합니다. 모든 구매자가 디자인 전문가는 아닐 테니까요. 게다가 노션 템플릿 같은 경우 툴 자체가 어려워 사용하는 사람이 많지 않습니다. 이럴 때는 '노션' 툴에 대한 설명도 함께 넣어줘야 합니다. 템플릿과 툴 사용법을 파일로 같이 주는 것이죠. 어떻게 복사하는지, 어떻게 수정하는지, 어떻게 파일을 오픈하는지 등 가장 기본적인 3가지 설명은 반드시 넣어줘야 처음 구매한 사람도 바로 사용할 수 있습니다.

개인적으로 이 공식에 해당하는 디자인 템플릿을 자주 구매해서 사용하는 편입니다. 인스타그램 피드에 통일된 디자인이 필요한데, 그때마다 직접 만들기엔 시간이 부족하거든요. 계절이 바뀌거나 해가 바뀔 때마다 주로 'Etsy'에서 칸바 툴 템플릿을 구매합니다.

한 번은 무엇을 어떻게 적용해야 하고, 전체적인 컬러는 한 번에 어떻게 바꾸는지 등이 설명된 칸바 템플릿을 구매한 적이 있어요. 덕분에 저도 처음 알게 된 기능들이 많았습니다. 당연히 기존 템플릿보다 활용도가 더 크게 느껴졌는데, 가격이 더 비싼 것도 아니어서 손이 자주 가더라고요. 구매자로서는 몰랐던 기능까지 알게 되니 교육 효과도 있어서 고마운 물건이 된 것이죠.

166

가격은 똑같은데, 이런 설명 파일을 통해 시간도 아끼고 효율도 얻을 수 있으니 그 브랜드에서만 구매하게 되었고요. 이왕이면 다홍치마, 같은 가격이라면 더 친절하고 잘 설명해 주는 쪽에서 사는 게 당연하죠. 소비자는 이렇게 작은 디테일에서 큰 가치를 느낄 때가 많습니다. 그래서 판매에서 그치지 말고, 구매 후 소비자가 어떤 과정을 거쳐 사용하는지, 그 과정에서 뭔가 어려움을 느낀다면 어떻게 도울 수 있는지 등을 그려보는 과정이 필요합니다. 사람이나 상황에 따라 필요한 것이나 의문이 드는 것은 뭐가 있을지 예측해 보고, 필요한 것들을 채워 넣으세요.

새로운 뭔가를 해보고 싶은데, 도대체 어디서부터 시작해야 할지 고민될 때가 있습니다. 들리는 말로는 뭐든 시작하기 전에 자료 조사도 해야 하고, 경험담도 찾아보라고 하는데 귀찮기도 하고요. 또는 원하는 결과를 얻을 수 있을지 없을지 모르지만, 언젠가 한 번 시작은 해보고 싶을 수도 있죠. 그때 모든 과정을 한눈에 보면서 따라만 하면 되도록 정리된 자료가 있다면 구매 여부를 심각하게 고민하게 될 거예요. 시작해 보고 싶은 마음이 크면 클수록 더 그 자료가 끌릴 거고요.

　　이런 상황에 있는 사람을 위해 생각하지 않고 바로 행동에 옮기면 결과가 나오는 코스를 판매할 수 있습니다. 시작은 하고 싶지만 망설이는 사람들에게 '생각하지 마세요' 공식을 판매할 수 있다면 서로 이득이 되니까요. 머리 아프지 않아도, 따로 시간을 들이지 않아도, '이것' 하나면 새로운 것을 시작하거나 완성하기에 좋은 것을 제작하는 거죠. '전략, 체크리스트, 프로세스' 등을 정리해 판매할 수 있고, 어떤 것을 제작하는 방법에 대해 알려줄 수도 있어요.

이 공식과 '대신 해드립니다' 공식의 차이점은 사용자가 그대로 따라 하느냐 아니면 사용자 입맛에 맞게 바꿔 사용할 수 있느냐입니다. '생각하지 마세요' 공식은 '이렇게 따라오세요'를 보여주는 것이죠. 내가 어떤 것에 대한 노하우를 가지고 있을 때, 그 노하우로 사람들이 원하는 결과를 줄 확률이 높을 때, 사람들이 자주 물어보는 비법을 포함한 것일 때, 완벽한 것 하나하나 놓치지 않고 따라오고 싶은 대상을 겨냥할 때 효과적입니다.

이미 존재하는 프로세스를 사용하면 팔리지 않습니다. 그래서 이 공식을 사용할 때 가장 유의할 점은 '나만의 어떤 것'임을 충분히 보여줄 수 있어야 한다는 것입니다. 내가 어떤 것을 오랫동안 해왔거나 나만의 경험으로 얻은 것이 있을 때 사용해야 유리합니다.

예를 들어 '○○일 안에 ○○ 완성하기' 같은 타이틀을 붙이고, 프로세스가 크게 알려지지 않은 것들을 구체화하여 보여줄 수 있습니다. 특히 '단계를 섬세하게 보여주지만 아울러 큰 그림을 보며 따라갈 수 있는 어떤 것'에 가장 많이 쓰이는 공식이죠. 다음과 같은 타이틀이 이에 해당합니다.

○ 한 달 안에 실전 아파트 경매 시작
○ 한 달 안에 워드프로세스 홈페이지 혼자 만들기
○ 전자책 제작법 40일 프로세스
○ 100일 만에 해외 구매대행 소싱 시작

소비자가 무난하게 프로세스를 따라올 수 있도록 프로세스를 쪼개어 순서대로 만드세요. 초보자가 대상이라면 중급반, 고급반 등으로 나눌 수 있습니다. 각 단계에서 필요한 준비물이나 소요 시간, 체크해야 할 것들을 함께 챙겨주면 좋습니다. 사용자에게 더 큰 도움이 될수록 더 큰 가치로 받아들여지고, 가격경쟁 없이 더 많은 수익을 얻을 수도 있다는 걸 기억하세요. 자, 이제 나의 경험에서 얻은 프로세스를 시각화하여 판매할 수 있는 상태로 다듬기까지의 전 과정을 구체적으로 살펴보겠습니다.

첫 번째, 먼저 내가 했던 가장 작은 단위의 경험을 쭉 늘어놓고, 다시 큰 그룹으로 묶습니다. '큰 묶음'은 나만의 단위에 따라 만들면 됩니다. 정해진 것은 없어요. 크게 봤을 때 사람들이 이해할 수 있을 정도로 묶어주세요.

개인적으로, 전자책을 30일 만에 만들 수 있는 프로세스를 제작할 때 이 방법을 썼습니다. 프로세스를 늘어놓고 나서야 기존 과정, 즉 전자책 기획 단계 - 집필 단계 - 판매 단계를 순서대로 따르지 않았다는 것을 알았습니다. 저는 먼저 시장조사를 하고 - 판매부터 해보고 - 수요가 충분하다고 판단되면 - 제작을 시작하고 - 구매자들과 약속한 날짜에 전달하는 순서였지요. 이런 식으로 내가 경험했던 모든 자잘한 과정을 큰 그룹으로 나눕니다.

두 번째, 이 큰 그룹을 하기 위해 필요한 것들을 모두 써보세요. 시장조사에서는 뭘 봐야 하는지, 판매를 시작하는 단계에서는 어떤 것들이 필요한지, 수요가 충분하다고 판단하는 기준은 무엇인지, 제작을 시작할 때 필요한 도구들이나 유의점들은 무엇인지, 구매자에게 약속한 날짜를 정하는 과정은 어떤지, 전달하기 전에 확인해야 할 것들은 무엇인지를 나누고, 큰 그룹 아래 묶어주는 것이죠. 그룹은 적어도 3개 이상 만들어야 합니다. 이 3개는 커리큘럼의 큰 갈래가 됩니다. 프로세스를 한눈에 보여주는 게 목적이라 10개를 넘으면 복잡해질 수 있습니다. 그룹 수를 조정해 주세요.

이렇게 구체화하는 걸 어려워하는 사람이 많습니다. 이럴 때 가장 효과적인 것은 주변 사람의 도움을 받는 거예요. 주변에 이런 프로세스를 경험하고 싶어 하는 사람을 찾아 '어떤 과정에서 어떤 것들이 궁금한지'를 물어보세요. 설문조사도 좋고, 친하면 간단히 전화로 물어봐도 좋습니다. 적어도 5명에게는 물어보며 정리하세요.

생각보다 다양한 질문이 나오고, 더 구체적인 걸 궁금해하기도 합니다. 질문이 다양하다면 질문도 초, 중, 고급으로 나누어 어떤 수준의 커리큘럼을 만들 것인지까지 생각해 보면 더 명확한 프로세스가 됩니다. 초급에게 가르칠 내용에 고급 내용이 뜬금없이 들어가진 않았는지 등도 요모조모 따져보세요.

세 번째, 이렇게 그룹화한 과정을 모두 시각화합니다. 가장 크게 나눈 그룹을 상단에 두어 큰 그림을 떠올릴 수 있도록 만듭니다. 그 아래 세부적인 디테일을 넣어 추가합니다. 큰 줄기 프로세스를 먼저 이해한 후 구체적으로 필요한 것들을 확인할 수 있도록 시각화하는 거죠. 컬러를 다르게 해서 큰 프로세스와 쉽게 구분할 수 있도록 해주세요.

시각화에 어떤 툴을 쓰든 상관없습니다. 엑셀이나 구글 시트를 써도 좋고, 메모 앱으로 유명한 노션Notion을 사용해도 좋아요. 툴에 익숙하지 않다면 먼저 종이에 그림으로 그려본 후 천천히 시각화하면 도움이 됩니다. 이 과정을 판매할 때는 시각적으로 궁금하게 보이는 것들이 중요하기 때문에 일러스트 사용을 권합니다.

　개인적으로 이런 프로세스를 시각화할 때 가장 많이 사용하는 툴은 '미로Miro'입니다. 마인드맵을 시각적으로 편하게 만들 수 있는 툴인데, 우리나라에서는 많이 쓰지 않지만 미국에서는 이미 오래전부터 다방면에서 쓰이고 있습니다.

　Miroverse(https://miro.com/miroverse/) 웹사이트에 들어가면 미로 툴을 이용해 만든 자료들이 많은데, 무료일 뿐만 아니라 복제 후 수정해서 사용할 수도 있습니다. 특히 'Strategy & Planning' 카테고리를 잘 활용하면 근사한 템플릿을 제작할 수 있습니다. 구글 아이디와 연동되어 가입도 간편하니, 한 번 들어가서 마음에 드는 템플릿을 찾아 내 프로세스를 입혀보세요. 시각적으로 보이는 것도 전문성에 보탬이 됩니다. 또 하나 팁을 주자면, 이런 프로세스를 제공할 때는 조금 더 권위적인 디자인일수록 유리합니다.

　네 번째, 공유가 가능한 툴이어야 구매자들이 이 프로세스를 열어볼 수 있습니다. PDF 같은 파일 형태로 전달하거나 열람 및 복제할 수 있는 링크로 공유해도 좋습니다. 이 방식은 결제한 사람들이 바로 내려받아 사용할 수 있도록 결제시스템이 있으면 편한데, 이 결제시스템을 구축하는 데 생각보다 많은 시간이 필요하다는 게 문제입니다.

　멋지게 구축해서 판매를 시작할 수 있으면 좋겠죠. 처음 시작하는 사람들은 대부분 '제대로 멋지게 모든 것을 갖추고 시작하는 것'을 바랍니다. 그러지 말고 이렇게 해보세요. 구매자들이 구매하면 이메일 주소를 받아서 PDF 파일이나 원본 파일을 복제할 수 있는 공유 링크를 메일로 보내는 거예요. 애초에 판매할 때부터 "구매하신 파일은 3영업일 안에 이메일로 받아보실 수 있습니다"라는 문구 하나만 넣어두세요. 구매자들도 충분히 감안해 구매하기 때문에 별다른 문제가 없거든요.

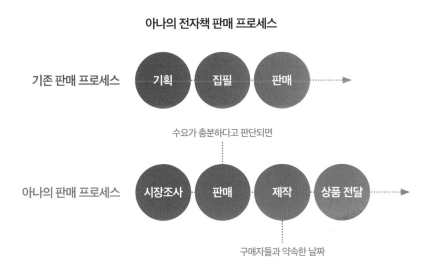

아나의 전자책 판매 프로세스

기존 판매 프로세스
기획 → 집필 → 판매 →

수요가 충분하다고 판단되면

아나의 판매 프로세스
시장조사 → 판매 → 제작 → 상품 전달 →

구매자들과 약속한 날짜

"이 과정으로 진행해야 제작만 하다가
그만두는 실패를 피할 수 있습니다.
수요가 얼마나 있을지도 모르는데
제작부터 하며 시간·돈 낭비하지 말게요.
먼저 수요부터 확인한 후 만들어도 괜찮아요.
우린 온라인 비즈니스니까요."

미로 툴로 프로세스 디자인하고,
공유 링크 만들기

#디자인템플릿활용   #마인드맵   #요약본만들기

1
미로 웹사이트(https://miro.com/miroverse/)에 들어간 후
'Strategy & Planning'을 클릭합니다.

2
원하는 디자인 템플릿을 찾아 'Use template'을 클릭합니다. 이 템플릿을
사용하겠다는 뜻이에요.

3 로그인 화면이 나타나면 구글 아이디와 연동하기 위해 'Sign up with Google'을
클릭합니다.

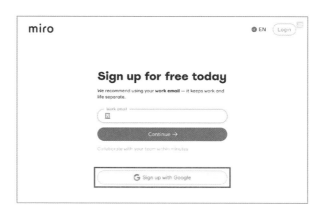

4

사용 동의를 묻는 대화상자가 나
타나면 체크상자를 모두 클릭한
후 'Continue to sign up'을 클릭
합니다.

5

구글 계정으로 로그인합니다.

6 로그인하면 앞에서 선택한 템플릿 화면이 바로 나타납니다. 스티키 노트에 원하는
내용을 입력하세요. 이 노트를 클릭하면 자동으로 단축메뉴가 나타납니다.

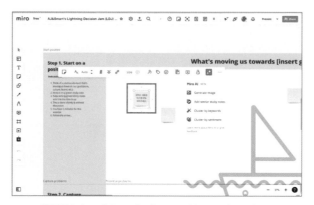

템플릿 주소 - https://miro.com/app/?copyBoardId=uXjVO7_hlOA=&fromRedirect=1

7 링크 아이콘을 클릭하면 나타나는 대화상자에 링크 주소를 입력한 후 'Apply'를
클릭합니다. 오른쪽 그림처럼 스티키 노트에 링크가 적용됩니다.

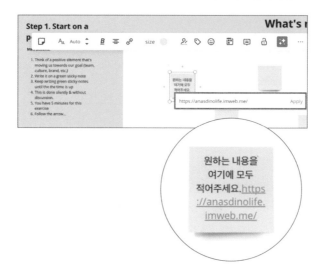

8 순서가 중요하다면 왼쪽 툴박스에서 'Connection line' 도구를 클릭한 후 원하는 화살표 모양을 선택합니다.

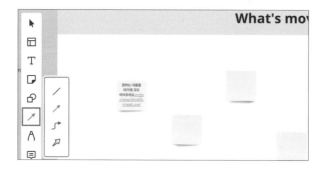

9 스티키 노트를 클릭하면 사방으로 화살표를 연결할 수 있는 버튼이 나타납니다. 원하는 스티키 노트로 화살표를 드래그해 연결합니다.

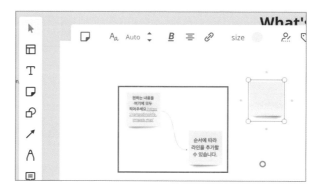

10 더 많은 내용을 넣고 싶다면, 스티키 노트 하나를 클릭한 후 단축메뉴에서 'Switch type'을 클릭합니다.

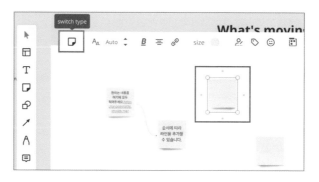

11 대화상자가 나타나면 'anyone with the link'의 'No access' 부분을 클릭한 후 'Can view'를 선택합니다. 'Can view'는 누구나 이 링크가 있으면 해당 자료를 볼 수 있도록 하겠다는 뜻입니다.

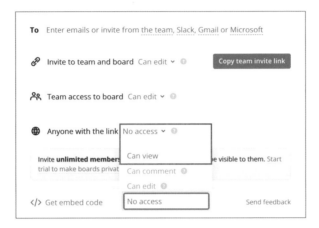

12 오른쪽에 나타난 'Copy board link'를 클릭하여 해당 자료를 복사할 수 있도록 합니다.

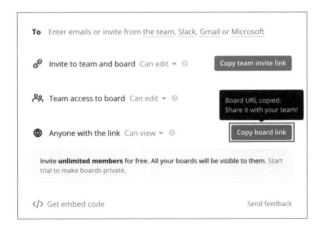

구글시트에서 프로세스 디자인하고, 공유 링크 만들기

#디자인템플릿활용 #마인드맵 #요약본만들기

1

구글 스프레드시트에 들어와 오른쪽 상단의 '템플릿 갤러리'를 클릭합니다.

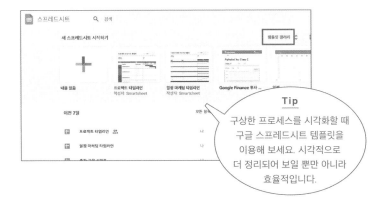

Tip

구상한 프로세스를 시각화할 때 구글 스프레드시트 템플릿을 이용해 보세요. 시각적으로 더 정리되어 보일 뿐만 아니라 효율적입니다.

2

'템플릿 갤러리' 화면이 나타납니다. 구체화하고 싶은 시각자료와 비슷한 디자인 템플릿을 선택합니다. 여기서는 '프로젝트 타임라인'을 골랐습니다.

179

3 '프로젝트 타임라인' 템플릿이 화면에 나타납니다.

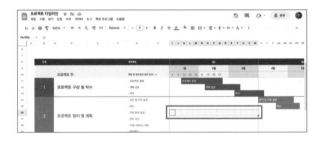

4 기존 컬러를 바꾸거나 원하는 영역에 컬러를 넣으려면 먼저 바꾸고 싶은 부분을 선택합니다.

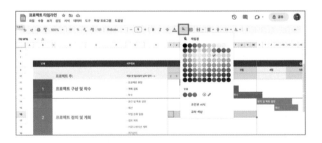

5 상단에서 채우기 색상 아이콘을 클릭한 후 원하는 색을 선택하세요.

6

해당 칸을 더블클릭하여 원하는 내용을 입력합니다. 여기서는 '작업 분류 일정'이라고 입력했습니다.

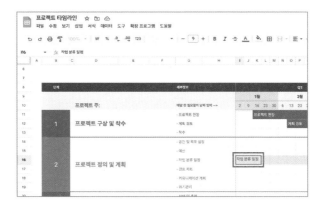

7

글자색을 바꾸려면 먼저 바꾸고 싶은 글자를 드래그해 선택합니다. 상단에서 텍스트 색상 아이콘을 클릭한 후 원하는 색을 선택하세요.

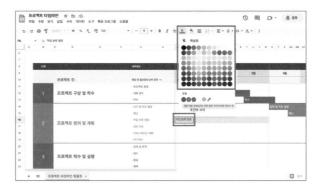

8

작업이 끝난 파일을 공유하려면 오른쪽 상단에 있는 '공유' 버튼을 클릭합니다.

9

공유 옵션을 조정하는 대화상자가 나타납니다. '일반 액세스'의 '제한됨' 부분을 클릭한 후 '링크가 있는 모든 사용자'를 선택합니다. 다 되었으면 '완료'를 클릭합니다.

10

오른쪽에 나타난 드롭다운 단추를 클릭해 '편집자'를 선택합니다. 다 되었으면 대화상자 아래쪽에 있는 '링크 복사' 버튼을 클릭합니다.

11

다시 템플릿 화면으로 돌아오면 주소 표시줄을 클릭합니다. 'edit' 이후의 내용을 드래그해서 선택한 후 'copy'라고 수정합니다. 이렇게 해야 사본을 바로 복사할 수 있는 화면이 나타납니다.

기존 링크:
https://docs.google.com/spreadsheets/d/1tOBIglO2rDuxkSJXW
psk1Ck8NivSzLrsOEwGHMzqVDo/edit#gid=1709744959

수정 후 링크:
https://docs.google.com/spreadsheets/d/1tOBIglO2rDuxkSJXW
psk1Ck8NivSzLrsOEwGHMzqVDo/copy

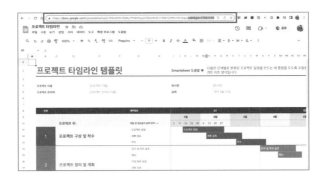

12 다음과 같은 화면이 나타납니다. 링크가 바뀌었죠?

13 이렇게 편집한 링크를 복사한 후 메일 등에 붙여 구매자에게 보내면 됩니다.

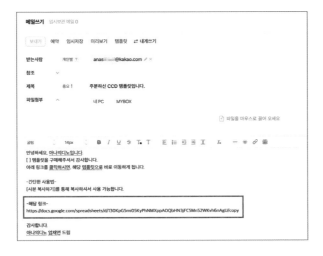

혹시 헬스장에 처음 갔는데, 헬스장 기구 사용법을 모두 다 알고 시작하는 사람 있을까요? 오래 다닌 기존 회원들이야 어떤 목적으로 어떤 기구를 어떻게 써야 하는지 알고, 알아서 각자 필요한 운동을 하겠지만 처음이라면 주눅부터 드는 게 보통입니다. 대부분 그렇게 시작하죠. 그래서 저는 개인 PT를 결제했습니다. 덕분에 내 몸의 어떤 근육을 위해 어떤 도구를 어떻게 이용해야 하는지 확실하게 배웠고, 이후에는 알아서 나한테 맞는 적절한 운동을 할 수 있게 되었습니다.

다른 일도 마찬가지입니다. 누구나 한 번쯤은 '이걸 내가 어떻게 한담'이라는 생각에 도전 앞에서 망설여본 적이 있죠. 그런 마음을 추스르고, 마침내 시작하겠다고 결심했을 때 어떻게 하나요? 저는 경험 있는 사람들이 쓴 책을 찾아 읽고, 컨설팅이나 코칭을 받기도 합니다. 저처럼 PT나 학원에 등록한 적이 있다면 공감할 거예요. 문제지 아무거나 사도 답안지가 들어 있지만, 비싼 돈 들여 굳이 학원에 가는 거죠. 짜여진 일정이 끝나면, 그래도 어느 정도는 익숙해질 수 있으니까요. 선생님의 케어를 받으며 강제로라도 공부할 수 있는 곳을 찾는 겁니다.

이런 서비스를 '괴로움을 없애드립니다' 공식을 통해 만들 수 있습니다. 뭔가를 도전하기 전에 구체적으로 꼼꼼히 배우고 싶을 때 찾는 서비스죠. 1:1 컨설팅, Q&A가 무한으로 제공되는 그룹 코칭, 모임의 장이 전부 주도하여 사람들을 이끄는 온라인 모임, 전담 서포트 팀이 붙어 뭔가를 해주는 팀 서비스와 같은 것들이 모두 해당됩니다.

이 공식을 어렵게 생각할 필요가 전혀 없습니다. '나 같은 사람이 컨설팅을 진행하면 사람들이 신청하겠어?'라고 생각할 수도 있습니다. 한 가지 재미있는 건, 사람들 대부분이 경험을 수익으로 만들 수 있다는 사실 자체를 이해하지 못한다는 거예요. 나에겐 정말 아무것도 아닌 것 같아도 누군가는 이것을 찾고 있을 수 있거든요.

예를 들면 음식점 사장님이 음식들을 더 맛있게 보이도록 하고 싶은데, 촬영 방법을 잘 모릅니다. 유튜브만 검색해도 많은 기술이 나오지만, 장사하기도 빠듯해서 짬이 안 납니다. 그럴 때 1시간 만에 당장 필요한 촬영 기술을 배울 수 있다면 어떨까요?

또 이런 경우도 있어요. 스마트폰 설정 몇 가지 변경하고, 가로세로를 맞춰 찍는 등 간단한 사진 기술 몇 가지만 배워도 결과물이 전혀 달라진다는 걸 우린 알잖아요? 그런데도 굳이 수업을 찾아 결제하는 사람들이 있어요. 바보라서 그럴까요? 아니에요.

답답해서 그렇습니다. 이것저것 정보를 찾는 것도 귀찮고, 조각 조각 배우는 게 어설퍼서 빠른 시간에 제대로 알고 싶어서 결제 하는 겁니다. 큰 비용이 드는 게 아니라면요.

몇 년 전만 해도 온라인 강의를 만들 때 4가지 이상의 툴을 사용 했습니다. 그러다가 우연히 한 고액 컨설팅을 통해 온라인 강의를 쉽 게 촬영할 수 있는 툴이 있다는 걸 알게 되었죠. 100만 원이 넘는 컨설 팅에서 건진 것은 그 툴의 존재 하나였는데, 그 하나가 제 작업 전체를 바꿨습니다. 반드시 해야만 하는, 하지만 너무 하기 싫은 과정을 거치 지 않아도 되는 툴을 알게 되었던 거죠.

PPT 자료를 만들고, 녹음 장비를 켜서 따로 녹음하고, 자막 툴 을 실행해 자막을 입히고, 촬영은 카메라로 진행했습니다. 사용하는 툴뿐만 아니라 장비도 여러 가지에다 그 파일들을 다 한데 모아 편집 하는 것도 굉장히 까다롭죠. 용량도 너무 커서, 시스템이 좀 버벅거린 다 싶으면 모든 파일이 날아가 버린 적도 있어요. 업체에 맡기니 성에 차는 결과물이 나오지 않아, 결국 10분짜리 온라인 강의 영상 하나에 3시간 이상의 시간을 쏟아부어야 했어요.

온라인 강의는 보통 40강 정도를 제작해야 하는데, 별 방도가 없었습니다. 그래서 답답한 마음에 찾아간 컨설팅에서 이 툴을 알게 된 거예요. 새로 배운 게 하나도 없어서 100만 원이 아깝다고 생각하 던 차였는데, 컨설팅 막바지에 건진 그 툴 하나로 그간의 괴로운 시 간을 보상받는 느낌이었습니다. 3시간씩 40강을 제작하면 자그마치 120시간입니다. 100만 원으로 100시간 이상을 아낄 수 있었으니 왜 아니겠어요.

"이 괴로움을 없앨 수 있었으면 좋겠어! 이것만 해결하면 나의 ○○에 날개가 돋을 것 같아!" 저처럼 시간을 절약할 수 있거나 지름길을 알고 싶어 하는 사람이 생각보다 많습니다. 특히 본인 프로젝트에 몰두하고 있는 사람을 대상으로, '괴로움을 없애드립니다' 공식을 사용한 서비스를 론칭하면 생각지도 못한 고액을 꾸준히 얻게 될 수도 있습니다. 뭔가에 몰두한다는 것은 내가 원하는 방식의 성공을 원한다는 것과 같기 때문입니다. 그 성공으로 가는 길에 기름칠을 해줄 가이드가 있다면 의욕적으로 이런 서비스를 선택할 확률이 높습니다. 고액이라도 불구하고 말이죠.

이 공식을 통해 실제로 제 경험을 컨설팅하거나 코칭 서비스를 진행하기도 했습니다. 어떻게 하면 어렵게 생각하지 않고 콘텐츠를 만들 수 있는지, 그 콘텐츠로 어떻게 사람들을 모을 수 있는지, 이 사람들을 어떻게 구매자로 만드는지 등을 전했죠.

온라인 강의에 비하면, 컨설팅이나 코칭은 의뢰자들과 자주 만나야 한다는 번거로움이 있어서 깊게 생각한 방법은 아니었습니다. 한 번 만들어두면 계속 판매할 수 있는 제품과 서비스를 알고 있는데, 굳이 컨설팅이나 코칭으로 사람들을 들여다보며 하나하나 체크해 주는 게 부담스러웠죠. 이런 서비스가 필요한 사람들 입장에서는 생각하지 못한 겁니다.

'대신 해드립니다' 공식과 '생각하지 마세요' 공식은 어떻게 보면 정형화된 틀이잖아요? 대부분의 사람이 내려받은 템플릿을 바탕에 두고 본인에게 필요한 걸 적용할 수 있게 만들죠. 하지만 모든 사람이 다 그렇게 할 수 있는 건 아니라는 걸 간과한 거예요. 그 부분을 채운 게 바로 '괴로움을 없애드립니다' 공식인 거고요.

강의를 들은 후에 더 궁금한 것이 생겼는데 그 답을 찾기 힘들 때, 머리로는 알지만 손으로는 더뎌서 효율성이 떨어지는데 이 효율성을 더 올릴 방법을 알고 싶을 때, 자세한 내막을 더 들여다보고 나에게 더 꼭 맞는 해결책을 찾아보고 싶을 때 사람들은 이 공식을 찾습니다. 즉, 혼자서 찾아보고 적용해야 하는 괴로움을 없애고 싶어서 이 서비스를 찾는다는 것이죠. 제작자 입장에서는 품이 좀 더 들더라도 내 서비스를 더 오래 이용할 수 있는 고객을 만나는 계기가 됩니다. 컨설팅과 코칭을 통해 장기적으로 내 상품을 더 구매해 줄 고객이라는 뜻이기도 해요.

이 공식을 사용해 론칭할 수 있는 서비스는 매우 다양합니다. 실제로 문제를 해결해 본 경험이 많다면 그 과정과 전후 결과를 비교해 보여줌으로써 고객을 더 많이 만날 수 있어요.

○ 단 하루만 투자하면 프로처럼 음식사진 잘 찍는 법

○ 새로운 비투비 거래처를 일주일 안에 10곳 이상 만드는 법

○ 가장 오픈율이 높고 바로 거래가 성사될 수 있었던 문자 작성법

○ 고객 1,000명에게 한 번에 문자 보내는 방법

예를 들어 도소매를 5년 이상 한 사람이 있습니다. 그동안 쌓은 영업 팁과 CS 상담 팁이 많아, 혼자서 영업과 CS, 도소매까지 할 수 있죠. 이런 사람이라면 분야를 막론하고 도소매를 시작한 지 얼마 되지 않은 사람들, 혹은 영업 팁이나 CS 팁이 부족하다고 느끼는 사람들이 찾을 확률이 매우 높습니다. 분야가 뭐든 영업과 CS는 필수적인 요소니까요.

내가 어떤 문제를 해결할 수 있는지 잘 보여줬을 때 더 많은 연락을 받을 수 있습니다. '새로운 비투비 거래처를 일주일 안에 10곳 이상 만드는 법, 기존 고객들을 챙길 수 있는 CS 총괄법, 가장 오픈율이 높고 바로 거래가 성사될 수 있었던 문자 작성법, 고객들에게 한 번에 문자를 보내는 방법' 등을 공유할 수 있다는 것을 보여주는 겁니다. 이런 것들은 매출과 직결되기 때문에, 새로운 거래처를 뚫기 위해 고전 중이거나 적은 노력으로 거래율을 더 늘리고 싶은 사람이라면 바로 연락할 확률이 높지요.

매출과 연결된 문제가 아니어도 마찬가지입니다. '영업 시 생기는 스트레스 상황에 잘 대처하는 법'처럼 인간관계에 관한 것도 괜찮고, 아예 '영업과 CS를 내 손 하나 대지 않고 시스템을 만드는 법'처럼 영리하게 사업체를 운영할 방법을 알려줄 수도 있습니다.

이 공식이 다른 공식들과 가장 크게 다른 점을 꼽으라면 '더 구체적으로 도와주는 것'이라고 할 수 있습니다. 이미 만든 틀 안에서가 아니라 틀 밖의 질문이 들어와도 유연하게 도와줄 수 있어야 합니다. 내 경험담을 어떻게 적용해서 고객 문제를 해결할지, 혹은 잘 되어가는 것에 부스터를 달아줄 수 있을지를 미리 생각해 보세요. 그다음에 찬찬히 짚어주고, 같이 적용하여 수정하는 과정이 필요합니다. 스스로 어떻게 적용해야 할지 몰라서 이 서비스를 선택한 고객이라는 걸 항상 기억하세요.

그래서 본질적인 부분만 짚어주고 끝내면 곤란합니다. 이 서비스에서는 적용과 활용을 고객 스스로 해야 하는 몫으로 남겨두면 안 되죠. 닥친 상황에서 어떻게 해야 할지 해결책을 함께 강구하고 알려 줘야 합니다. 이때 늘 하던 강의를 되풀이하지 않도록 주의하세요. 온라인 강의를 찾아봐도 될 것이었다면 애초에 이런 서비스를 신청하지 않았을 테니까요.

주의할 점이 하나 더 있어요. 템플릿을 추가로 제작해 주는 건 좋지만 이게 주체가 되면 안 됩니다. 템플릿은 이전 공식에서도 충분히 사용할 수 있으며, 그 자체로만 판매해야 하죠. 이 규칙을 기억하고 컨설팅과 코칭을 통해 고객이 자립할 수 있는 활용과 적용 방안을 공유하면 됩니다.

컨설팅이나 코칭은 보통 직접 만나서 대면으로 진행합니다. 개인적으로는 온라인에서 줌으로 하는 걸 선호하는 편입니다. 제작자는 공간의 제약에서 벗어나 시간을 더 아낄 수 있고, 구매자는 줌 수업 후 녹화영상을 제공받을 수 있다는 장점이 있습니다. 헷갈리거나 잘 기억나지 않는 부분을 다시 짚어볼 수 있으니 도움이 되고요.

물론 예외는 있어요. 반드시 만나서 진행해야 하는 경우도 있습니다. 저는 숏폼 영상 편집 기술을 설명할 때, 고객이 스마트폰 등의 기기에 익숙하지 않거나 이것저것 숨어있는 기능을 사용해야 할 때면 대면으로 진행합니다. 바로 옆에서 짚어가며 더 쉽게 가르칠 수 있으니까요. 작은 팁이지만, 이렇게 만나야만 할 경우라면 이동비나 교통비 명목으로 가격을 더 높여도 괜찮습니다.

나한테 꼭 필요한 길을 알려주는 맞춤형 공식이라서, 가장 비쌀 수밖에 없는 서비스라는 걸 구매자들도 다 알고 있습니다. 품은 많이 들지만 그만큼 매출도 더 올릴 수 있고, 시간과 에너지를 투자해야 하지만 가격경쟁은 가장 덜합니다. 또 누군가의 문제해결 과정을 직접적으로 가이드하며 도와줄 수 있다는 게 매력인 공식이기도 합니다.

4가지 공식 중 마지막은 외주나 대행처럼 처음부터 끝까지 어떤 것을 의뢰받아 완벽하게 마무리하고 결과물을 보여주는 프로세스를 말합니다. 고품질의 빠른 결과물을 받아보고 싶은 고객들이 가장 추구하는 게 바로 이 '제가 다 해드립니다' 공식입니다.

이 공식은 시간이 없거나 '전문가'의 힘을 믿는 사람들이 가장 원하는 서비스이기도 합니다. 처음부터 끝까지 어떤 것을 완성해서 결과물을 내야 하니, 특정 분야에 '스스로 하기 귀찮거나, 복잡하거나, 시간이 많이 드는 것이 무엇인지'를 생각해 보는 게 도움이 됩니다. 그런 서비스를 제공할 수 있다면 방법을 찾던 사람들의 선택을 받을 확률은 매우 높습니다.

고객 스스로 하는 게 아니라 전문가의 수준과 디테일을 믿고 의뢰하는 서비스죠. 그래서 시간이 가장 많이 들 수 있고, 때에 따라 일

191

할 수 있는 사람들을 모아 따로 관리해야 할 수도 있습니다. 의뢰받은 후에는 내가 직접 결과물을 만들거나, 외주로 맡겨 결과물을 만들 수도 있습니다. 후자의 경우 중간 수수료가 내 수익이 됩니다.

외주가 필요한 경우 프리랜서를 따로 고용하거나 '팀'을 꾸려 진행한다는 이야기를 반드시 사전에 고객에게 전해야 합니다. 나라는 사람이 직접 처음부터 끝까지 한 결과물을 원할 수도 있으니까요. 특정 화풍의 일러스트처럼 누가 작업하느냐에 따라 분위기가 완전히 달라지는 분야일 경우라면 더더욱 그렇습니다. 어떤 팀을 꾸려서 어떤 결과물을 낼 수 있는지 확실하게 해야 서로 오해가 없으니까요.

아무리 비슷하게 흉내 내도 사람마다 미묘한 차이는 있습니다. 지문이나 목소리처럼 사람에게서 나오는 고유의 어떤 것이라면 처음부터 팀을 꾸리기보다는 혼자 할 수 있는 선에서 최대한 많이 해보다가, 천천히 시스템화를 고려하는 게 나을 수 있습니다. '내가 만드는 고유의 어떤 것'에 대한 것을 체계적이고 객관적으로 바라보지 못한 상태에서 팀을 꾸리면 결과물의 품질을 장담할 수 없기 때문이지요. 시스템부터 만든다면 매뉴얼을 만드는 데만 해도 굉장히 오래 걸리고, 여러 사람이 함께 작업할 때 생기는 문제도 해결해야 하는 등 리스크가 큽니다.

혼자 작업하기

내가 직접 결과물을 만드는 방법과 팀을 꾸려서 작업하는 방법의 장단점을 비교해 볼까 합니다. 첫 번째 혼자 하는 방법은 결정하는 속도도 빠르고, 원하는 방식으로 수정하거나 작업 방향을 트는 것도 자유롭습니다. 결과물도 내가 생각한 방향으로 나옵니다. 중간에서 누가 반대하거나 커뮤니케이션에 오해가 생길 일도 없습니다.

하지만 때로 고객과 함께 결정해야 할 부분이 많은 작업도 있을 겁니다. 커뮤니케이션이 정확해야 하는 작업이라면 특히 시간과 품이 더 많이 듭니다. 고객을 많이 받을수록 힘들어지니 일이 들어오는 게 부담스러울 수 있습니다. 고객도 결과물을 받기까지 시간이 늘어날 수 있다는 걸 감안해야 합니다. 만약 마음에 들지 않는 부분이 있으면 또 수정하는 데 오랜 시간이 필요하고, 처음부터 다시 커뮤니케이션해야 할 수도 있습니다. 의뢰자가 리스크로 느낄 수 있는 부분이죠.

팀으로 작업하기

두 번째 팀을 꾸려서 '제가 다 해드립니다' 공식을 적용하면 일단 속도가 매우 빠릅니다. 분업이 체계화되었다는 가정하에 그렇습니다. 내가 모든 과정과 기술을 모르더라도, 세부적인 것들을 담당하는 전문가의 힘을 빌릴 수 있다는 것도 큰 이득입니다. 혼자 할 때보다 속도나 품질 면에서 더 좋은 결과물을 얻을 수 있고, 내 시간이 덜 들어간다는 것도 좋습니다. 사람 혼자서 어떻게 모든 걸 다 할 수 있겠어요. 각자 잘하는 뾰족한 것들이 모여 더 거대한 결과물을 만들 수 있다는 것이 '팀을 이루는 것'의 가장 큰 장점이라고 생각합니다.

물론 단점도 있습니다. 함께 일할 사람들과 커뮤니케이션이 잘되지 않거나, 막상 같이 일해보니 예상보다 실력이 부족하다면 결과물의 품질을 장담할 수 없게 됩니다. 중간중간 팀원이 바뀔 수도 있어서 사람 관리가 어렵고, 또 분업하는 만큼 수익도 나눠야 합니다.

당연하게도 이 경우 수익 분배는 몹시 중요합니다. 먼저 협상 후 시작하는 게 좋은데, 협상에 실패하면 일은 실컷 하고 수수료 정도만 건질 수도 있죠. 내가 만든 서비스를 팀원이 카피하여 유사한 서비스를 오픈하거나, 최악의 경우 거래처 목록을 빼돌려 본인 고객으로 만드는 경우도 없지 않고요.

'설마? 나한테 그런 일은 없을 거야'라고 생각하겠지만 제가 직접 본 것만도 여러 번입니다. 특히 직원 한두 명만 두고 일할 때 이런 일이 생기더군요. 직원이 그만두고 나가서 똑같은 서비스를, 그것도 본인 이름을 내걸고 시작하기도 합니다. 여기까지만 해도 그나마 다행인 것이 거래처를 빼내기도 합니다. 거래처는 단순한 '고객'이 아닙니다. 정기적으로 매출을 올려줄 귀한 사람들을 다 데려간 거라 회사 근간이 흔들릴 수도 있습니다.

실제로 이런 일은 서비스가 그렇게 어렵지 않거나, 카피하기 쉽거나, 무자본 혹은 소자본 창업일 경우에 빈번하게 일어납니다. 서비스를 제공하고 준비하는 데 드는 품이 적을수록 카피하기도 좋습니다. 무자본이거나 소자본 서비스라면 당연히 너도나도 해보고 싶을 수 있지요. 하지만 거래처들을 다 데려가서 비슷한 서비스를 열기 시작하면 이야기가 다르죠.

피할 방법은 있습니다. 전체 프로세스를 카피할 수 없도록 한 사람이 하는 일을 세분화하고, 전체적인 그림은 나 혼자서 그리는 겁니다. 거래처가 오픈되지 않도록 고객과의 커뮤니케이션 과정은 직접 진행하는 게 좋습니다. 팀원 연락처를 고객에게 알려주지 않는 것도 중요

194

하겠지요. 일과 관련된 대화나 소통은 고객센터 번호나 회사 번호, 채팅봇으로 진행하도록 장치를 만들면 위험을 원천 봉쇄할 수 있습니다. 대처방안을 마련하고 주의하면 팀 작업은 어쨌든 혼자 할 때보다는 유리한 게 사실입니다. 더 많은 일을 할 수 있는 시간을 벌고, 내가 관리만 해도 돌아가니까 특히 '제가 다 해드립니다' 공식을 사용할 때 유리합니다.

팀으로 일하는 다른 방법도 있습니다. 처음부터 고용 형식이 아니라 파트너 자격으로 팀을 만드는 겁니다. 이제 막 오픈했을 때는 이 서비스에 수요가 있을지 없을지, 있다면 얼마나 있을지 정확한 감을 잡을 수 없죠. 이후에 서비스가 많은 사랑을 받게 되거나 정기적인 매출이 나온다면 그때 고용을 고려하면 됩니다.

팀으로 일하고 싶은 경우, 가장 먼저 해야 할 일은 오픈할 서비스에 어떤 일들이 있는지 뜯어서 분류하는 것입니다. 그다음 각각의 일을 누구에게 맡길 것인지 고민합니다. 예를 들어 영상 기획부터 촬영, 편집까지 다 해서 한 달에 4개의 영상을 제작해 주는 서비스를 오픈했다고 생각해 보세요. 이 서비스를 세분화하면 영상 기획, 촬영, 편집, 전체적인 프로세스 관리, 고객 소통 정도로 나눌 수 있습니다. 자리마다 맞는 사람을 생각해 보거나 '기획과 촬영' '편집과 프로세스 관리'로 나눠 단 한 사람만 더 구할 수도 있겠죠.

어떤 일에 어떤 사람이 필요한지를 분류하고, 각 역할에 맞는 사람을 구해 얼마를 지불하거나 나눌 것인지를 합의한 후 시작합니다. 말로는 간단하지만, 실제로는 계약서가 필요할 수도 있고, 중간에 사건 사고가 일어날 수도 있습니다. 그래서 먼저 가볍게 시작해 보는 것이 중요합니다. 한 사이클을 돌려보면서 언제 뭐가 필요한지를 간접경험 해보고, 경험을 늘려가면서 점차 규모를 확대하는 게 더 빠르고 효율적입니다. 위험부담 요소도 적고요.

팀원을 구할 때 가장 추천하는 방법은 크몽을 이용하는 겁니다. 알다시피 크몽은 재능을 사고팔 수 있는 웹사이트죠. 프리랜서를 가장 빨리 찾을 수 있습니다. 이때, 꼭 한국어가 필요한 일이 아니라면 과감하게 경험 많은 외국 프리랜서와도 일해보길 권합니다. 국내 크몽처럼 재능을 사고파는 외국 플랫폼인 파이버Fiverr 웹사이트에서 다양한 프리랜서를 찾을 수 있으니 참고하세요.

사실 한국어는 전 세계 언어의 1%도 안 되는 분야에서만 사용합니다. 더 넓은 시장에서 더 많은 일을 하고 싶다면 영어를 쓰는 곳의 프리랜서와 함께 일하는 게 현명한 선택일 수 있습니다. 시장이 크니 경험이 더 많은 사람을, 더 저렴한 비용으로 함께할 수도 있죠. 시차를 이용해 낮에는 한국 사람들과 일하고, 밤에는 그들이 일하게 할 수도 있어 시간 면에서 효율적입니다.

영어를 사용한다고 지레 겁먹을 필요 없습니다. 커뮤니케이션은 이메일로 하고, 번역은 파파고를 이용하면 됩니다. 사소한 것은 텍스트로 대화하면 복사 붙여넣기를 통해 전부 번역할 수 있죠. 우리는 지갑을 여는 사람이니까 당당해도 됩니다. 일을 받는 사람도 그 문화권의 비속어가 아니라 표준어로 이야기합니다. 현지인만 알아듣는 언어를 쓰는 게 아니니 파파고로도 충분히 소통할 수 있습니다. 겁먹지 말고 필요한 경우라면 이 방법도 시도해 보세요.

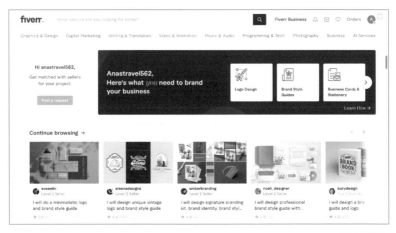

제공할 서비스의 범위와 가격을 정하는 방법

'제가 다 해드립니다' 공식은 내가 제공할 수 있는 가치를 명확하게 규명하는 것에서부터 시작합니다. 사람들과 함께 일하느냐, 어떤 장단점을 소비자와 제작자가 갖느냐는 사실 두 번째 문제입니다. 어떤 걸 해결해 줄 수 있으며, 어떤 범위를 다룰 수 있는지 구체적으로 보여 줘야 하는 것이죠.

예를 들어 그래픽 디자인 서비스를 제공한다고 해볼게요. 소규모 자영업자가 고객이라면 제품 패키지에 붙일 작은 스티커만 원할 수도 있습니다. 기업이 고객이라면 비교적 대규모로 진행하는 프로젝트가 많으니 작은 스티커는 물론 배너, 간판, 패키지 전반, 인쇄까지 모두 원하기도 합니다. 이렇게 범위가 천차만별이기 때문에 시장조사를 철저히 해야 합니다. 그다음에 내가 어떤 사람들에게 어떤 가치를 줄 수 있는지 그 범위에 맞게 가격과 서비스의 영역을 조절해 나가는 거죠.

서비스 영역을 정하는 방법이 따로 있는 건 아닙니다. 어디서부터 어디까지 해주는지, 어떤 사후 서비스가 있는지, 가격은 추가로 청구되는지 아닌지 등을 나누면 됩니다. '제가 다 해드립니다' 공식으로 디자인 서비스를 제공할 때 PB상품을 의뢰받은 적이 있습니다. 그럴 때면 몇 가지가 가능한지. 디자인 저작권은 누구에게 있는지, 디자인 2자 가공을 통한 사용 범위는 어디까지인지, 감리는 어떻게 하는지, 수정은 어떤 범위로 얼마나 진행해야 하는지 등의 세부 항목까지 전부 정리하여 공유했습니다.

계약 체결 전에 반드시 세부적인 부분까지 공유한 후 진행하세요. 그렇지 않으면 서비스 진행 과정에서 많이 헤맬 수 있습니다. 감을 잡고 싶다면 '제가 다 해드립니다' 공식에 해당하는 작업을 직접 의뢰해서 경험해 보면 됩니다. 소비자로서 어떤 식으로 프로세스가 진행되는지 알 수 있는 방법입니다.

서비스 규모가 작더라도 꼭 한 번은 체험해 보고 오픈하는 걸 권할게요. 고액 서비스일수록 더 섬세한 서비스를 제공받을 수 있는데, 그 범위도 세밀하게 나뉘어져 있는 경우가 많아서 이런 서비스를 한 번 전체적으로 이용해 보면 앞으로 론칭할 내 서비스 수준도 올라가게 됩니다.

만약 대규모 프로젝트라서 계약서 등 공식서류가 필요하다면, '싸인(sign)' 웹사이트를 이용해 보세요. 싸인은 계약서 날인 등을 인터넷에서 할 수 있는 웹서비스입니다. '100+ 법률 서식 무료 제공'에서 무료로 계약서를 내려받을 수 있습니다. 따로 법률 서비스를 의뢰해 계약서를 작성해도 되지만, 일단 한 사이클 돌려보기가 목적이라면 이렇게 가볍게 시작해도 괜찮습니다.

198

싸인 웹사이트(https://page.modusign.co.kr/form.html)

　　한 바퀴 돌며 어떤 과정에서 뭐가 필요한지를 파악하면 전체적인 큰 그림을 그릴 수 있게 됩니다. 사이사이 빈 것들은 계속해서 사이클을 돌리며 채워나가면 될 일이지요. 세부적인 것 하나하나에 매달리면 일의 진척이 느려지고, 그만큼 완성도를 높이는 일이 버겁게 느껴집니다. 가격은 처음에 저렴하게 시작해서 점차 올리면 되니 너무 고민하지 마세요. 사이클을 여러 번 돌리며 필요한 것들을 계속 수정하는 전략이 가장 현명합니다. '처음부터 완벽하게'가 아니니 주의하세요.

'연쇄 서비스 론칭가'에서

벗어나는

프리미엄 상품 만들기

'아니, 난 왜 이렇게 하루살이 같은 거지? 하루 벌어 하루 먹고 사는 것 같아.'

　　매출이 들쭉날쭉하고 안정화되지 않았을 때, 특히 초반에 가장 많이 했던 생각입니다. 온라인 강의로 들어오는 자동 수익은 점점 줄어가고, 생활비로 충당하기에도 부족한 돈이 들어오던 때였어요. 그래서 앞에서 알아본 4가지 공식들을 사용해 1년에 12개의 서비스를 론칭하는 무리수를 두었습니다. 그중 하나는 크게 터지는 상품이 있을 거라고 믿으며, 하나를 론칭해 보고 안 되면 다른 상품을 론칭해 보는 '연쇄 서비스 론칭가'가 되었지요.

　　'어떤 가치를 판매할까'에만 초점을 맞추다 보니 제가 돈만을 위해 움직이는 장사꾼으로 느껴지더라고요. '자낳괴'라고 하죠? 말 그대로 '자본주의가 낳은 괴물'처럼 12개의 서비스 상품을 열고, 판매하고, 제작하고, 판매 완료하는 프로세스를 미친 듯이 진행했습니다. 그 결과 경험은 쌓였지만 여전히 풀리지 않는 문제가 있었습니다. 기본적인 매출 금액이 정해지지 않고, 그달에 팔린 매출에만 의존하게 된다는 것이었어요.

'이 서비스의 최소 매출은 200만 원이다'라고 정한 후 한 사람에게 5만 원짜리 서비스를 판매하면 최소 40명은 모집해야 합니다. 최소 40명이 구매하지 않으면 이 서비스를 만드는 데 든 공과 시간이 다 무너지고, 이미 구매한 사람에게는 모두 환불해야 하는 거죠. 민망하기 그지없었습니다. 판매 전부터 '최소 인원 40명이 모집되지 않으면 0월 0일에 모두 환불 후 연락드립니다'라고 안내했으니, 이 서비스가 그만큼 안 팔렸다고 이야기하는 거나 다름없으니까요. 아무리 좋은 서비스를 오픈해도 구매자 반응이 없으면 매출은 없다고 봐야 하는 겁니다.

그래서 전자책을 쓰기 시작했습니다. 전자책은 금광만 잘 찾으면 1년 정도 유효기간을 두고 팔 수 있고, 자동 판매시스템이라 편한 데다가 기본 매출라인도 만들 수 있거든요. 하지만 더 많은 돈이 필요한 시기가 되자 스트레스받기 시작했습니다. '언제까지 이렇게 매달 매달 서비스를 만들며 살아야 하나'라는 자괴감에 빠지기도 했지요.

아마 지금도 이런 굴레에 빠진 크리에이터들이 많을 거예요. 콘텐츠를 계속 만들지 않으면 채널이 물에 잠기듯 점점 고요해집니다. 물에서 빠져나오고 싶어도 몸이 너무 무거워 큰 힘이 필요하지요. 그러다 아예 다른 길로 전향하는 사람도 많이 보았고, 앞으로도 많을 겁니다. 상품을 더 만들지 않으면 생계에 직격탄을 맞아야만 한다는 생각이 지배적으로 드는 것도 피할 수 없고요.

그래서 궁리하기 시작했습니다. 어떻게 하면 이 매출 구멍을 메울 수 있을까 하고요. 집 앞 커피집에서 '알바'라도 하며 기본적인 생계를 해결해야 하나, 아니면 온라인 강의 사이트에 전부 입점해서 내가 직접 홍보하지 않고 그냥 강의만 만들까 생각이 많았습니다.

발버둥 치다 찾은 탈출구, 프리미엄 상품

그때 발버둥 치기를 잠깐 멈추고 주변을 둘러보게 되었습니다. 방법은 2가지가 있었습니다. 하나는 광고로 더 많은 사람이 내 상품을 볼 수 있도록 만들기. 이것은 돈만 쓰면 되는 방법입니다. 그렇지만 아무리 생각해 봐도 결국 내가 내 힘으로 모은 팔로워들과 함께 갈 수 있어야 지속성 면에서 훨씬 이득이었죠. 유료 광고도 물론 좋지만, 매달리기엔 광고비가 부담스럽기도 했고요.

또 하나는 내 상품을 구매한 사람들이 다음으로 원하는 단계들을 알아보고, 현재 론칭할 계획인 것을 오픈하면서 추후 프리미엄 상품을 내놓는 것이었습니다. 이것을 처음 알게 되었을 때는 충격이었습니다. 처음에 상품을 만들 때 차별점도 생각하고 시장조사도 했지만 '내 것을 구매했던 이전 고객들이 앞으로 더 원할 것들'에 대해서는 단한 번도 생각해 보지 못한 상태였거든요.

예를 들어 영상 편집 방법에 대한 전자책을 구매한 고객이 있습니다. 이 고객이 다음에 필요한 것은 무엇일까 생각해 보는 거예요. 검색에 내 영상을 띄울 수 있는 기술에 대해 배우고 싶을 수도 있고, 광고나 협찬받게 되었을 때 광고주에게 더 많은 금액을 요구할 수 있는

202

명세서 작성 방법이 궁금할 수도 있지요. 그 후에는 영상 제작 에이전시를 차리는 방법이 궁금할 수도 있습니다.

이렇게 하나의 기술에서 그 기술을 활용하여 다음 단계로 가게 되었을 때의 이상적인 모습을 그려도 보고, 그 상황에서는 어떤 것들이 필요할지도 예측해 보는 것이죠. 더 넓은 세상으로 가고 싶은 사람들의 심리를 잘 살펴보고, 이전 고객이 앞으로 어떻게 성장하고 싶을지 그 방향에 맞는 상품을 론칭하는 겁니다. 동시에 더 '고퀄리티'이고, 더 많은 양의 정보를 전달하는 프리미엄 상품으로 해당 서비스를 내놓는 방법입니다.

이렇게 되면 새로운 사람들에게 꾸준히 노출되어야만 한다는 부담을 줄일 수 있습니다. 기존 고객의 성장 방향성에 맞게 상품을 론칭하니, 필요한 사람은 계속 따라올 테니까요. 즉 기본적인 매출이란 게 생기게 됩니다. 소비자는 필요한 것이 계속 준비되어 있으니, 본인의 문제를 성장에 따라 해결할 수 있다는 큰 장점도 생기게 되지요.

소비자는 어떤 문제를 해결하기 위해, 저라는 단 한 사람이 해당 서비스를 론칭하기까지 기다리거나 요구하지 않습니다. 그냥 해당 문제를 해결할 수 있는 다른 사람에게 갑니다. 예쁜 청바지를 산 쇼핑몰에서 청바지와 어울리는 셔츠까지 사려고 했는데, 없으면 다른 쇼핑몰을 찾아 떠나는 우리를 생각하면 당연한 결과입니다.

그들이 가진 문제를 내가 풀 수 있다면, 그것도 다른 길보다 더 빠르게 풀 수 있다면 얼른 세상에 내놓고 소비자도 더 빠른 길을 알 수 있도록 도와야 합니다. 그렇게만 된다면 '판매만을 위한 론칭에서 오는 죄책감'에서 벗어날 수도 있고요. 나는 누구를 '돕는 사람'이 아니라 그저 '파는 사람'이라는 정체성에서 오는 괴리감에서도 뛰쳐나올 수 있

203

습니다. 우리가 가진 기회를 흘려보내는 게 아니라, 손에 움켜쥐고 다시 일어나는 것이죠.

나는 프리미엄을 팔 수 있는 사람이 아니다?

더구나 더 높은 수준의 서비스를 더 높은 가격으로 받게 되면 신기한 일이 벌어집니다. 진상 고객이 사라지고, 수익은 더 늘어납니다. 10만 원짜리 상품은 100개 팔아야 1,000만 원이 됩니다. 하지만 100만 원짜리 상품이라면 10개만 팔아도 1,000만 원이 되죠. 이렇게 간단한데, 왜 그간 프리미엄 상품을 더 높은 가격에 판매하지 못했을까요?

'나는 프리미엄을 팔 수 있는 사람이 아니다'라고 생각했기 때문입니다. 지금 이 책을 보는 여러분 중에도 그렇게 굳게 믿고 사는 사람이 있을 거예요. 어느 날, 영상 편집을 하며 알게 된 '재빨리 편집하고 효율적으로 1타3피 하는 법'에 대해 공유한 적이 있었습니다. 이것을 본 한 기업의 대표님이 이렇게 말하더군요.

"이런 게 있으면 진작 알려주지 그랬어요! 유료로 팔아도 얼마든 구매했을 텐데. 그동안 버린 시간이 너무 아깝고 고맙고 그러네요."

그때 깨달았죠. 누군가에게 지금 너무나 절실하게 풀고 싶은 과제가 있는데, 그 과제의 가치가 절실할수록 가격 제한은 없어진다는 것을요. 당사자는 비싼 프리미엄 서비스든 아니든 지금 처한 문제를 푸는 게 우선일 수 있고요. 날개를 달고 싶은 사람들에게 날개를 달아줄 수만 있다면, 서로 이득이라는 것 또한 알게 되었습니다. 그렇게 저는 프리미엄 상품을 판매하기 시작했습니다.

야심 차게 프리미엄 서비스를 오픈했건만, 한 달이 지나도록 단 10개도 팔리지 않아서 결과적으로 해당 상품은 실패했습니다. 원인만 말하자면 트렌디한 것도 아니고, 수요도 많지 않은 영역을 골라 기술적인 부분만을 크게 강조한 상품이었기 때문이었어요. 이것도 당시에는 이해가 가질 않았습니다.

왜 팔리지 않았는지를 몇 달간 곰곰이 고민하고 기존 고객들을 직접 만나 물어보기도 했습니다. 가볍게 수다 떨면서 부담 없이 진솔한 이야기를 들어볼 수 있었고요. 참고로 어떤 것의 추이를 보고 싶을 땐, 사용자와 가볍게 커피 한잔하면서 할 수 있는 이야기를 하다가 자연스럽게 물어봐야 합니다. 부담스러운 질문부터 바로 들어가지 말고, 쉽게 대답할 수 있는 것부터 시작해서 편안한 분위기를 통해 진솔한 이야기로 넘어가야 합니다.

프리미엄 서비스 론칭 시 주의할 점

고객과 이야기하며 발견한 문제점은 2가지였습니다. 하나는 모든 프로세스를 다 다루다 보니 너무 어려워 보였다는 것이고, 다른 하나는 기술적인 부분들이 누군가는 어느 정도 아는 것이고, 누군가는 접근조차 할 수 없는 것들이라는 점이었어요. 초보자나 중급자 등 명확한 타깃이 정해져 있지 않았던 거죠.

즉 소비자가 처음에 이 서비스를 보면 '이건 나를 위한 건 아닌 것 같은데… 맞는 것 같기도 하고?'라는 생각이 드는 상품이었지요. 물음표만 잔뜩 안긴 채, 프리미엄이다 보니 가격은 높아서 구매를 망설이다가 포기하게 된 거죠. 이 경험을 통해 얻은 것을 공유할게요.

첫 번째, 프리미엄 상품을 론칭할 때는 내가 어떤 가치를 줄 수 있는지, 이 상품의 대상은 어떤 단계에 있는 어떤 기존 고객인지를 명확하게 그릴 것. 그리고 그 사람이 어떻게 성장할지 흐름도를 그려보고, 그에 맞는 상품을 고민할 것. 단 한 사람을 위해 이 서비스를 기획한다고 생각하고 만들어도 좋습니다. 그 한 사람이 뚜렷하면 뚜렷할수록, 같은 상황에 있는 사람들이 공감하며 '내가 찾던 거야!'라는 느낌을 받을 수 있으니까요.

두 번째, 가치를 고민하느라 시간만 보내지 말고 일단 테스트해 볼 것. 저는 1년여를 고민'만' 했습니다. 그동안 이루어진 것은 아무것도 없습니다. 여러 책과 강의를 들으며 머리는 키웠지만 체화한 것도, 테스트를 통해 발전시킨 것도 없었지요. 어떤 고객이 구매할지, 어떤 고객에게 뭐가 도움이 될지 아무것도 알 수 없이 시간만 보냈습니다.

'매도 먼저 맞는 게 낫다'는 말이 괜히 나온 게 아닙니다. 특히 이 세계에선 속도, 그 자체가 생명일 때가 있습니다. 그게 아니라도 일단은 부딪쳐 봐야 문제가 뭔지 짚어보고 수정할 기회라도 생깁니다. 실패할까 봐 두렵거나 이걸 했다가 웃기는 모양이 되는 건 아닌지 고민하며 시간을 보내지 마세요. 《빠르게 실패하기》에서 〈니모를 찾아서〉와 〈월-E〉의 감독인 앤드류 스탠튼이 한 말이 기억에 남습니다.

"제 전략은 항상 똑같습니다. 가능한 한 빨리 실패해 버리자는 거죠. 즉, 망치는 걸 피할 수 없으니 이 점을 인정하자는 겁니다. 두려워해서는 안 돼요. 물론 해답에 도달하려면 그 과정도 신속해야겠죠. 생각해 보세요. 사춘기를 지나지 않고 성인에 이를 수는 없지 않습니까? 어차피 한 번에 성공할 수는 없어요. 저는 금방 틀릴 것이고 정말 빨리 틀릴 것입니다."

몇 번의 실패를 통해 다행히도 프리미엄 상품을 론칭할 때는 '기술적인 가치만을 담지 말고, 사람들의 마인드까지 함께 아울러 변화할 수 있는 계기를 마련해 줄 것'이라는 저만의 기준이 생겼습니다. 실제로 이것을 계기로 1:1 컨설팅을 10회 이상 진행하는 프리미엄 상품은 달라질 수 있었습니다. 고객 마인드도 함께 바로잡고, 최대한 실습 위주로 진행하고, 적용할 수 있는 판을 만들고, 직접 만나서 쓸데없는 이야기도 하며 뇌를 환기하는 시간을 가지기도 했죠. 이렇게 하니 성과가 달라지고, 프리미엄 상품을 결제한 고객 만족도도 급격히 높아지기 시작했습니다.

세 번째, 나만의 기준을 가지고, 나만의 경험을 녹일 서비스를 제공할 것. 프리미엄 서비스는 내 팔로워군과 잠재고객 혹은 이미 구매했던 고객을 위한 상품입니다. 그들을 위한 상품이긴 하지만 결국 지금까지 다룬 공식으로 만들어진 서비스라서 판매자를 믿고 구매하게 되어 있습니다. 뻔하게 시중에 널린 해결책이 아니라, 사람들이 조금만 찾아보면 알 수 있는 뻔한 말이 아니라, 말과 말 사이의 행간을 읽어내고 그 예시를 함께 풍부하게 보여줄 수 있는 서비스임을 충분히 어필할 수 있어야 합니다. 그래야만 프리미엄 상품의 가치가 있고요.

네 번째, 서비스 론칭의 4가지 영역을 기억할 것. 수많은 론칭을 하며 깨달은 것이 있었습니다. 상품을 론칭할 때는 4가지 영역이 있다는 것입니다. 사람들이 바로 알아보는 인지도와, 좋아하는 선호도를 기준으로 나뉩니다. 먼저 생각해 보세요. 다음 4영역 중 어떤 곳을 골라서 상품을 론칭해야 할 것 같나요?

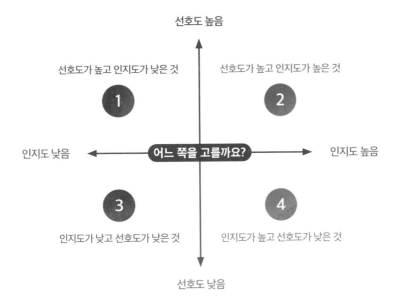

서비스 론칭의 4가지 영역

선호도 높음

선호도가 높고 인지도가 낮은 것
1

선호도가 높고 인지도가 높은 것
2

인지도 낮음 ← 어느 쪽을 고를까요? → 인지도 높음

인지도가 낮고 선호도가 낮은 것
3

인지도가 높고 선호도가 낮은 것
4

선호도 낮음

그간 실패했던 서비스는 다 3, 4번 안에 있었습니다. 처음으로 시도했던 프리미엄 상품은 3번 영역, 즉 인지도와 선호도가 모두 낮은 곳에 있었어요. 사람들이 바라는 것들과 거리가 있었을 뿐만 아니라, 잘 알려지지도 않은 것들을 중요하다고 외치고 있으니 매력이 없었던 것이죠. 3번 영역은 '마이너한' 취향의 대표 시장이라고 생각하면 됩니다. 혹은 너무 새로워서 아직 인지도 선호도 받쳐주지 않을 가능성이 높은 곳이에요. 너무 새로운 것은 사람들에게 시장 자체를 알려야 하는 일이 하나 더 늘기 때문에 추천하지 않습니다.

4번인 인지도는 높으나 사람들이 선호하지 않는 것도 굳이 할 필요 없습니다. 예전에 〈무한도전〉 '극한직업' 편에서 63빌딩 창문을 닦는 일과 광산에서 광부들이 하는 일이 방송된 적이 있었어요. 고층 빌딩 창문을 닦는 일도, 광부가 하는 일도 인지도는 높으나 선호도가 낮은 일입니다. 혹은 유행이 지났거나, 단물 자체가 많이 빠져서 생명력이 없는 분야도 여기에 속합니다. 시장 자체가 과대평가되었을 때도 4번 영역이 나올 수 있습니다. 그래서 내 시장과 내가 있는 분야는 어떤지 멀리서 바라볼 필요도 있습니다. 수요도 없는 곳에서 지는 해만 바라보기엔 시간이 아깝잖아요.

그래서 여러분은 1, 2번을 선택해야 합니다. 인지도가 낮지만 선호도는 높은 1번은 시장이 작아도 가치 있다고 판단할 수 있습니다. 새롭게 떠오르는 시장일 수 있으니까요. 최근에는 AI가 가장 뜨거운 감자지만, 아무도 언제 어떤 툴을 어떻게 사용해서 어떤 것이 나올지는 모르는 상황입니다. 새로운 툴이 많지만, 어떤 것이 유용한지도 처음에는 알 수 없죠. 그렇지만 꾸준히 더 알려지고, 좋은 게 있으면 빠르게 퍼지는 영역도 이 1번입니다. 저는 이 1번 영역을 빠르게 올라타

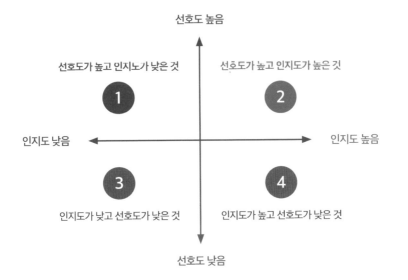

면 가장 좋다고 이야기합니다. 속도전에서 지면 안 되기 때문에 관련 콘텐츠도 빠르게, 상품 론칭도 빠르게 진행해야 합니다.

2번은 사람들이 많이 알고, 좋아하는 영역입니다. 뭘 하든 많은 사람에게 먹힐 수 있는 것들이죠. 저는 이 영역을 가장 대표할 수 있는 산업이 '다이어트'라고 생각하는데요. 노인도 아이도 청년도 외모를 가꾸거나 건강을 위해서 하는 다이어트에는 관심이 있습니다. 사랑, 자유, 행복 또한 이 분야에 속하고, 누구나 추구합니다. 그래서 건강 산업과 상담 산업은 끊임없이 발전하는 것 같습니다. 뛰어드는 사람도 많지만, 그만큼 수요도 많아서 가장 추천하는 영역입니다.

어떤 분야를 선택하든 여러분의 몫입니다. 하지만 '조금 더 독특하면 더 빨리 눈에 띄고 나만의 전문성을 구축할 수 있지 않을까'라는 마음에 3, 4번 영역을 고민 중이라면 다시 한번 생각해 보세요. 기왕하는 것이라면 좀 더 나은 확률에 배팅하는 것이 좋지 않을까요?

원하는 곳과 콜라보를 시도하면 저는 대부분 성사되었습니다. 자랑하려고 꺼낸 말이 아니라, 그때마다 비결이 무엇인지 궁금해하는 사람이 많아서 한 번쯤 정확히 짚어주고 싶었습니다. 핵심만 말하자면 결국은 또 '가치'입니다. 협업 대상에 맞는 가치를 어떻게 명확하게 보여주는가에 따라 판이하게 결과가 달라지죠. 협업이나 컬래버레이션 collaboration이라는 단어만 보면 골치 아픈 사람들을 위해 저만의 방법을 공개하겠습니다.

제가 대학생일 때, 저도 모르게 상대에게 맞는 가치를 제공하여 한 매장의 매출을 4배 이상 끌어올렸던 일이 있습니다. 이후부터 이 방법을 '가치 치기'라고 부르면서, 쏠쏠히 사용 중입니다.

방학 때 생활비를 충당하려고 백화점 아동복 매장 아르바이트를 구했습니다. 평일 평균 매출 50~60만 원 정도인, 백화점에서도 상당히 구석진 곳에 있는 매장이었어요. 백화점 자체도 유명한 곳이 아니었고, 유동 인구도 많지 않았습니다. 아동복 판매 경험도 없는 제가 혼자 매장을 지키며 고객을 응대하는 시간이 계속되었죠.

약 한 달쯤 지나니 손님들 유형이 3가지 정도로 나뉜다는 걸 알게 되었습니다. 첫 번째, 아이 엄마입니다. 대부분 아이와 함께 왔습니다. 두 번째, 아이 아빠입니다. 아이 엄마는 아이와 함께 앞서가고, 뒤에서 천천히 따라가거나 혼자 쇼핑하는 모습을 보였습니다. 세 번째, 놀랍게도 아동복을 선물하려는 사람이 생각보다 많았습니다. 늘 '적당한 가격'을 먼저 얘기하는데, 80% 이상은 대부분 5만~10만 원 사이의 가격을 적정선이라고 생각하는 듯했습니다.

처음에는 세 부류의 손님들에게 사장님이 말한 '빨리 팔아야 되는' 것들 위주로 권하다가 이내 생각을 달리하게 되었습니다. 원하는 것이 각각 다르다는 걸 알았거든요. 재고 처리를 위해선 마네킹에 빨리 팔아야 되는 걸 입혀 놓았고, 더 많이 노출하려고 매일 마네킹 옷을 새로 갈아입혔습니다. 그리고 손님 유형마다 다른 것을 권했죠. 지금 돌아보니 완벽한 가치 치기 예시였습니다.

첫 번째, 아이와 엄마가 함께 오는 경우. 아이와 함께 매장을 방문하는 엄마는 대부분 아이가 마음에 들어 하는지를 중요하게 여깁니다. 그래서 아이 마음을 사로잡는 게 중요했죠. 탈의실에 함께 들어가 옷을 입혀주고 난 뒤 "멋있다! 예쁘다! 엄청 잘 어울려!"라는 칭찬을 남발했습니다. 그러면 곧바로 결제가 이뤄졌어요. 이때 아이가 사달라고 한 옷과 같이 입으면 좋은 옷이나 신발 등 잡화를 함께 추천해 매출을 높이곤 했습니다.

두 번째, 아빠가 혼자 오는 경우. 아빠들에게 "이 옷은 어떠세요?"라고 물어보면 단 한 명도 빠짐없이 모두 난처해합니다. "잠시만요. 와이프한테 물어보고 올게요"라는 대답이 돌아오죠. 처음에는 그냥 가기가 미안해서 예의상 하는 말인 줄 알고, 다음에 또 오시라고 웃으며 이야기했어요. 그러나 진짜로 다시 오서서 "아까 본 게 뭐였죠?"라며 물건을 사거나 "와이프가 세일하는 건 없냐고 하는데요?"라며 물어보았습니다. 즉 지갑을 열 수 있는 사람이자 구매 결정자가 아내였던 것입니다.

그 이후로 아빠 혼자 매장에 오면 신상품이나 비싼 것이 아니라, 엄마에게 물어봐도 늘상 필요한 것이나 세일 중인 것을 권했습니다. 타이즈, 내복, 양말, 세일 중인 여름옷, 소재가 100% 면이라 아이 피부에 안전하고 막 빨아 입히기에도 편한 것들을 보여줬죠. 세일이 많이 들어가서 1만 원이 넘지 않거나, 세일 중은 아니지만 막 입고 버리기에 좋은 2~3만 원대 옷을 보여주자 반응이 왔습니다. 아빠들이 그 자리에서 구매하거나 다시 돌아와서 구매하는 비율이 월등히 높아지기 시작했죠.

세 번째, 선물하고자 오는 손님인 경우. 이 손님들은 "4살짜리 여자아이한테 잘 나가는 게 뭐예요?"라는 식으로 질문합니다. 가격만 적당하면 바로 구매하죠. 단, 예쁜 포장이 있어야 합니다. 이런 손님이 오면 저는 적당한 가격을 먼저 물어봅니다. "5만 원대가 괜찮으세요, 10만 원대가 괜찮으세요?"

손님은 대부분 둘 중 하나를 고르는데, 가끔 10만 원 이상의 선물을 원하는 사람도 있습니다. 그러면 그에 맞는 '예쁘지만 내 돈 주고 사기 아까운' 것들을 제안했어요. 볼레로, 예쁜 모자, 간절기에 입기 좋은 재킷 같은 것들이죠. 그리고 마지막에 덧붙입니다. "저희 매장 포장이 고급스럽거든요. 1,000원만 추가하면 되는데 받는 분도 만족하실 거예요."

평균 50~60만 원이던 매출을 주말 기준 200만 원대까지 끌어올렸습니다. 협업을 원할 때 제가 주로 사용하는 방법은 이 아동복 매장에서 했던 행동, 즉 가치 치기 원칙 그대로입니다. 구체적으로 보면 의사 결정자에게 다이렉트로 전달할 수 있는 이메일 주소를 찾을 것, 그들이 원하는 가치가 무엇인지 파악할 것, 그 가치에 맞게 내가 제공할 수 있는 것은 무엇인지 확실히 보여줄 것 등입니다. 오른쪽 페이지에 제가 자주 사용하는 이메일 폼을 옮겨놓았으니 활용해 보세요. 이 기본적인 형식을 어떻게 활용할 수 있는지 두 가지 예를 들어보겠습니다.

가치 치기 하나,
크리스마스 극성수기에 해외 5성급 호텔 협찬받기

크리스마스를 단 1주일 앞둔 극성수기에 해외 5성급 호텔을 3박이나 협찬받은 적이 있습니다. 2019년이었는데 제주항공 지원으로 베트남 푸꾸옥에 가야 하는 상황이었습니다. 당시 저는 유튜브에 온 마음을 다 바쳐 일하고 있었으나 적은 조회수와 월 50만 원의 수익 외엔 다른 것이 없었어요. 그때 제주항공에서 받은 표가 2장이었고, 여태 해외를 한 번도 가본 적 없는 엄마를 데려가고 싶었습니다.

해외여행이 처음인 엄마를 꼭 좋은 데서 묵게 해주고 싶더라고요. 그래서 푸꾸옥에 있는 4~5성급 호텔을 추려보았습니다. 크리스마스를 1주 앞둔 시기였지만, 이렇게 추린 고급 호텔에 메일을 돌렸습니

광고/협업을 제안할 경우,

내 채널 규모와 타깃이 상대쪽과 매칭된다는 것을 알리는 이메일 폼

안녕하세요, 이렇게 인사드리게 되어 반갑습니다.
저는 [닉네임]이고, [이름과 직위]입니다.
제 팔로워가 현재 귀사 제품의 소비자인 고객/타깃[이름]과 다수 일치합니다.
하여 [어떤] 협력에 관심이 있는지 궁금해서 이 메일을 드립니다.

SNS 링크: [몇 명의] 팔로워와 [몇 퍼센트의 %] [여성 혹은 남성]이 제 SNS를 팔로우하고 있습니다.
(빠르게 성장 중임을 어필해야 해요.)

저는 귀하의 [브랜드]에 잘 맞는 이미지를 가지고 있고, 해당 타깃에 꾸준히 노출되고 있으며, 귀하의 콘텐츠에 유기적으로 협업할 수 있는 인플루언서입니다. 귀사와 훌륭한 파트너십이 될 것으로 생각하기 때문에 [가능한 협력]에 대해 대화를 나누고 싶습니다. 귀사의 의견을 기다리겠습니다. 감사합니다.

[닉네임] 크리에이터
[이름] 드림

다. 보통 이렇게 큰 호텔은 크리스마스라는 큰 행사를 앞두면 거의 만실이에요. 극성수기라서 웬만큼 큰 인플루언서가 오지 않는 한, 홍보를 위한 외부 사람을 초대하기 어렵습니다. 이때 드는 부대 비용은, 호텔 쪽에서 보면 '더 벌 수도 있는' 매출을 깎아 먹는 요인입니다. 어쨌든 수요가 많은 시기니까요.

또 1주일 전에 하는 광고가 이 극성수기에 얼마나 효과가 있을지도 미지수라서, 메일 보내기가 망설여졌지만 다른 선택권이 없습니다. 대충 알아보니 푸꾸옥 5성급 호텔이면서 한국인이 가장 많이 가는 곳은 B 리조트였습니다. 그 옆에 R 호텔이 있는데도, 한국인에게 전혀 알려지지 않은 상황이라는 게 보였지요. 한국어로 검색해 보니 R 호텔 후기나 광고는 아무것도 없었습니다. 저는 B 리조트를 영어로 검색하다가 우연히 얻어걸려서 알게 된 거고요. 규모나 서비스 차이가 크지 않은데 한국인은 대부분 B 리조트를 예약하고 있었죠.

R 호텔은 전 세계적으로 유명한 곳이지만, 예약 상황을 확인해 보니 만실이 아니었어요. 당시 푸꾸옥은 한국인들이 슬슬 많이 가기 시작하던 여행지라, 향후 3달이면 폭발적인 여행 수요가 예상되었습니다. 그래서 이것을 십분 활용해 'R 호텔이 원하는 가치' 중심으로 메일을 보냈습니다.

"저는 한국인 크리에이터입니다. 이번에 한국의 대표 항공사 중 하나인 제주항공 지원으로 푸꾸옥에 가게 되었어요. 푸꾸옥은 아직 한국에 폭발적으로 알려지기 전이지만, 제주항공은 푸꾸옥의 가치를 알아보고 여러 크리에이터들이 푸꾸옥을 경험할 수 있도록 지원하는 상황입니다. 저 역시 향후 푸꾸옥에 대한 한국인 수요가 더 늘 것이라 예상합니다.

크리스마스를 앞두고 주변의 많은 한국인이 귀사 옆인 B 리조트로 예약하는 것을 확인했습니다. 실제로 해당 리조트는 한국에 많이 홍보되어 있기도 하죠. 만약 귀사에서 크리스마스를 포함한 날짜에 홍보할 객실을 제공한다면, 한국인이 좋아하는 포인트를 담아 콘텐츠를 제작하고 배포하겠습니다."

콘텐츠 기획서와 제작 및 배포 일정도 제작해서 보냈더니 다음 날 바로 답신이 왔습니다. 조식을 포함한 모든 호텔 부대비용 제공, 객실 3일 제공, 광고비까지 제안하더군요.

가치 치기 둘,
30번 넘게 퇴짜 맞은 협업, 단번에 성사시키기

인터뷰이를 섭외하려고 30곳 넘게 메일을 돌렸으나, 전부 퇴짜 맞은 팔로워 0명의 유튜버가 있었습니다. 그분은 '당장 섭외가 필요한' 상황이었어요. 제게 1:1 컨설팅을 문의했는데, 이분은 유튜브를 잘 키울 자신도 있고, 레드오션이라고 파악한 주제도 있으며, 참고할 수 있는 채널까지 전부 조사를 마친 상태였습니다.

문제는 이 유튜브가 '공장 사장님들을 인터뷰'하는 채널이었는데 30명 넘는 사장님들께 메일을 돌렸지만 전부 거절하거나 비웃음을 당했다고 합니다. 마음의 상처를 입어서 "이 채널을 포기해야 할까 봐요"라고 말하던 상황이었어요.

저는 섭외 메일에 문제가 있다고 판단하고, 이분이 보낸 메일을 열어봤어요. 참고로 이분은 월매출 몇천만 원대 사업체를 운영 중이며, 자기 계발 관련 인스타그램 팔로워를 5천 명이나 보유하고 있었습니다. 메일 첫머리에 자기소개 내용을 담았고, 내용은 '한 번만 도와주면 갚겠습니다'라는 뉘앙스를 풍겼습니다. 여러분이 이 메일을 받는다면 어떤 생각이 들까요? 저는 이렇게 피드백했습니다.

"이렇게 저자세로 갈 필요 없습니다. 현재 '갚겠습니다' 포인트가 500자 정도 되는 메일에 5곳이나 있어요. 공장 사장님들이 자선사업가도 아니고, 바빠 죽겠는데 이런 메일을 받고 누가 선뜻 인터뷰할까요? 심지어 자기소개에 쓴 매출액이나 팔로워 수는 이 메일에선 그다지 쓸모가 없어요. 비즈니스는 이윤을 추구하는 것인데, 그냥 자기 자랑처럼 느껴질 정도의 존재감만 있으니까요. 지금 연락하려는 타깃은 공장을 운영하는 사장님들이니, 사실 이 정도 매출은 매력적이지도 않을 거예요. 이분들께도 도움이 되는 점들을 연결하여 매력적으로 보여줘야 해요. 또 '우리가 함께하면 윈윈입니다!'라는 자세로 가야 해요."

이렇게 말한 후 저는 몇 가지 포인트를 제안했습니다.

1. '자기 계발 관련 콘텐츠로 키운 인스타그램 팔로워 5천 명'이라는 수치는 이렇게 활용한다. 5천 명의 팔로워 중에는 다양한 사업을 하는 사람이 많고, 바로 컨택할 수 있는 공장을 직접 찾는 데 어려움을 느낀다. 유튜브 영상을 통해 팔로워들의 이런 문제를 해결해 주고, 공장 사장님께는 새로운 사업가를 유치할 기회가 될 것임을 어필할 것.

2. 이 영상은 '말이 없는, 오로지 시각에 의존하는' 영상이다. 제

218

목을 영어 등으로 번역해 전 세계에 퍼질 수 있도록 할 예정이라, 새로운 시장이 될 해외 고객 유입 가능성도 있음을 강조.

3. 이렇게 제작한 영상은 Full HD 포맷의 고품질로 제작될 예정이다. 공장 홍보에 이 영상을 사용할 수 있도록 제공할 것이며, 2차 저작권 등에 드는 비용도 일체 없음을 강조한다. 더불어 홍보 영상 비디오 제작비용을 조사하여 표로 간단히 삽입한 후 함께 보내기.

그렇게 고친 메일을 단 3곳에만 돌린 결과, 전부 긍정적인 답장이 왔습니다. 너무 어렵게 생각할 필요가 없습니다. 가치 치기의 큰 원칙만 생각하면 되니까요. 공장 사장님이 필요한 부분을 이해하고, 내가 당장은 제공할 수 있는 것이 없지만 앞으로의 가능성과 지금 제공할 수 있는 것을 '만들어서' 보여주면 됩니다.

사실 가치 치기는 어디에서나 사용할 수 있는 방법입니다. 뉴스레터, 상세 페이지, 영업, 마케팅, 콜라보 등 어디에서나 환영받죠. 대상이 어떤 상황인지 보고, 그들에게 먹힐 만한 것들은 무엇인지 살피며, 내가 어떤 것을 사거나 체험할 때 선뜻 해야겠다고 마음먹게 된 사고 과정을 한 걸음 뒤에서 보는 연습을 해보세요. 앞으로 어떤 가치 치기를 사용해야 할 것인지에 대해 큰 인사이트를 얻을 수 있습니다.

지금 당장 메일함을 열어보세요. 광고 메일이 몇 개인가요? 그중 여러분이 진심으로 '와!' 하면서 열어보는 메일이 있나요? 모두에게 먹힐 만한 걸 궁리하지 말고, 하나를 정성스럽게 만들어 원할 만한 대상에게 주세요. 그것이 서로 이기는 방향이자, 협업 및 콜라보 성사율을 99%로 만드는 비결이자, 서로의 가치를 충족할 수 있는 방법입니다.

Part 4

나 홀로
비즈니스라면
필수,
자동화 툴

AI 파도 위에 올라타기 NO, NO?
나 살고자 하는 일이 자동화 툴!

마이크로소프트, 구글, 아마존 등에서 AI가 사람들을 대체하는 걸 보며 두려워만 했던 적이 있습니다.
하지만 직접 사용해 본 결과 내 시간을 70% 이상 아껴줄 수 있는 것이 자동화 툴이라는 걸 알게 되었습니다.

돈 들여서

툴을 써야 하는 이유

01

팀원을 단 한 명이라도 구해본 사람들은 알 거예요. 생각보다 신경 써야 할 게 많다는 것을. 어떻게 협업해야 할지도 문제지만, 수익은 어떻게 나눌지, 근무시간 등 함께 일해야 할 사람이 한 명이라도 생기면 가이드라인부터 세워야 하니까요. 시스템도 시스템이지만 사람이 하는 일이라 감정 노동도 자연스럽게 늘죠. 만약 그 사람이 4대 보험이라도 들어 달라고 하면 일은 더 늘어납니다. 게다가 그 사람이 아프기라도 하면 일은 '올스톱!'

제가 그런 상황일 때 찾아온 단비 같은 소식이 바로 'AI 툴'이었어요. 이전에도 툴은 많았지만, AI가 혁신적으로 발달하기 시작하면서 굳이 사람을 쓰지 않고 할 수 있는 일들이 많아졌다는 걸 실감합니다. 감정 노동, 복지, 4대 보험, 휴가, 점심시간, 회식도 필요 없죠. 사람이 아닌 AI가 하는 일이라 당연히 24시간 돌아갑니다. 제가 실제로 쓰는 툴들을 공유하니 이렇게 말하는 사람들이 있었어요.

"이거, 유료인데요?"

네, 유료 툴도 있습니다. 1년에 20, 30만 원씩 결제는 해야 하지만, 사람을 쓰지 않아도 될 만큼 효율적인데 쓰는 게 현명한 거 아닐까요? 소비가 아니라 투자 관점에서 바라봐야 합니다. 무료 툴로도 충분하다면 굳이 유료 툴을 사용할 필요가 없는 건 당연하고요.

혼자 일하다 보면 에너지가 부족합니다. 어떤 때는 모두 접고 쉬고 싶죠. 영상 하나를 만들어 겨우 업로드했지만, 다른 여러 플랫폼에도 올려야 하잖아요. 너무 힘들어서 하루 이틀 미루다 보면 자연스럽게 업로드가 더뎌집니다. 성장 속도에 가속도를 붙일 수 있는 '이미 만든 콘텐츠를 다른 플랫폼에 업로드하기'를 미루면서 마음만 괴로워지는 순간이죠.

'이거, 나만 이렇게 하기 싫은 거야? 어떡하지? 그냥 친구한테 건당 1,000원씩 주고 맡겨봐?'

실제로 한 유튜버가 친구에게 건당 5,000원씩 주면서 다른 플랫폼에 재업로드하는 걸 부탁하는 것도 봤습니다. 부탁받은 친구는 용돈벌이 삼아 하는 일이니 기쁘겠지요. 당시에는 충분히 이해할 수 있었지만, 이제는 굳이 그렇게 하지 않아도 됩니다. 이런 현장의 필요들이 모여 수많은 문제해결을 위한 툴들이 폭발적으로 개발되고 있는 게 바로 요즘입니다.

돈과 시간을 아낀다! 친구한테 일일이 "이번 콘텐츠도 업로드해 줘"라고 이야기하고, 체크하고, 전송하지 않아도 됩니다. 내 에너지를 아끼고, 다른 채널의 성장 가속도를 올릴 수 있으며, 훨씬 저렴한 가격에 내 모든 콘텐츠를 자동으로 업로드할 수 있는 툴이 있으니까요.

또한 툴을 쓴다는 것은 자동화를 시도하겠다는 말과 같습니다. 저는 심하게 게을러서 능률이 떨어지는 일은 잘 하지 않는 편입니다. 꼭 해야만 하는 일도 안 할 때가 많아요. 한 콘텐츠를 다른 플랫폼에 업로드하는 일이 대표적인 예죠. 툴 하나면 지금까지 해야 했던 모든 귀찮은 일을 다 하지 않아도 됩니다. 손을 대지 않아도 자동으로 업로 드되는 등 이런 작은 것들부터 손이 더 가지 않도록 판을 만들면 전체 프로세스가 더 단순해집니다. 말로만 자동화가 아닌 거죠.

심지어 돈도 벌어준다! 돈과 시간을 아껴주는 것에서 그치는 게 아니라 더 나아가 돈도 벌어줍니다. 내 돈 내고 써야 하는 유료 툴이 돈을 벌어준다는 게 무슨 말일까요? 요즘 영상 촬영에는 고품질 음성 과 자막이 필수입니다. 음성 없이 노래만 나오는 영상이 아닌 이상, 소 리와 자막이 있어야 시청자들이 편하게 해당 콘텐츠를 소비할 수 있습 니다. 좋은 콘텐츠가 널렸는데 굳이 잘 들리지도 않고 집중해서 봐야 하는 영상을 볼 이유는 없으니까요.

음질을 위해 아이폰 마이크에 바로 꽂을 수 있는 마이크를 찾아 헤매고, 자막을 달기 위해 하루에 1시간씩 주야장천 써댑니다. 마이크 는 약 15만 원대이고, 자막 쓰는 데 들어가는 시간이 아까워 건당 5만 원에 외주를 맡긴다고 가정하면, 영상 하나만 해도 벌써 20만 원이 소 비됩니다.

이때, 주변 잡음을 지우고 화자의 목소리만을 인식해 마이크에서 녹음한 것처럼 만들어주는 무료 툴을 사용하면 마이크 비용 15만 원을 아낄 수 있습니다. 자동으로 자막을 받아써 주는 툴을 사용하면 건당 5만 원이라는 비용과 1시간이라는 시간을 아낄 수 있죠. 이렇게 시간과 돈을 모두 아낄 수 있습니다.

더 있습니다. 이런 자동화 툴이 아껴준 시간에 더 많은 콘텐츠를 만들어, 더 많은 조회수 이익과 광고료가 들어온다면 어떨까요? 더 나아가 이런 툴을 리뷰하는 콘텐츠를 만들어 온라인 강의나 전자책, 컨설팅까지 진행할 수 있다면요? 네, 맞아요. 툴을 쓰지 않을 이유가 없습니다.

지금부터 더 많은 일들을 획기적으로 할 수 있도록 도와주는 툴들만 뽑아 소개하겠습니다. 실제로 제가 모두 사용하고 있는 툴이며, 이것들로 상당 부분 자동화를 해결하고 있습니다. 이제 24시간 동안, 아프지 않고, 복지도 필요 없는 나만의 비서 사용 방법을 알려드릴게요.

한 곳에만 올리고

다른 플랫폼엔 자동 업로드하기

Repurpose.io

가장 귀찮지만 가장 필요한 일은 '다른 플랫폼에 같은 영상 업로드하기'입니다. 틱톡 앱으로 영상을 제작한 후 인스타그램 릴스와 유튜브 숏츠에 올리는 것 같은 일이죠. 아마도 짧은 영상을 제작하는 모든 크리에이터들이 가장 원하는 '귀찮은 일 1타3피'가 아닐까 합니다.

우연히 미국에서 바이럴되고 있는 Repurpose.io 툴을 알게 된 후 손뼉을 쳤습니다. 이 툴은 틱톡, 인스타그램, 유튜브 등 어떤 SNS 플랫폼에서 업로드하든 연동만 해두면 다른 플랫폼에 자동으로 올려줍니다. SNS 플랫폼뿐만 아니라 구글 드라이브, 링크드인, 팟캐스트, 페이스북, 줌, 드롭박스, 스냅챗, 핀터레스트, 트위터, 팟캐스트까지 가능하죠.

영상을 음성으로 변환해 팟캐스트에도 업로드할 수 있습니다. 세로 영상 변환 시 사용할 디자인 템플릿 한 개만 만들어두면, 그 템플릿을 이용해 내가 원하는 부분만 잘라서 자동으로 업로드할 수도 있죠. 이래저래 콘텐츠는 한 번만 만들면 된다는 뜻이니 기쁠 수밖에요.

이 AI 툴이 가능한 이유는, 해당 플랫폼들이 오픈 API로 돌아가는 구조이기 때문입니다. '오픈 API Open Application Programming Interface'란 데이터를 공유할 수 있는 규격, 즉 한 플랫폼에서 다른 플랫폼으로 데이터와 정보를 공유할 수 있도록 규격을 오픈해 두었다는 말입니다. 사용자가 카카오톡, 네이버 아이디를 통해 1초 만에 다른 사이트에 회원가입할 수 있는 것도 이것을 이용한 것입니다. 데이터 공유가 핵심이라 활용도는 무궁무진하죠.

이 툴을 사용해 여러 실험을 해봤습니다. 한 번은 제 틱톡 계정에 있는 영상을 새로운 인스타그램 계정으로 자동 업로드되도록 해봤죠. 내가 따로 편집하지 않아도 툴이 알아서 틱톡 마크를 지운 후 다른 플랫폼에 올리니 걱정하지 않아도 됩니다. 그랬더니 약 두 달 만에 1,000명의 팔로워가 생기더군요. 해당 영상이 바이럴되면서 생긴 결과입니다.

재미있는 건 같은 영상이라도 플랫폼 유저나 알고리즘에 따라 반응도가 다르다는 걸 확인했다는 겁니다. 틱톡에서는 조회수가 1만밖에 나오지 않는데, 인스타그램에서는 2만이 나올 수도 있다는 것을 알게 되었어요. 팔로워가 1,000명밖에 안 되는 인스타그램 계정에서 릴스 영상만으로 노출이 한 달에 43만 회까지 나오더군요.

"SNS 플랫폼에서 싫어하니까 계정이 잘 노출되지 않는 이슈가 생기진 않을까요?"

이 툴을 소개했더니 이런 질문을 하는 사람이 있었습니다. 모르는 일이죠. 이 툴을 사용하면 한 플랫폼만 주로 사용하고, 나머지 플랫폼에 머무르는 시간이 적어질 수는 있을 겁니다. 장기적으로 이런 일이 계속되면 플랫폼에서 그걸 손해라고 받아들이고, 해당 툴을 사용하는 계정의 노출이 적어지게 만들 확률은 있습니다.

하지만 순전히 가정일 뿐 실제로 사용하면서 노출도가 이상하다고 느낀 적은 없습니다. 새로운 툴이 등장했을 때 어떤 문제가 생길지는 현재로선 모르는 일입니다. 플랫폼에 따라 이 툴을 바라보는 시각이 달라지면 생길 수도 있고, 이 툴의 CEO가 갑자기 툴을 삭제할 수도 있으며, 업그레이드 과정에서 오류가 나타날 수도 있겠죠.

툴을 만드는 사람의 예측은 어디까지나 가정을 통해 이루어지다 보니 이러한 일이 생길 확률이 아예 없다고 할 수는 없습니다. 하지만 SNS 콘텐츠 업로드 및 스케줄 툴이 다양한데도 불구하고, 큰 이슈가 없는 걸 보면 앞으로도 그리 큰 문제는 없을 것 같습니다. 이러한 가능성까지 염두에 두고 툴을 사용할 만큼 신중하다면 충분히 대처할 수도 있을 거예요.

동영상 제작자, 짧은 형식의 동영상 제작자, 라이브 스트리머에게 적합한 '콘텐츠 마케터' 형식이며, 비용은 1년 결제 기준 월 $20.75입니다. 연간으로 보면 $249가 결제되는 것입니다(2023년 5월 기준). 이 돈이 크게 느껴지는 사람도 있겠지만, 귀찮아서 하지 못했던 플랫폼 관리를 자동으로 할 수 있고, 가만히 있어도 성장하는 걸 볼 수 있으니 판단은 각자에게 맡기겠습니다.

이 툴은 순서만 잘 지키면 크게 어렵지 않습니다. 내 SNS 채널을 모두 연동한 후 어느 채널에서 어느 채널로 배포할 것인지만 설정

230

하면 끝납니다. 단, 인스타그램은 '비즈니스 채널' 상태여야 하며, 페이스북 페이지와 연동되어 있어야 합니다. 모든 채널을 미리 로그인한 상태로 시작하면 더 쉽게 채널을 연결할 수 있습니다.

이 QR 링크로 들어가면 14일 무료 체험이 가능합니다. 해당 링크는 제휴 마케팅 링크로, 이 링크를 통해 가입한 사람이 결제하면 저도 소정의 수수료를 받을 수 있으니 참고해 주세요.

Repurpose.io 툴
https://repurpose.io/?aff=72796

자동 업로드를 위한 SNS 계정 연동하기

#유튜브영상하나로20개숏폼업로드   #재업로드

1 Repurpose.io 웹사이트(https://repurpose.io/)에 들어간 후 'Login'을 클릭합니다.

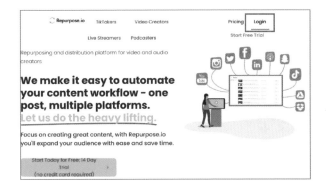

2 'Continue with Google'을 클릭합니다.

3

연동할 구글 계정을 클릭합니다.

4

다음과 같은 화면이 나타나면 'Connections' 메뉴를 클릭한 후
'+ ADD A NEW CONNECTION'을 클릭합니다.

5

'Select Connection' 대화상자가 나타나면 연결할 플랫폼을 선택합니다.
먼저 틱톡을 해볼까요?

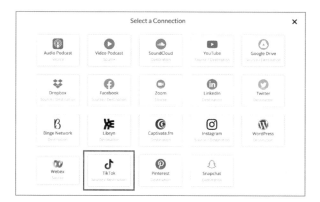

6 틱톡 대화상자가 나타나면 'Direct Publish'를 선택한 후 'Connect'를 클릭합니다. 틱톡에서 다이렉트로 퍼블리싱된다는 뜻입니다.

7 계정 액세스 승인을 묻는 대화상자에서 '승인'을 클릭하면 끝입니다.

8 처음 화면이 나타나면서 틱톡이 하나 더 추가된 것을 알 수 있습니다. 다시 '+ ADD A NEW CONNECTION'을 클릭합니다.

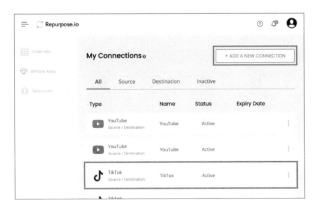

<u>9</u>

'Select Connection' 대화상자가 나타나면 이번에는 인스타그램을 클릭합니다.

<u>10</u>

인스타그램 대화상자가 나타나면 'Connect'를 클릭합니다.

<u>11</u>

페이스북 로그인 창이 나타납니다. '○○○님으로 계속'을 클릭합니다.

12

인스타그램으로 연결한다는 안내가 나타납니다. '시작하기'를 클릭합니다.

13

인스타그램 로그인 창이 나타나면 아이디와 비밀번호를 입력한 후 로그인합니다.

14

페이스북 페이지와 연동된 인스타그램 비즈니스 계정을 모두 선택한 후 '다음'을 클릭합니다.

15

앱이 연결되었다는 안내가 나타나면 '확인'을 클릭합니다.

16

연결이 끝나면 'My connctions' 화면에서 현재 연동된 플랫폼을 모두 확인할 수 있습니다.

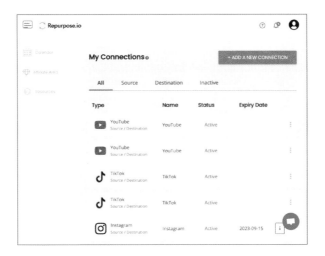

SNS 콘텐츠 자동 변환 설정하기

#Repurpose.ai #SNS플랫폼연동 #플랫폼을고려한콘텐츠재활용

1
왼쪽 메뉴 중 'Workflow'를 클릭한 후 '+ CREATE A NEW WORKFLOW'를 클릭합니다.

2
워크플로우 이름을 입력한 후 'NEXT'를 클릭합니다. 나한테만 보이는 부분이므로 알아보기 편하게 입력하면 됩니다. 여기서는 '틱톡에서 인스타그램' 이라고 입력했습니다.

3 'Choose a source type'에서 소스 영상을, 'Choose a source connection'에서 이 소스 영상을 연결할 플랫폼을 선택한 후 'NEXT'를 클릭합니다. 여기서는 둘 다 틱톡을 선택했습니다.

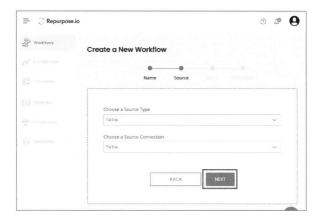

4 다음 화면이 나타나면 기본 설정 그대로 두고 'NEXT'를 클릭합니다.

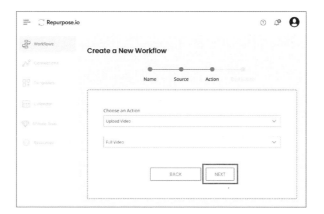

5 'Choose a Destination Connction'에서 영상을 올릴 플랫폼인 인스타그램을
선택합니다. 'Choose an Instagram Professional Account'에는 인스타그램
계정을 연동합니다. 'Select type'에서 'Reels'를 선택한 후 'DONE'을
클릭합니다.

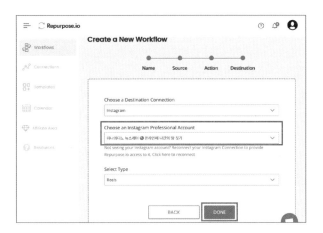

6 워크플로우가 추가되어 나타납니다. 'Manual'을 클릭해 윗줄처럼
'Auto' 상태로 만듭니다.

7 자동 업로드 기준을 설정하는 대화상자가 나타납니다. 'Choose which content to auto publish'에서 어떤 콘텐츠를 자동으로 퍼블리싱할 것인지를 선택합니다. 이전의 모든 콘텐츠를 한꺼번에 업로드하는 게 아니라 'Date'에 설정한 날짜부터 업로드되도록 'Only content published on this date or newer'을 클릭합니다.

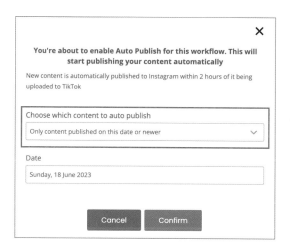

8 'Date'를 클릭해 언제부터 올린 콘텐츠를 해당 플랫폼에 올릴 것인지 날짜를 선택합니다. 다 되었으면 'Confirm'을 클릭합니다.

9

'VIEW CONTENT'를 클릭합니다.

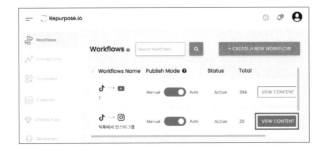

10

콘텐츠가 나타납니다. 왼쪽에서 'Calendar' 메뉴를 클릭합니다.

11

다음과 같이 퍼블리싱된 콘텐츠들을 볼 수 있습니다.

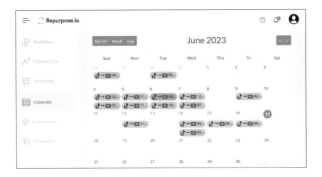

인스타그램 카드뉴스, 디자인부터

업로드 예약까지 한방에 완성

구글시트, 칸바, 퍼블러

03

인스타그램에 콘텐츠를 올릴 때마다 피드 분위기에 맞추느라 디자인과 편집 과정을 수십 번 거치죠. 그렇게 모든 콘텐츠를 하나하나 빚어서 만들어 올리면 지치기 십상입니다. 이런 과정을 없애고, 최소한의 노력만으로 디자인부터 업로드까지 할 수 있는 방법이 있습니다.

저는 뉴스레터를 인스타그램 카드뉴스로 만들 때 주로 사용합니다. 엑셀을 사용해 뉴스레터에 올린 글들을 한 피드에 올라갈 여러 장의 카드뉴스로 쪼개 배치한 후 저장합니다. 이 엑셀 파일을 칸바 템플릿에 자동으로 얹어 디자인을 마치고, 퍼블러 툴로 업로드하죠. 꼭 뉴스레터 콘텐츠가 아니라도 블로그 글이나 기존 영상 콘텐츠 스크립트를 재활용해 인스타그램 카드뉴스로 만들 수도 있습니다. 활용도는 무궁무진하고요.

이 방식으로 진행하면 콘텐츠에 들이던 디자인 및 발행 시간의

243

50%는 줄일 수 있습니다. 여기서 중요한 건 '원본 콘텐츠를 어떻게 각색하고, 한 번에 카드뉴스 템플릿에 맞게 디자인하고, 자동으로 발행하게 하는가'입니다.

이번에 알아볼 칸바 툴은 이 과정 중 '디자인'을 담당합니다. 칸바 툴을 이용해 기존의 줄글 콘텐츠를 템플릿 위에 정해둔 규격으로 바로 얹는 것인데요. 이렇게 완성된 카드뉴스를 전부 내려받아 발행 예약을 걸어두면 되는 거죠. 실제로 한 번만 해보면 금방 이해할 수 있습니다. 사용법이 어렵다기보다는 복잡해 보일 수 있습니다. 아무래도 칸바(Canva), 엑셀(Exel), 퍼블러(Publer)까지 총 3가지 툴을 사용하니까요. 하지만 한 번만 배워두면 두고두고 편해지니 천천히 따라 해보세요.

지금부터 설명할 기능을 전부 쓰려면 칸바 유료 버전을 사용해야 합니다. 첫 한 달은 무료로 사용할 수 있고, 다른 툴은 모두 무료입니다. 한 달이든 두 달이든 그간 사용했던 모든 콘텐츠를 재활용할 수 있는 방법이니 사용해 본 후 선택하면 됩니다. 칸바 유료 결제 요금은 1년/1명 기준으로 129,000원입니다. 이제 시작합시다.

따라하기

자동화 툴로 인스타그램
카드뉴스 만들기

#구글시트칸바 #디자인템플릿 #인스타그램자동업로드

구글시트 카드뉴스에 들어갈 내용 입력한 후 CSV 파일로 저장하기

1 글로 된 콘텐츠 중 인스타그램 카드뉴스로 만들고 싶은 부분을 복사합니다.

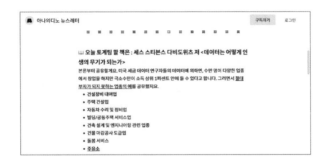

2 구글시트를 실행한 후 1행에 카드뉴스로 만들 장수만큼 페이지를 입력합니다.
예를 들어 3장만 만들고 싶다면 제목(1P), 2P, 3P만 입력합니다.
5장을 만들고 싶다면 제목(1P), 2P, 3P, 4P, 5P를 입력하면 되겠죠?

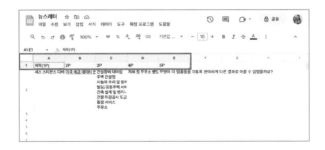

3 2행에는 각 장에 들어갈 콘텐츠를 입력합니다. 즉 1P에 들어갈 내용은 2행 A열에 넣고, 2P에 들어갈 내용은 2행 B열에 넣습니다.

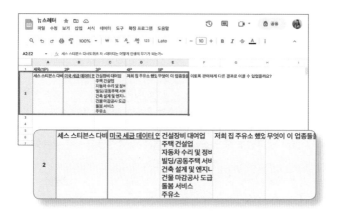

4 다 되었으면 '파일 메뉴 - 다운로드 - 쉼표로 구분된 값(.csv)'를 클릭해 다운로드합니다.

1 칸바 웹사이트(https://www.canva.com/)에 들어갑니다. 'Create a design' 버튼을 클릭한 후 'Instagram Post(Square)'를 클릭합니다.

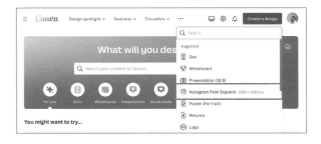

2 템플릿 화면에서 마음에 드는 카드뉴스 디자인을 선택합니다. 오른쪽에 선택한 디자인이 나타납니다.

3

'Apply all 6 pages'를 클릭합니다.

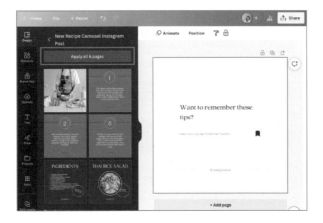

4

디자인이 적용되면 텍스트가 들어갈 곳에 엑셀에서 써둔 내용을 입력합니다.
디자인 글자 부분을 더블 클릭해 텍스트를 지우고 입력하면 됩니다.

5

첫 페이지에는 구글 시트의 첫 행인 '제목(1P)'를 그대로 입력합니다.

6 2페이지에는 '2P', 3페이지에는 '3P'를 입력합니다. 같은 방법으로 원하는
페이지까지 모든 페이지를 구글 시트와 똑같이 입력합니다.

7 필요 없는 페이지가 있으면 페이지 위쪽의 'Delete page'를 클릭해 삭제하세요.

8 똑같이 복제하고 싶은 페이지가 있으면 위쪽의 'Duplicate page'를
클릭하면 됩니다.

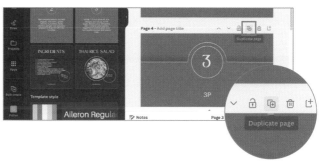

9
이제 페이지 정리가 다 되었으니 원고를 불러와야죠? 왼쪽 화면에서
'Bulk create' 아이콘을 클릭한 후 'Upload CSV'를 클릭합니다.

10
탐색기가 나타나면 앞에서 저장한 CSV 파일을 선택한 후 '열기'를 클릭합니다.
화면 왼쪽에 작성했던 글들이 쭉 나타납니다. 이제 각 페이지와 원고를
연결할 차례입니다. 1페이지에 있는 '제목(1P)' 칸을 클릭하면 나타나는
단축메뉴에서 'More' 아이콘을 클릭합니다.

11

'Connect date - 제목(1P)'를 클릭합니다.

12

적용된 페이지는 다음과 같습니다. 같은 방법으로 모든 페이지를 해당 페이지에 맞게 순서대로 연결합니다.

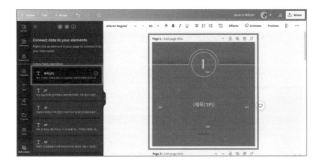

13

모든 페이지 연결이 끝나면 'Continue'를 클릭합니다.

14

이제 내용을 연결할 차례입니다. 'Generate (1) pages'라고 나타난 버튼을
클릭하세요.

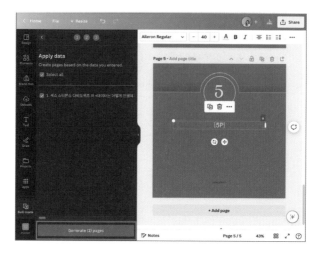

15

모든 페이지에 CSV 파일에 있는 콘텐츠가 자동으로 나타납니다. 정말 편하죠?

Publer 툴에서 업로드 예약하기

#퍼블러 #콘텐츠스케쥴러 #한달치콘텐츠예약

1

일단 보기 좋게 편집하세요. 편집할 텍스트를 클릭하면 상단에 글자 도구모음이
나타나는데, 여기서 서체와 컬러를 선택하면 됩니다. 모든 편집이 끝나면
'share' 버튼을 클릭합니다.

2

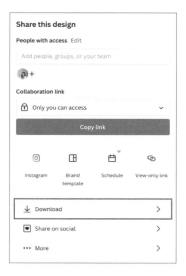

나머지는 그대로 두고
'Download'를 클릭합니다.

3

다시 'Download'를 클릭합니다.

4

다음과 같은 대화상자가 나타나면서 다운로드가 시작됩니다.

5

다운로드가 끝나면 되면 왼쪽에서 'Apps'를 클릭한 후 'Publer'를 선택합니다.

6 내 Canva 아이디가 나타나는 걸 확인한 후 클릭합니다.

7 자동으로 퍼블러(https://publer.io/) 화면이 나타납니다. 'Create' 메뉴를 클릭한 후 인스타그램 피드에 올라갈 내용과 해시태그를 입력합니다. 다 되었으면 'Click or Drag & Drop media'를 클릭합니다.

8 칸바에서 다운로드한 카드뉴스를 모두 드래그해 넣어줍니다. 다음과 같은 화면이 나타나면 'Preview'를 클릭합니다.

9

Preview 대화상자가 나타나 인스타그램 화면에서 어떻게 보일지 확인할 수 있습니다. 종료 버튼을 클릭해 대화상자를 닫습니다.

10

이대로 업로드하고 싶다면 'Publish'를, 예약하려면 'Schedule'을 클릭합니다.

11

날짜 선택 화면이 나타납니다.
예약하고 싶은 날짜를 고른 후
'Time'에서 시간을 입력하고
다시 'Schedule' 버튼을 클릭합니다.

12

예약이 잘 되었는지 확인해 볼까요? 'Calendar' 메뉴를 클릭한 후 'Monthly'를
클릭합니다.

13

월간 예약 상황이 나타납니다. 해당 날짜에 자동으로 인스타그램에
업로드됩니다.

소음까지 완벽 제거하는

음성 해결사

어도비 팟캐스트

촬영을 좀 더 잘 해보려고 5시간 정도를 검색해 괜찮은 촬영용 마이크를 찾은 적이 있습니다. 30만 원대 가성비 마이크였죠. 당시 살던 곳은 복층집이었는데, 그 마이크로 녹음해 보니 말할 때마다 공간이 울리는 소리가 간간이 들어가더라고요. 어떻게 하나 싶었지만. 5시간과 30만 원을 투자해서 산 마이크라서 그냥 써야겠다고 생각했습니다.

그런데 문제가 또 생겼습니다. 인터뷰를 해야 할 때였어요. 마이크는 하나만 샀는데, 화자는 두 명이었지요. 하는 수 없이 마이크는 인터뷰이 앞에 놓고, 제 앞에는 핸드폰을 둔 채로 촬영했습니다. 그렇게 하니 음성 파일이 2개인 데다가 겹치는 구간들 하나하나를 편집하고 있자니 시간이 너무 많이 걸렸습니다. 어쩔 수 없이 음성 파일 하나는 편집 없이 올렸어요. 그때 든 생각이 있습니다.

258

'이거 너무 비효율적이잖아. 언제까지 이렇게 사람 수대로 마이크를 준비하고, 울리는 소리라도 있으면 하나하나 다 만져줘야 하지?'

불과 몇 개월 전 일입니다. 지금은 상황이 완전히 달라졌어요. 최근에 일러스트, 포토샵 등 전문 디자인 프로그램으로 유명한 어도비 사에서 '주변 소음을 없애고, 마이크로 녹음한 듯한 목소리로 다듬어주는' AI 툴을 선보였습니다. 지금은 베타 버전 상태라 무료입니다. 사용하지 않을 이유가 없지요.

화자가 여러 명일 때나, 마이크를 쓰고 싶은데 예산이 빠듯할 때 사용해 보세요. 어도비사의 전문 영상 편집 프로그램인 '프리미어 프로'와 완벽한 궁합을 자랑합니다. 이 프로그램을 사용한다는 가정하에 마이크 부분만 어떻게 사용하는지 설명하겠습니다.

자동으로 음성 노이즈 제거하기

#어도비팟캐스트 #외부소음제거 #공짜최고성능마이크

1

어도비 팟캐스트 웹사이트(https://podcast.adobe.com/enhance)에 들어간 후 'sign in'을 클릭합니다.

베타버전인 현재는 wav, mp3 음성 파일만 업로드할 수 있습니다.

2

구글 아이디로 연동해 가입하면 됩니다. 구글 아이콘을 클릭합니다.

3

해당하는 구글 아이디를 클릭합니다.

4

로그인이 끝나면 다음과 같은 화면이 나타납니다. 'upload'를 클릭합니다.

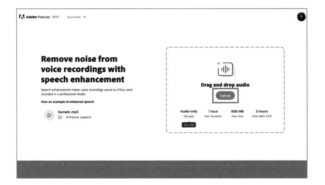

5

탐색기가 나타나면 업로드할 음성 파일을 선택한 후 '열기'를 클릭합니다.

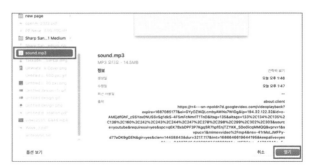

6 다음과 같은 화면이 나타나면서 자동으로 불러온 음성 파일의 잡음 제거 과정이
진행됩니다. 작업이 끝나면 'download' 버튼을 클릭해 내려받으세요. 프리미어
프로에서 음성 부분만 이 파일로 대체하면 됩니다.

PPT 디자인 전문가

Pitch pro

05

'웨비나'라는 말이 낯선 사람도 있을 겁니다. '웨비나Webinar'는 웹에서 하는 세미나를 말하는데요. 시각적인 것도 충분히 전문성을 보여줄 수 있는 영역이라 웨비나를 할 때면 PPT 디자인에 더 신경이 쓰입니다. PPT는 웨비나뿐만 아니라 다양한 영역에서 쓰이죠.

저는 특히 채널 성장 추이 및 성과를 보여주는 포트폴리오를 만들 때면 디자인을 더 고민하게 되더라고요. 마땅한 디자인 템플릿이 없으면 어도비 일러스트라는 툴로 직접 만들기도 했습니다. 그러다가 발견한 툴이 바로 'Pitch'입니다. Pitch는 스타트업 투자 제안 등 다양한 상황을 가정하여 PPT 템플릿을 구축해 두었습니다. 여러 콘셉트에 충실하면서도 아름다운 디자인이 많고, 완성도도 높습니다.

개인적인 채널 포트폴리오도, 미리 녹화해 두었다가 전달하는 웨비나용 PPT도 이 툴로 만들었습니다. 사용 방법도 기존 PPT 프로

263

그램과 크게 다르지 않아 금방 익숙해집니다. 기능 대부분이 무료인데, PDF가 아니라 PPTX 파일로 저장하려면 유료 요금제인 프로로 전환해야 합니다.

프로 사용료는 연간 요금 결제 기준 월 $8입니다. 사실 무료 버전에서도 Pitch의 모든 템플릿을 다 쓸 수 있어서 유료로 전환할 일이 많지는 않습니다. 필요할 때가 오면 그때 유료 전환을 고려하세요. 이제 Pitch 사용 방법을 알아보겠습니다.

Pitch 툴로 PPT 디자인하기

PPT 템플릿 선택하기

1 Pitch 웹사이트(https://pitch.com)에 들어갑니다. 'Sign up'을 클릭해 구글 아이디로 가입합니다.

2 'Templates' 메뉴를 클릭합니다.

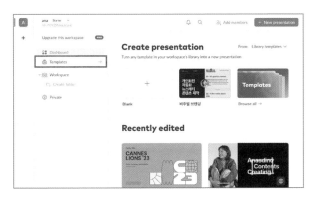

3

'Pitch template gallery'를 클릭합니다.

4

마음에 드는 템플릿을 선택한 후 'Use template' 버튼을 클릭합니다.

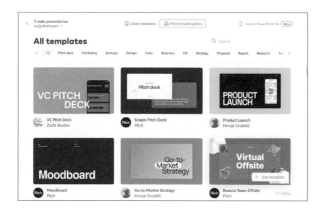

5

화면에 선택한 템플릿이 나타납니다. 쓰고 싶은 슬라이드 디자인을 선택하세요.

6

이 슬라이드를 추가하려면 'Add slide'를 클릭합니다.

7

같은 방법으로 슬라이드를 추가하면 됩니다.

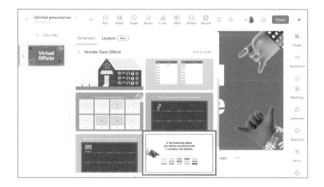

8

두 번째 슬라이드가 추가되었습니다. 이제 나한테 맞게 편집해 볼까요?

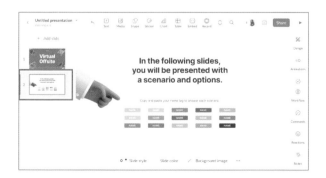

1 작업할 슬라이드를 선택한 후 텍스트 상자를 더블클릭합니다. 다음과 같이 커서가 나타납니다.

2 Delete 키를 눌러 삭제한 후 쓰고 싶은 말을 입력합니다.

3 아예 텍스트 박스 자체를 삭제하려면 선택한 후 Delete 키를 누르면 됩니다.

4 템플릿에 있는 'your logo'는 각자 필요한 로고를 넣으라는 뜻입니다. 'your logo'
를 클릭하면 나타나는 단축메뉴 중 'replace'를 클릭합니다.

5 파일을 불러오는 대화상자가 나타나면 'Upload media'을 클릭합니다.
내 로고 파일을 찾아 더블클릭합니다.

6 화면에 내 로고가 나타납니다. 단, 현재 텍스트 박스와 크기가 다르면
다음 그림처럼 잘려 보일 수 있습니다. 이럴 때는 단축메뉴 중 'Crop'을 클릭합니다.

7 오른쪽에 나타난 'Image' 대화상자에서 'Crop image'를 클릭합니다.

8 이미지를 드래그하여 원하는 크기로 조절한 후 다 되었으면 'Done'을 클릭합니다. 다음과 같이 로고 전체가 보이도록 만드세요.

9 두 번째 슬라이드도 함께 작업해 보겠습니다. 작업할 슬라이드를 선택합니다. 편집할 텍스트 박스를 클릭하면 상단에 단축메뉴가 나타납니다.

10

앞에서는 서체나 글자 크기를 일일이 편집했지만, 정해진 스타일로 한 번에 편하게 바꿀 수도 있습니다. 단축메뉴에 있는 'Headline'의 드롭다운 단추를 클릭하세요.

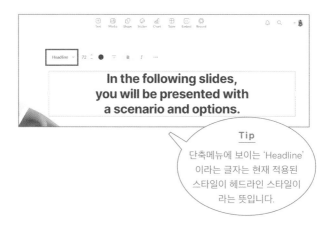

Tip

단축메뉴에 보이는 'Headline' 이라는 글자는 현재 적용된 스타일이 헤드라인 스타일이 라는 뜻입니다.

11

다른 스타일로 바꾸기 위해 'Subheadline'을 클릭해 보세요.

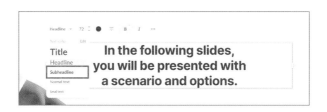

12

'Subheadline' 스타일이 적용됩니다.

13

이 텍스트에 애니메이션 효과를 넣을 수도 있습니다. 텍스트 박스를 선택한 후
오른쪽에서 'Animations' 아이콘을 클릭합니다.

14

오른쪽에 'Animations' 대화상자가 나타납니다. 여기서 원하는 애니메이션 효과
를 선택하면 바로 적용됩니다.

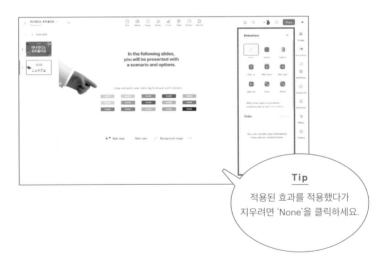

Tip
적용된 효과를 적용했다가
지우려면 'None'을 클릭하세요.

PDF 파일로 내보내거나 링크로 공유하기

#Pitch #ppt를pdf로 #새로운웹링크만들기

1 작업한 파일을 내 컴퓨터로 내려받거나 공유할 수 있습니다. 'Share'를 클릭한 후 'Export file'을 클릭합니다.

2 'Export presentation'를 클릭합니다.

3

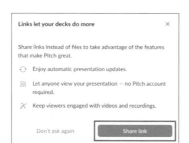

파일을 내보내는 동안 링크를 공유하고 싶다면 'Share link'를 클릭합니다.

4 'Public access' 옵션을 선택한 후 복사 버튼을 클릭합니다. 공유하고 싶은 사람에게 이 링크를 보내면, 받은 사람은 누구나 이 프레젠테이션을 볼 수 있습니다.

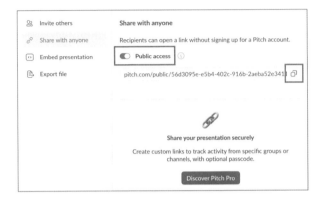

5 화면 아래쪽을 보면 PDF 파일을 내려받는 중이라는 걸 알 수 있습니다.

1:1 컨설팅에서 가장 중요한 것은 의뢰자가 원하는 것을 제대로 해결해 주는 것인데요. 사람마다 방법과 방향성이 다를 수 있습니다. 어떤 사람에게는 글을 제대로 쓰는 법을 알려줘야 하고, 어떤 사람에게는 글보다는 전체적인 콘텐츠 방향성을 정리해 줘야 할 때가 있는 것처럼요.

의뢰가 들어오면 먼저 해결하고 싶은 게 뭔지를 물어보는데, 이 과정에서 해결할 수 있는 것들을 발견합니다. 해결 과정이 간단하지 않고 긴 시간이 필요하면, 컨설팅을 여러 회 진행할 수도 있습니다. 이런 작업이라면 맞춤 컨설팅 회차마다 뭘 배우는지, 뭘 해결해야 하는지 한눈에 볼 수 있도록 해야 합니다.

기존에는 컨설팅할 때마다 모든 커리큘럼을 하나하나 만들다가, 챗GPT가 출시되면서부터는 좀 더 쉽게 정리할 수 있게 되었습니다. 챗GPT는 대화형 인공지능 서비스로, 어떤 질문을 입력하면 AI가 그

275

질문에 맞게 대답하는 형식입니다. 이 서비스는 빅데이터를 바탕으로 질문에 대한 답을 제공하죠.

그림을 그릴 때 밑그림이 있으면 어디를 어떻게 칠해야 할지 알아보기 쉽잖아요. 그런 것처럼 특히 프로세스가 중요한 커리큘럼은 밑그림을 여러 장 그려볼수록 빠뜨린 것이 없는지 확인하기가 수월합니다. 여러 가지 경우의 수를 생각해 볼 때도 매우 큰 도움이 되죠. 빅데이터 기반이라 인간인 우리가 검색을 통해 생각하는 경우의 수와는 비교되지 않습니다. 여러 경우의 수를 생각하는 시간과 에너지를 벌 수 있죠. 그중 내 의뢰자에게 가장 잘 맞겠다 싶은 것을 골라 커리큘럼을 짜면 됩니다.

사용법은 간단합니다. 챗GPTchatgpt 웹사이트에 들어간 후 대화창에 내가 원하는 프롬프트, 즉 질문을 입력하면 됩니다. 원하는 답을 얻으려면 입력하는 질문이나 명령, 즉 프롬프트Prompt가 구체적이어야 합니다. 예를 들어 뉴욕에서 아이와 어른 두 명이 함께 갈 만한 레스토랑을 찾고 있다고 가정합시다. 챗GPT에게 "뉴욕에서 가볼 만한 레스토랑 10개를 꼽아줘"라고 하는 것보다 "60대 이상의 어른 2명과 10살 아이 1명이 함께 갈 만한 채소스튜 레스토랑 중, 테이블이 가장 많은 레스토랑 10개를 뽑아줘"라고 하는 게 훨씬 더 내 목적에 적합한 질문입니다.

대화형 인공지능 서비스라서, 이 질문을 여러 개로 쪼개 여러 번 물어도 됩니다. 중요한 것은 구체적으로 원하는 것을 전하는 것이니까요. 만약 특별히 원하는 결과가 있는데, 그에 상응하는 질문을 하기 어렵다면 어떻게 질문해야 하는지도 물어볼 수 있습니다. 1년 치 마케팅 계획을 짠다고 해볼게요. 뭐부터 시작해야 할지 모르겠다면 이렇게 질

276

문합니다. 대괄호 [ ] 안에는 각자 필요한 내용을 넣으면 됩니다.

"[어떤] 주제로 [무엇 하는] 회사에서 [유튜브, 인스타그램, 블로그, 틱톡] 채널별로 마케팅 플랜을 1년 치 기획하려고 해. 내가 이걸 하기 위해 필요한 정보나 질문은 무엇이니?"

챗GPT는 '가정'하는 데 익숙하니 이런 문구를 덧붙이세요.

"네가 10년 차 [어떤 직무의] 전문가라고 생각하고"

종합하면 이렇게 질문하는 거죠.

"네가 10년 차 개발자라고 생각하고, 이 홈페이지에서 [어떤 기능]을 구현하고 싶을 때 [어떤 코딩]을 통해 [문제가 있는 부분의 코딩]을 해결할 수 있을 것 같니?"

다음은 실제로 테스트해 본 질문(prompt)과 답변(response)의 일부입니다.

prompt:
워드프레스 강의 홈페이지를 만들고 싶어. '뉴스레터를 구독하고 상품을 소개하는 페이지 1, 내가 발행하는 모든 이메일이 자동으로 블로그와 연동되어 보이는 페이지 2, 비메오 툴로 공유가 불가능한 영상을 연결하고, 사람들이 워드프레스 홈페이지에서 결제하면 바로 강의를 수강할 수 있는 새로운 페이지 3'이 실제로 결제를 진행한 계정에만 보이도록 하고 싶어.

이런 페이지도 워드프레스에서 만들 수 있어? 네가 20년 경력의 웹 디자인 전문가라고 생각하고, 프로페셔널하고 멋있는 워드프레스 디자인과 코딩에 필요한 질문도 함께 해줘.

response:

워드프레스를 사용해 이러한 기능을 포함한 웹사이트를 만들 수 있습니다. 워드프레스 플러그인과 코딩 기술을 사용하여 웹사이트를 원하는 대로 구성할 수 있습니다. 다음은 프로페셔널 웹 디자이너로서 워드프레스 디자인 및 코딩에 필요한 몇 가지 질문입니다:

1. 웹사이트의 목적과 목표는 무엇인가요?

2. 웹사이트의 주요 타깃 오디언스는 누구인가요?

3. 웹사이트에 사용하고자 하는 브랜딩 및 컬러 스킴은 무엇인가요?

4. 웹사이트에 필요한 주요 기능은 무엇인가요? 추가로 필요한 플러그인이 있나요?

5. 웹사이트의 내비게이션 구조와 페이지 레이아웃은 어떻게 구성하고 싶으신가요?

6. 반응형 웹 디자인이 필요한가요? 모바일 기기 사용자를 위한 최적화가 필요한가요?

7. 웹사이트에 포함되어야 할 소셜 미디어 통합 및 공유 기능은 무엇인가요?

8. 검색 엔진 최적화(SEO)와 관련하여 고려할 사항이 있나요?

9. 웹사이트의 유지 보수 및 업데이트를 어떻게 관리할 예정인가요?

10. 웹사이트 구축 및 출시에 대한 일정은 어떻게 되나요?

위의 10가지는 웹디자인을 할 때 기본적으로 나오는 질문인데, 브랜딩 유지 및 보수, 론칭일까지 고려한 것들입니다. 처음에 이 10가지 질문을 5초 만에 받아보고 절망할 정도였어요. 그간 해온 공부와 기술, 현업에서의 커리어가 단숨에 무너질 수 있다는 걸 직감적으로 깨달았거든요. 하지만 어차피 AI는 함께 가야 할 숙제입니다. 몰아치는 파도에 휩쓸리느니 차라리 파도 위에 올라탄 서퍼가 되어 활용하는 게 현명하다는 결론을 내렸어요.

기본적인 프롬프트, 즉 질문하는 법을 알고 있으면, 큰 고민 없이 적재적소에 필요한 질문을 할 수 있게 됩니다. 필요한 질문을 하는 것 자체도 훌륭한 프롬프트니까요. 특히 콘텐츠 영역에서 다양한 아이디어를 얻기 위한 초석으로 활용하면 좋습니다.

뉴스레터, 웹사이트 등 나만의 온라인 땅에서 쓸 무료 자료를 만들거나, 콘텐츠 홍보를 위한 광고 스크립트를 작성할 수도 있으며, 이전에 이미 만든 콘텐츠를 재활용하려면 어떻게 해야 하는지를 물어볼 수도 있죠.

그야말로 활용도는 무궁무진합니다. 개인적으로 저는 컨설팅이나 장기 코칭 시 커리큘럼을 짤 때 활용합니다. 커리큘럼은 개인/기업에 맞게 세심한 조정이 필요한 만큼 제가 아는 모든 프로세스를 녹여 적용해야 할 부분이 많습니다. 이 작업을 챗GPT에게 상세히 말하고, 정확한 프롬프트를 주면 제대로 된 답을 받을 수 있습니다.

prompt:

나는 ○○병원에 [이메일 마케팅을 상담]하러 갈 거야.

이 병원은 블로그, 인스타, 틱톡을 직접 운영 중이며, 숏폼도 제작하고 있어.

그리고 컨설팅을 진행할 대표님은 [60대로, 책을 3권이나 쓴 저자]이기도 해.

사람들에게 이 병원은 믿을 만한 곳임을 알리는 뉴스레터를 제작해야 해.

이 병원의 모토는 환자들이 병을 겪으며 마주하는 트라우마를 이겨낼 수 있도록 돕는 거야.

이 내용을 토대로 사용이 가능한 이메일 마케팅을 컨설팅해야 해.

[약 2시간 동안] 진행해야 하는데, [어떤 순서대로 무엇을 알려줘야 할지 자세하게 커리큘럼과 내용을] 알려줘.

참고로 내가 사용할 툴은 [스티비]라는 한국의 이메일 툴이야.

프롬프트를 잘 보면, 어디에[병원] 어느 정도의 시간을 들여[2시간 동안] 무엇을 할 것인지[이메일 마케팅 컨설팅]를 자세히 이야기합니다. 상대방의 특성[어떤 콘텐츠를 제작하는지, 어떤 프로그램이 있는지]과, 어떤 식으로 교육이 진행될 것인지에 관한 큰 그림도 언급했습니다. 그리고 필요한 도구도 말해 주면서[한국의 이메일 마케팅 툴, 스티비] 어떤 결과물이 필요한지 물어봤죠. 이 질문에 대한 답변은 다음과 같습니다.

2시간 동안의 이메일 마케팅 컨설팅 커리큘럼을 다음과 같이 구성할 수 있습니다.

1. 이메일 마케팅의 목적 및 전략 (20분)

- 이메일 마케팅의 중요성
- 이메일 마케팅을 통한 고객 관리 및 브랜드 인지도 향상
- 병원의 목표와 이메일 마케팅의 연계

2. 이메일 리스트 구축 (20분)

- 이메일 구독자 리스트 구축 방법
- 구독자 관리 및 세분화
- SNS 활용하여 이메일 구독자 모으기

3. [스티비] 이메일 툴 사용법 (20분)

- [스티비] 기본 사용법 소개
- 이메일 템플릿 디자인 및 편집 방법
- 결과 분석 및 통계 리포트 활용

4. 이메일 콘텐츠 기획 (20분)

- 이메일 콘텐츠 종류 및 기획 방법
- 전문성과 따스함을 함께 강조하는 콘텐츠 예시 30가지 소개
- 콘텐츠 일정 및 주기 설정

5. 이메일 마케팅 베스트 프랙티스 (20분)

- 이메일 제목 작성 팁
- 이메일 내용 구성 및 디자인
- 법적 준수 사항 (예: 스팸 관련 법률)

6. 이메일 마케팅 성과 분석 및 개선 (20분)

  o 이메일 마케팅 지표 해석

  o A/B 테스트 진행

  o 전략 개선 및 최적화 방법

대단하지 않나요? 바로 들고 나가도 손색없을 정도입니다. 이 커리큘럼을 구글 시트에 그대로 옮겨 의뢰자에게 전달하면 되는 거죠. 만약 표로 만들어 정리하고 싶다면 이때도 직접 손을 댈 필요가 없습니다. 챗GPT한테 말하면 되니까요. "마케팅 컨설팅 커리큘럼 1~6까지 표로 정리해줄래?" 이렇게 요청했더니 다음과 같은 결과가 나왔습니다. 이 표를 캡처하거나 복사해서 구글 시트에 붙여넣고, 'PDF로 내보내기' 기능을 사용해 메일로 보내면 끝인거죠.

챗GPT 대화내용 저장하기

전에 했던 질문들, 즉 사용했던 프롬프트를 다른 장소에 자동으로 저장할 수도 있습니다. 이전 대화를 찾아보고, 다시 복사 후 붙여넣기를 해야 하는 과정을 없애는 거죠. AI가 발달하는 속도에 맞춰 함께 사용할 수 있는 툴 역시 계속 개발되고 있습니다. 답변을 모아두고 활용하고 싶은 사용자가 늘어남에 따라 쉽게 저장하는 방법도 나온 겁니다. '크롬 익스텐션'과 메모 앱인 '노션'을 이용해 챗GPT와 대화한 모든 내용을 클릭 한 번으로 저장할 수 있습니다. 크게 어렵지 않으니 글로 설명할게요.

마케팅 컨설팅 커리큘럼 1-6까지 표로 정리해줄래?

마케팅 컨설팅 커리큘럼을 표로 정리하면 다음과 같습니다.

순서	주제	소요 시간
1	이메일 마케팅의 목적 및 전략	20분
2	이메일 리스트 구축	20분
3	[스티비] 이메일 툴 사용법	20분
4	이메일 콘텐츠 기획	20분
5	이메일 마케팅 베스트 프랙티스	20분
6	이메일 마케팅 성과 분석 및 개선	20분

이 표를 참고하여 2시간 동안의 컨설팅 커리큘럼을 진행하시면 됩니다. 각 주제별로 시간을 균등하게 배분하여 진행하시면 효과적인 컨설팅이 가능할 것입니다.

싸인 웹사이트(https://page.modusign.co.kr/form.html)

먼저 '크롬 익스텐션'을 설치하세요. 크롬을 실행한 후 'Chrome 웹 스토어'에 들어갑니다. 왼쪽의 '스토어 검색'에 "ChatGPT to Notion"을 입력해 검색합니다. 상단에 나타난 앱을 선택한 후 'Chrome에 추가'를 클릭하면 크롬에 설치됩니다. 그다음 노션에 가입한 후 지금까지 챗GPT와 했던 대화들을 모두 저장할 수 있는 노션 페이지를 하나 만듭니다.

그렇게 생성된 페이지와 ChatGPT to notion 앱을 연동하기만 하면 끝입니다. 이전에 했던, 그리고 앞으로 할 모든 대화들을 노션에 바로 저장할 수 있습니다. 저장된 질문과 답변은 분류되어 나오므로 원하는 질문이나 답변이 있을 때 토글을 이용해 빠르게 확인할 수 있다는 것도 큰 장점입니다.

07

내가 가진 콘텐츠를 이용해 수익화 할 수 있는 공식들을 전하면, '반드시'라고 해도 좋을 만큼 "결제는 어떻게 받아요?"라는 질문이 나옵니다. 자매품으로 '사업자 등록증은 어떻게 해야 하냐, 업태는, 업종은' 까지 있습니다. 물론 결제시스템을 구축하면 좋습니다. 하지만 그 전에 반드시 생각해 봐야 할 것이 있습니다. 아직 시작도 하지 않은 상태라는 거죠. 매출이 0원이고, 서비스가 흥할지 망할지 모르는데 시스템 만든다고 힘 빼기 시작하면 서비스 수준을 올릴 수 있는 에너지와 시간을 버리는 꼴이 됩니다.

사실 이런 질문을 하는 사람 대다수는 일단 정해진 걸 하고, 나중 일은 나중에 생각하자고 밀어붙이기 일쑤입니다. 그러면서 가장 중요한, 내가 나눠줄 '가치에 대한 고민'은 그냥 지나가죠. 그래서 초창기엔 결제를 계좌이체로 받더라도 일단 시작부터 해보라고 권하는 편입니다. 업태, 업종은 조금만 검색해도 나옵니다. 나중에 업종을 추가해야 하면 부업종으로 넣을 수도 있으니까 그런 고민보다 본질부터 꿰는 게 우선입니다.

"사람들이 이 서비스를 자기 돈으로 살까, 안 살까?"

어떤 서비스를 론칭하든 실수요자를 가르는 방법은 이것입니다. '이런 걸 찾고 있었네, 어쩌네' 말은 좋지만, 정작 지갑을 열 때는 정말 필요한지부터 따져보는 게 사람입니다. 그래서 더욱 당장은 계좌이체로 결제받더라도 일단 사람들에게 돈을 받고 팔아보라고 하는 겁니다. 해봐야 이 서비스가 향후 어떤 가치를 가질지 가늠할 수 있게 되니까요.

계좌이체와 더불어 핸드폰 번호나 고객이 이 서비스를 왜 구매하는지, 어떤 것을 기대하는지 함께 물어보고 대답도 받을 방법이 있습니다. 바로 '구글 설문지'를 이용하는 것이죠. 고객의 기대와 필요성을 빠르게 알 수 있는 영리한 방법입니다. 서비스를 설명한 후 결제는 구글 설문지를 통해 해달라고 하며 링크를 첨부하면 됩니다. 계좌이체한 고객의 이름과 핸드폰 번호를 알면 판매 완료 시 문자로 알림을 보낼 수도 있습니다. 이때 설문지는 너무 어렵거나 길지 않도록 하세요. 결제한 사람이 실제로 원하는 것을 직접적으로 들을 수 있는 중요한 수단이니, 질문을 최대한 '의도를 가지고' 해야 합니다.

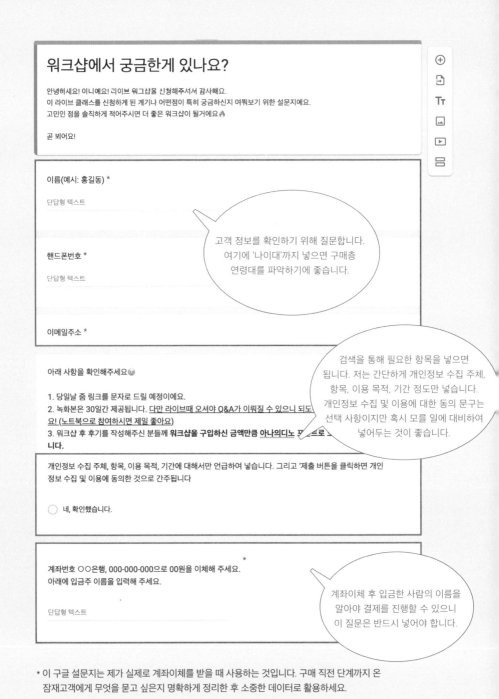

워크샵에서 궁금한게 있나요?

안녕히세요! 이니예요! 라이브 워그샵을 신청해주서서 감사해요.
이 라이브 클래스를 신청하게 된 계기나 어떤점이 특히 궁금하신지 여쭤보기 위한 설문지예요.
고민인 점을 솔직하게 적어주시면 더 좋은 워크샵이 될거에요🔥

곧 뵈어요!

이름(예시: 홍길동) *

단답형 텍스트

> 고객 정보를 확인하기 위해 질문합니다.
> 여기에 '나이대'까지 넣으면 구매층
> 연령대를 파악하기에 좋습니다.

핸드폰번호 *

단답형 텍스트

이메일주소 *

> 검색을 통해 필요한 항목을 넣으면
> 됩니다. 저는 간단하게 개인정보 수집 주체,
> 항목, 이용 목적, 기간 정도만 넣습니다.
> 개인정보 수집 및 이용에 대한 동의 문구는
> 선택 사항이지만 혹시 모를 일에 대비하여
> 넣어두는 것이 좋습니다.

아래 사항을 확인해주세요😍

1. 당일날 줌 링크를 문자로 드릴 예정이에요.
2. 녹화본은 30일간 제공됩니다. 다만 라이브때 오셔야 Q&A가 이뤄질 수 있으니 되도
요! (노트북으로 참여하시면 제일 좋아요)
3. 워크샵 후 후기를 작성해주신 분들께 **워크샵을 구입하신 금액만큼 아나의디노** 니다.

개인정보 수집 주체, 항목, 이용 목적, 기간에 대해서만 언급하여 넣습니다. 그리고 '제출 버튼을 클릭하면 개인
정보 수집 및 이용에 동의한 것으로 간주됩니다

◯ 네, 확인했습니다.

계좌번호 ◯◯은행, 000-000-000으로 00원을 이체해 주세요. *
아래에 입금주 이름을 입력해 주세요.

단답형 텍스트

> 계좌이체 후 입금한 사람의 이름을
> 알아야 결제를 진행할 수 있으니
> 이 질문은 반드시 넣어야 합니다.

* 이 구글 설문지는 제가 실제로 계좌이체를 받을 때 사용하는 것입니다. 구매 직전 단계까지 온
잠재고객에게 무엇을 묻고 싶은지 명확하게 정리한 후 소중한 데이터로 활용하세요.

이번 워크샵은 어떻게 알게 되셨나요? *

○ 인스타그램

○ 블로그

○ 틱톡

○ 유튜브

○ 지인 추천

○ 블로그 검색

이 서비스를 구매하게 된 채널이나
서비스 제공자를 알게 된 계기를 파악합니다.
네이버 블로그 검색, 틱톡, 유튜브, 인스타그램,
광고 채널, 지인 추천 중 선택하게 만드세요.
어떤 곳에서 잠재고객이 가장 강력하게
흘러 들어오는지 확인할 수 있습니다.

어떤 일을 하시나요? *

2개 이상 잡을 가지신 분들은 중복 체크 가능!😉

☐ 강사/코치

☐ 크리에이터

☐ 자영업자

☐ 직장인

☐ CEO(정직원 5인 이상)

☐ 어른 방학 중😉

☐ 학생(대학원생포함)

☐ 기타...

현재 주로 어떤 업종의 고객들인지를
보기 위해 질문합니다.

이번 워크샵에서 어떤게 궁금하신가요? *

☐ 전환율이 높은 랜딩페이지 글쓰기

☐ 아이디어를 테스트하는 전체 과정

☐ 아이디어를 판매할 수 있는 포인트 다듬는법(USP)

☐ 랜딩페이지를 구성하는 내용

☐ 랜딩페이지 디자인법(Framer 사용법)

☐ 결제 시스템

☐ 기타...

결제시스템 없이도
쉽게 결제받을 수 있는 방법

시간이 지나면 구매자는 아무래도 결제시스템이 있는 게 편하다는 걸 확인하게 될 거예요. 사실 계좌이체는 관리가 어렵죠. 늘 계좌이체 목록을 확인해야 하니 번거롭습니다.

제 웹사이트에 페이 시스템을 달기 전이었어요. 그때는 카드 결제만 됐는데, 어떤 서비스를 판매하기 전에 결제시스템을 달기 전후의 구매 차이를 테스트하고 싶었죠. 그래서 카카오페이를 웹사이트에 달았죠. 그랬더니 당일 하루에만 59건의 구매가 일어났습니다. 카드번호를 입력해야 한다는 귀찮은 과정이 사라지니 더 쉽게 구매한다는 걸 깨달은 순간입니다.

구매 과정에서의 마찰은 '그냥 안 사고 말지'라고 생각하게 만듭니다. 여기서 '마찰'이란 계좌이체나 카드번호 입력 등의 귀찮은 일을 말해요. 그래서 최대한 이 장벽을 없애는 게 중요합니다. 웹사이트를 만들고, 결제시스템을 셋업하기 전에 사업자 등록이나 별도 페이지 없이도 결제받을 수 있는 수많은 툴이 있습니다.

가장 추천하는 툴은 '리틀리'인데요. 앞에서 다룬 '프로필에 넣는 링크' 기능 말고도, 최근에 업데이트되면서 디지털 파일을 판매할 수 있게 되었습니다. '비즈니스' 블록의 '판매하기' 기능을 통해 내 계좌만 연결하면, 판매 수익금이 자동으로 계좌로 들어옵니다.

리틀리는 '리틀리 판매 수수료 기본 5%, PG사 결제 수수료 2.9%'와 함께 각 항목에 대한 '부가세 10%'를 제외한 후 정산됩니다. 누적 결제료가 100만 원 이상이면 수수료가 할인되기 시작하니, 판매

누적금액을 쌓으면 쌓을수록 유리해집니다. 리틀리와 비슷한 툴로 '에브리크리'가 있는데, 비슷한 맥락으로 웹사이트 없이 판매가 가능한 사이트입니다. 함께 참고해 보고, 더 편리한 것으로 선택해 사용하세요.

이와 비슷한 기능으로 외국에서는 '스탠Stan'이 상용화되고 있는 추세입니다. 스탠을 통해 결제하면 결제 이메일이나 영수증도 결제와 동시에 구매자에게 전해지기 때문에, 판매자는 서비스 퀄리티와 가치에만 집중할 수 있다는 큰 장점이 있습니다. 판매자가 구매량을 일일이 확인해서 따로 구매자에게 전할 필요가 없어 편하죠.

디지털 파일의 경우 주문하면 바로 해당 서비스를 받을 수 있습니다. 정산이 일주일 단위로 가능하다는 것도 큰 장점입니다. 판매 수수료도 저렴한 편입니다. 다른 재능 판매 플랫폼은 15~20% 정도의 판매 수수료가 붙고 그 이상도 많거든요.

스탠 웹사이트(https://www.stan.store/)

리틀리 툴로 결제 페이지 만들기

1 리틀리에 들어갑니다. '마이페이지' 오른쪽 하단에 있는 '+블럭추가'를 클릭합니다. '블럭 추가' 대화상자가 나타나면 '비지니스 블럭'의 '판매하기'를 클릭합니다.

2 오른쪽에 '판매하기' 탭이 나타나면 '판매타입'에서 '디지털 파일'을 클릭합니다.

3

'판매 타이틀'을 입력하고, '이미지 등록'의 '+'를 클릭합니다. 탐색기가 나타나면 대표 이미지를 선택한 후 '열기'를 클릭해 파일을 불러옵니다.

4

해당 이미지가 나타나면 '적용'을 클릭합니다.

5

'상세 설명'에서 '심플뷰'와 '디테일뷰' 중 하나를 선택합니다. '심플뷰'는 간단하게 소개하는 페이지고, '디테일뷰'는 용량 제한 없이 소개를 쓸 수 있는 페이지입니다.

6

'디테일뷰'를 선택한 경우 '+상품 디테일 작성하기' 버튼을 클릭합니다.

7

상세 페이지에 들어갈 글을 모두 작성합니다.

8　상세 페이지에 넣을 사진과 글을 전부 복사하여 붙여넣은 후 '변경사항 저장하기'
　　를 클릭합니다. 다 되었으면 종료 버튼을 클릭합니다.

9

'디지털 파일 업로드'에 판매를 게
시할 파일을 넣고, '판매가격'을
입력합니다.

10

'계좌 연결'의 '+수익 계좌 등록하
기'를 클릭합니다.

11

'수익 계좌 관리' 대화상자가 나타납니다. 해당 정보를 모두 입력한 후
'등록 완료(1/2)'를 클릭합니다.

12

'판매자 정보 관리' 대화상자가 나타납니다. '크리에이터 유형'에서
'사업자 등록증 없음'을 선택한 후 해당 정보를 모두 입력하고 '등록 완료
(2/2)'를 클릭합니다. 만약 사업자 등록이 있다면 '사업자 등록증 있음'을
선택한 후 해당 정보를 입력하세요.

13   판매가격까지 모두 입력하면 내 리틀리에 결제 페이지가 나타납니다.

14   왼쪽에서 '구매하기' 버튼을 클릭하면 바로 결제 페이지로 연결됩니다.

평생 함께할 수 있는

시간 관리 방법

뽀모도로 기법

08

'시간은 어떻게 관리해야 할까요?'

시간의 양보다는 에너지와 몰입할 수 있는 시간대가 더 중요하다고 생각합니다. 깊이 몰입할수록 양질의 콘텐츠가 나올 수 있습니다. 한끗 다른 디테일을 구사하기에도, 한층 깊은 메시지를 전달하기에도 몰입이 필요하니까요.

시간을 관리하는 방법은 많지만, 어떤 방법이든 모두에게 똑같이 적용하기는 힘들죠. 아침에 에너지가 넘치지만 일은 꼭 밤에 해야하는 사람이 있는가 하면, 올빼미형이지만 새벽 어스름을 보고야 일을 시작할 마음이 드는 사람도 있습니다. 그래서 에너지와 몰입할 수 있는 시간대를 찾아 짧게 몰입하는 연습부터 하는 게 현명합니다. 연습으로 시작해 습관으로 자리 잡게 한다면 매일 자연스럽게 몰입하는 시간을

296

가질 수 있습니다.

흘러가는 시간 앞에서 그저 모니터만 바라보고 있지 말고, 딱 25분간만 집중하는 시간을 만들어 보세요. '뽀모도로 시간 관리 방법론'이라는 방법을 소개하겠습니다. 저도 이 방법을 알게 된 이후 꾸준히 모든 일에 적용해 보고 있는데, 굉장히 효과적이었습니다.

위키피디아에 따르면 '뽀모도로 기법Pomodoro Technique'은 시간 관리 방법론으로, 1980년대 후반 '프란체스코 시릴로Francesco Cirillo'라는 사람이 제안했다고 합니다. 타이머를 이용해 25분간 집중해서 일하고, 다음 5분은 휴식하는 방법입니다. 참고로 '뽀모도로'는 이탈리아어로 토마토를 뜻한다고 하네요.

일을 크게 쪼개어서 25분씩만 투자하고 5분은 쉬는 거죠. 일단 시작해 보면 점차 책상에 앉아서 몰입할 수 있는 시간이 길어집니다. 저는 처음에 25분도 지루하고 맥이 끊기는 느낌을 많이 받았는데, 뽀모도로를 사용한 지 한 달 만에 3시간여를 몰입하여 한 번도 쉬지 않고 작업할 수 있었습니다. 그저 시간대와 장소를 설정하고 뽀모도로를 입혔을 뿐인데 말이죠.

구체적으로 볼까요? 내가 일할 수 있는 시간대를 선택할 수 있다는 가정하에 설명하겠습니다. 오후에 일하는 게 더 잘 된다고 느낀다면, 그 시간대에는 어떤 약속이나 잡일을 만들지 마세요. 그리고 매일 일하는 장소에 정해진 시간대에 앉습니다. 이때 나에게 주는 어떤 보상이 있으면 좋습니다. 기쁘게 앉을 수 있도록 하는 무엇이든 준비하세요. 저는 그걸 커피와 음악으로 정했기 때문에, 작업 전에 커피를 내려서 책상으로 가져옵니다. 스피커에 늘 듣는 플레이리스트를 연결하고 앉습니다.

이후 모니터를 켭니다. 오늘 완수해야 할 '인스타그램 한 달 치 업로드 미리 하기'를 생각하며 이것에 필요한 프로세스를 크게 3가지로 나눕니다. 첫 번째, 기존에 업데이트한 뉴스레터 글을 카드뉴스에 어떻게 분배할지 생각하고 모두 쪼개기. 두 번째, 칸바로 가서 모두 적용하기. 세 번째, 본문 작성 후 발행 예약하기. 자, 계획을 세웠으면 바로 뽀모도로를 시작합니다. 단계당 1시간씩만 일할 수 있다고 정하고 뽀모도로를 2번씩 돌립니다.

그렇게 일을 쪼개서 한 달간만 반복해 보세요. 반복이 습관이 되고, 결국 일상적인 패턴이 되어 몰입도 습관처럼 자리 잡는다는 걸 알게 될 겁니다. 보상을 빼먹지 마세요. 늘 마시는 커피, 음악, 책상, 의자, 모니터, 몰입하는 시간을 똑같이 해두어야 책상에 앉으러 오는 순간이 부담스럽지 않습니다.

편하고 행복하고 가볍게 시작할 수 있는 어떤 것으로 자리 잡게 하는 것이죠. 실제로 10시간을 책상에 앉아 있어도 몰입하지 못한다면, 몰입한 3시간의 결과물보다 현저히 질이 낮을 수도 있습니다. 생각해 보세요. 시간 가는 줄 모르고 했던 어떤 일을요. 괴로운 시간을 견디며 지루하게 만든 결과물과는 다를 겁니다.

콘텐츠를 매번 새로 만들지 말고 하나 만들어 여기저기 재활용하는 게 왜 중요한지, 어떻게 하면 그렇게 할 수 있는지 필요성부터 실제 툴 사용법까지 많이도 강조했죠? 하지만 효율성을 최대화하며 일하다 보면, 콘텐츠를 계속 만들어야만 하는 과정이 지난하게 느껴질 수밖에 없습니다.

끊임없이 해야 하는 일이니까요. 1년에 1,000개 이상의 콘텐츠를 만들면서 '언제까지 이 굴레에서 머물러야 하는가'를 심각하게 고민한 적이 많습니다. 다람쥐 쳇바퀴 돌리듯 콘텐츠 아이디어 기획, 촬영 및 글쓰기, 촬영 편집 및 탈고, 키워드 검색 후 해시태그 입히기, 업로드하기, 섬네일 만들기, 추후 인사이트(성과) 확인하기를 매일 수 시간씩 했어요. 문장 몇 개로 정리했지만, 몇 년씩 해보면 숨이 턱턱 막힐 때가 있었습니다.

그 쳇바퀴에서 내리게 된 계기가 있었습니다. 제 모든 콘텐츠를 모든 채널에 걸쳐 1년 이상 길게 보는 사람이 극히 적다는 것을 알게 된 시점이었죠. 대부분은 6개월 안에 관심이 사라지더라고요. 뭔가에 반짝 관심이 있더라도 시간이 지나면 점점 느슨해지기 마련입니다. 저도 그러는데 다른 사람이라고 다를까요.

혹시 싶어서 나름 친밀도가 높은 뉴스레터 구독자들을 대상으로 확인했습니다. 내 콘텐츠를 계속해서 소비하는 사람이 몇 명인지, 그 기간은 어느 정도인지 궁금했기 때문에 끊임없이 들여다보고 실험해 보며 알게 되었죠. 얼마나 될 것 같다고 예상하나요? 네, 딱 3개월이었습니다. 사람들의 관심은 대부분 1~3달 안에 꺼지더라고요. 아무리 길어도 6개월이었습니다. 무료인 데다가 늘 그 자리에 있는 콘텐츠라서, 모든 구독자가 눈을 반짝이며 오래오래 찾아보진 않는 거죠.

이걸 확인한 다음부터는 모든 콘텐츠를 3개월 분량으로 준비하고, 3개월마다 반복하자고 결심했죠. 즉 3개월 동안 볼 콘텐츠 기획을 세운 후 진행하고 끝내면, 이전 3개월간 나갔던 콘텐츠들을 메시지는 같지만 형태는 다른 것으로 재활용하여 다시 3개월간 내보내는 방법이었습니다. 이렇게 하면 새로 만나는 사람들은 이전 메시지를 모르니 새롭고, 기존 구독자들은 일관된 메시지에 설득되기 쉬워집니다. 한결같은 맥락의 콘텐츠를 만드니 채널의 성격을 정하는 데도 도움이 되고요.

처음에는 힘들었습니다. 이것저것 생각나는 대로 콘텐츠를 만들다가 3개월간의 기획을 구체적으로 미리 하려니 생긴 사고였지요. 이때 골머리를 앓다가 만난 툴이 '노션'입니다. 활용도가 매우 높아요.

이것저것 시도하다가 노션으로 콘텐츠 제작 프로세스를 한눈에 볼 수 있는 캘린더를 만들었습니다. 기획 아이디어도 정리할 수 있고,

촬영이 필요하면 촬영 전인지 후인지, 다 제작했는지, 어떤 채널에 업로드했는지도 알 수 있죠. 영상은 'Repurpose.io' 툴을 통해 자동으로 업로드되지만, 블로그나 웹사이트, 뉴스레터까지 운영한다면 따로 확인해야 해서 꼭 필요합니다.

이 콘텐츠 템플릿을 공유할게요. 이 책을 집어 든 모든 사람이 진심으로 다람쥐 쳇바퀴 타듯이 아니라 서퍼가 파도 위를 자유롭게 누비듯이 이 일을 즐기며 할 수 있기를 바랍니다. QR 코드로 바로 접속할 수 있어요. 오른쪽 상단에 있는 더 보기 아이콘을 클릭한 후 '복제'를 눌러 사용하면 됩니다.

노션 QR코드

Part 5

나만의 온라인 땅, 뉴스레터/웹사이트

NEWSLETTER

확실한 나만의 온라인 토대가 되는 뉴스레터. SNS를 운영한다고 하면 보통은
'팔로워는 몇 명일까'를 생각하지만, 뉴스레터를 발행한다고 하면
'저 사람은 뭐 하는 사람이길래 뉴스레터를 발행하지? 대박!'이라는 반응을 보게 됩니다.
좀 더 앞서 나가는 느낌과 더불어 나만의 개성을 담을 수 있고, 적은 돈으로 관리하기도 쉬우며,
플랫폼 주인 또한 나. 단언컨대 퍼스널 브랜딩에 이보다 더 효율적인 방법은 없습니다.

나만의 온라인 땅

선택하기

SNS 팔로워들에게 어느 날 갑자기 내 콘텐츠가 보이지 않는다면 어떻게 해야 할까요? 하루아침에 플랫폼 알고리즘이 바뀌면요? 최근에 있었던 인스타그램 오류로 내 계정이 몽땅 날아가는 건 아닐까 떨지는 않았나요? 내가 공들여 쌓은 채널이 갑자기 사라질 수도 있습니다. 잘 모아둔 구독자가 빛을 발하지 못할 때가 바로 이때입니다. 남의 땅에 있기 때문이지요. 오로지 내가 혼자서 컨트롤할 수 있는 땅이 따로 있고, 그곳에 쩐 팔로워들을 모아놨을 때 비로소 온라인에 나만의 땅을 완벽하게 만들 수 있습니다.

"온라인에 나만의 땅 짓기가 뭐예요?"

이런 질문을 자주 듣습니다. 중요하다는 건 이제 알지만 SNS 말고 나만의 땅을 만들 방법이 뭐가 있는지는 모르니까요. 플랫폼을 직접 만드는 건 엄두가 안 나고, 코딩은 당최 어렵고, SNS 채널 하나 운영하는 것도 힘든데 이게 무슨 소린가. 난 아직 아닌 것 같다고 생각하는 사람이 많죠. 그럴 때 이렇게 말합니다. 뉴스레터만 써도 얼마든지 할 수 있다고요. 뉴스레터가 별 게 아니에요. 구독자에게 정해진 날짜에 정기적으로 보내는 이메일이라고 생각하면 정확하거든요.

뉴스레터의 유용함 수신거부를 하지 않는 한, 내가 보낸 이메일은 그 사람의 메일함에 쭉 남아있습니다. 이메일은 지극히 사적인 영역이라 내 메일함에 오는 이메일은 제목이라도 읽어보게 되잖아요. 사람들 마음 가까이 접근할 수 있고, 내가 보내고자 할 때, 보내고자 하는 내용을 전할 수 있습니다. '이렇게 해야 잘 노출되는 콘텐츠가 됩니다'라고 말하는 SNS 알고리즘이 반영된 땅이 아니니까요.

또 SNS 팔로워를 대상으로 뉴스레터 구독자를 모으면, 내 콘텐츠와 나에게 관심이 많은 사람을 따로 모으는 거나 다름없습니다. 이미 내 콘텐츠에 설득된 사람들이라 내가 론칭하는 상품이나 서비스에 대한 관심도도 높을 겁니다. 광고라고 그냥 흘리는 게 아니라 '이거 그 사람이 만든 건가? 뭐지?'라고 한 번 더 들여다볼 사람이 모인다는 뜻입니다. 말하자면 '잠재고객'이죠.

더구나 이메일에는 링크, 사진, 글 등을 자유롭게 배치할 수 있고, 그룹별로 사람들을 나누어 각기 다른 이메일을 보낼 수도 있습니다. 팔로워를 내가 설정한 그룹으로 나누어, 각 그룹의 관심사에 따라 다른 콘텐츠나 상품/서비스를 분류해서 보내고, 반응을 확인하고, 더 나아가 판매까지 가능합니다.

물론 이 모든 것은 팔로워군이 원하는 것, 의미 있는 것, 필요한 것을 내놓았을 때 가능한 일입니다. 사실 이 책은 '마케팅'이라는 단어 없이 쓰인 마케팅 책입니다. 마케팅이란 건 사용자 중심으로 생각했을 때 쉬워집니다. 사용자를 위한 관점에서 더 들여다보면, '제가 이런 걸 판매하고 있답니다. 사세요!'라는 건 말이 안 되죠. '여러분들에게 의미 있고, 여러분들이 원하고, 여러분이 필요한 것들을 살펴보니 제가 도 와드릴 수 있는 건 이것입니다'라고 접근해야 합니다. 이런 시각으로 보면 뉴스레터 말고도 더 필요한 것이 있습니다.

결제시스템을 갖춘 웹사이트의 유용함 바로 결제시스템과 웹사 이트입니다. 결제는 자동이체처럼 '내가' 편한 것으로 받아도 됩니다. 하지만 사용자 관점에서 보면 이미 사용 중인 페이 앱이나 클릭 한 번 으로 구매할 수 있는 카드시스템 등이 더 편하죠. 생각해 보세요. 온 라인 결제를 하는데, 언제 카드를 찾아 카드번호를 하나하나 입력하고 있나요. 그냥 다음에 사자는 생각이 들거나 안 사고 말지요. 고객도 판 매자도 허들을 최대한 낮추고 편안하게 접근할 수 있는 토대가 되는 것이 바로 결제시스템입니다.

"페이 앱만 설치하거나, 이 책에 나온 리틀리 서비스 같은 걸 이 용하면 되잖아!"라고 말할 수 있습니다. 결제만 생각하면 맞는 말입니 다. 그러나 이 책을 찬찬히 읽어본 사람이라면 느낄 거예요. 당장 눈앞 의 과제만 해결하기보다 조금 더 멀리 보면 더 명확해진다는 것을요.

웹사이트를 만드는 건 '유튜브 영상 보며 요리 따라 하기'와 같 아요. 영상에서 안내하는 요리가 먹음직스러워서 잘 따라 해보고 싶은 데, 재료를 한 번에 소개해 주지 않고 순서에 따라 하나씩 등장하네요.

영상이 빨리 지나가니 따라 하기에 숨찹니다. 물엿이 필요하면 물엿을 꺼내러 갔다 오고, 고추장이 필요하면 반대편 선반을 열어 고추장을 꺼내 오고, 물엿과 고추장을 섞어야 한다니 새 그릇을 꺼내 오는 등 때마다 필요한 걸 하나씩 해야 한다고 생각해 보세요.

'냄비에 물엿, 고추장, 물을 넣고 한 번에 끓인 뒤 부재료만 넣으면 되는 요리'라는 큰 그림을 먼저 알았더라면 재료는 미리 준비하고, 나중에 설거지할 필요 없이 냄비에 몽땅 필요한 양만큼을 넣었을 겁니다. 시간도, 동선도, 그릇도 모두 아낄 수 있어요. 즉 효율적이죠. 웹사이트는 후자와 같아요. 사이트에 가입하는 사람을 따로 볼 수 있고, 상품별 추이를 볼 수 있고, 어떤 상품 페이지에서 사람들이 스크롤을 내렸는지 아닌지도 알 수 있습니다. 내가 원하는 다양한 데이터를 긁어모을 수 있죠.

물론 앞에서 말한 경우는 예외입니다. 하루빨리 시작해 론칭할 서비스 사이클을 한 번이라도 돌려보고, 전체 프로세스를 몸으로 익혀야 하는 시점이라면 웹사이트가 필요하지 않아요. 아니 필요하지 않은 게 아니라, 그 시점에선 프로세스를 익히는 게 우선입니다.

아무리 강조해도 웹사이트 먼저 만들겠다고 시간을 투자하는 사람들이 있어요. 얼른 한 사이클을 돌려보고, 고객 반응도 보고, 그러면서 어느 정도 데이터가 쌓일 만큼 사용자가 계속 들어오기 시작하면, 바로 그때 데이터를 쌓을 수 있는 웹사이트가 의미 있는 건데 말이죠.

고백하자면 저도 처음엔 '좀 더 그럴듯하게' 보일 것 같아서 웹사이트 먼저 만들었습니다. 아무 생각이 없었죠. 여기저기 부딪치고 나동그라지면서 웹사이트에 쌓인 데이터가 필요한 순간이 언제인지를 정확히 알게 되었습니다. 바로 '의사결정을 해야 할 때'입니다. 어느 채널에서 들어온 사용자군이 어떤 상품과 서비스를 가장 많이 클릭하고, 어떤 것을 구매하는지, 어디서 이탈하는지를 한 눈에 볼 수 있다면 의 사결정이 더 쉬워지니까요.

A안과 B안이라는 선택지가 있습니다. A를 선택해도 B를 선택 해도 아쉬우면 어떤 선택을 내려야 할지 몰라 괴롭습니다. 심지어 모 든 일을 혼자 결정해야 해서, 선택에 따른 부담이 있을 때면 더 그렇 죠. 그럴 때 도움이 되는 것이 바로 '데이터'입니다. 데이터 확인을 통 해 A안을 선택하면 더 많은 팔로워군이 좋아할 것이라는 걸 예상할 수 있게 됩니다. 가설을 세우고, 그에 맞는 데이터를 조합하면 결정도 분 명해지니까요.

웹사이트를 본격적으로 만들고 싶다면 《데이터 분석가의 숫자 유감: 만화로 배우는 업무 데이터 분석 상식》, 《마케터를 위한 구글 애 널리틱스》라는 책을 참고하세요. 웹사이트 '아임웹'의 '디자인 섹터 https://imweb.me/features#section3'도 도움이 됩니다.

웹사이트를 만드는 건 어렵지 않습니다. '웹빌더Web-builder'라는 웹을 만드는 사이트가 있거든요. 일종의 만두 밀키트 같은 거예요. 만 두소에 들어갈 재료를 하나하나 일일이 볶고 다지고 찌고, 또 만두피 를 만들어 빚는 과정이 필요하지 않습니다. 그저 준비된 만두피에 만 두소를 넣고 다듬어 내놓기만 하면 됩니다. 5부에서 차근차근 설명하 겠습니다.

02

SNS에서 만난 사람들을 나만의 땅인 이메일 플랫폼으로 초대하는 법을 설명하면, 어떤 메일을 보내야 하는지부터 생각하는 사람이 많습니다. 그건 나중 일이고, 그 전에 생각할 것들이 있습니다. 먼저 SNS에서 내 콘텐츠를 구독하는 사람 중 어떤 사람이 진짜 구독자인지를 찾는 일입니다.

뉴스레터를 보내도 구독자들이 메일을 열어봐야 더 좋은 관계도 쌓고, 판매도 하고, 쌍방향으로 소통도 할 수 있는데 아예 열어보지 않으면 다 소용없죠. 물론 내 뉴스레터 구독자라도 바로 메일을 스팸으로 분류할 수도 있고, 메일을 읽어보진 않지만 나중에 어떻게 될지 모르니 그냥 일단 받을 수도 있습니다. 약속한 자료나 정보가 아니라 광고만 보내서 수신거부를 받는 건 논외로 합시다.

그래서 오픈율(Open rate, 메일을 열어보는 비율)을 높일 수 있는 뉴스레터를 보내야만 합니다. 제목부터 머리가 아프거나, 관심이 가지 않는다면 그 이메일을 열어볼 이유가 없으니까요. 구독자가 이메일을 받았을 때 보여지는 것에는 2가지 영역이 있습니다. 보내는 사람과 이메일 제목이지요.

'보내는 사람 이름'은 사람들이 내 뉴스레터를 구독할 때 알고 있던 이름으로 하는 것이 좋습니다. 전혀 모르는 이름으로 뉴스레터가 오면 오픈하지 않을 확률이 높으니까요. 요즘처럼 뉴스레터를 운영하는 사람들이 많을 때는 더 어렵습니다.

'이메일 제목'은 훨씬 더 중요합니다. 사람들이 '열어볼 만한' 것을 제목으로 달아야 한다는 걸 아니, 본문 내용과 전혀 상관없는 제목을 다는 경우도 있습니다. 혹은 전혀 예상할 수 없는 제목이거나 자극적이기만 해서 열어보고 싶지 않게 만드는 경우도 있죠. 이런 경우는 말하지 않아도 잘 피할 거라 생각합니다.

또 내가 보내겠다고 약속한 가치를 구독자에게 전달하는 게 중요합니다. 약속을 지키고 구독자의 '뉴스레터 구독 경험'을 긍정적으로 만들어야 하죠. 예를 들어 '매일 일요일 아침에 간단히 먹을 수 있는 모닝 빵 레시피'를 전하겠다고 약속했어요. 이걸 본 사람들이 해당 뉴스레터를 구독했고, 드디어 일요일 아침이 되었습니다. 기대하고 메일함을 열었는데 이메일 제목이 '행복한 일요일입니다'인 메일이 도착해 있네요. 해당 메일을 클릭합니다.

맨 위에 모닝빵 사진이 나오고, 그 아래 영어 레시피가 마구 흘러 있습니다. 한국인 구독자를 대상으로, 한국어 콘텐츠를 운영하며, 별도로 '영어로 레시피가 제공된다'는 말이 없었다면 당황스럽겠죠. 영어에 익숙한 구독자가 해당 레시피를 읽어보니 이런 말이 있네요. "일요일 아침의 햇살 1스푼, 늦잠을 자며 만끽한 여유 1시간을 섞어서 나만의 일요일 오후를 제대로 만드는 법" 이게 메일 내용의 전부였습니다.

채널에서 빵 레시피를 알려주는 게 아니라, 빵을 주제로 시를 써왔다면 이 이메일을 받은 구독자는 반가울 겁니다. 아침 햇살과 늦잠을 자며 만끽한 여유 시간을 레시피에 대입해서 쓴 한 줄의 짧은 시에 감동할지도 모르죠. 그러나 진짜 '레시피'가 온다고 믿었던 구독자는 어떤 기분일까요? 바로 스팸함에 들어갈 겁니다. 냅다 수신거부를 누를 수도 있죠. 기대했던 내용이 아니니까요. 어쩌면 SNS 채널에 들어가서 팔로우까지 취소할지도 모릅니다.

그러니 처음부터 내가 어떤 가치를 줄 수 있는지를 명확하게 알리는 것이 좋습니다. 혹시 운영 중인 뉴스레터 방향성을 바꿀 예정이라도 리뉴얼 기간을 가질 것이며, 어떻게 달라질 것인지를 몇 주 동안은 미리 안내하는 게 당연합니다. 기존 구독자가 원하는 가치를 제공하지 않게 된 경우에도 배려가 필요한데, 새로운 구독자들이 받을 메일에 약속과 전혀 다른 내용을 제공하면 정말 불쾌할 겁니다. 설마 싶겠지만, 뉴스레터를 무료로 제작하는 사람들이 자주 하는 실수입니다.

'내가 시간과 돈과 에너지를 들여 작성하니 읽겠지. 돈 받고 하는 일도 아닌데'라고 생각한다면 큰 오산입니다. 우리는 지금 뉴스레터를 통해 미래의 자산을 모으고 있다는 걸 기억하세요. 조금씩 조금씩 지갑을 열 사람을 늘리려고 줄을 세우는 와중에 "이제 안 받아요!"라며 종업원 마음대로 소리 지르는 거나 다름없는 일입니다.

하루를 시작하며 읽는 메일은 이런 메일과 큰 차이가 있습니다. 제공하고자 하는 가치를 충실히 제공할 뿐만 아니라, 뉴스레터를 구독하는 사람이 뭘 원하는지를 잘 알고 있습니다. 약속한 것들을 꾸준히 전하다 보면 더 많은 구독자 반응이, 더 자주 돌아옵니다. 서로의 신뢰가 쌓였다면 설문조사를 통해 구독자들이 원하는 것을 더 자세히 들여다보고, 질문과 답변을 통해 더 좋은 콘텐츠를 만들 수 있습니다. 물론 관계도 더 튼튼해지죠.

또, 메일에는 뉴스레터를 쓰는 사람만의 관점이나 그 사람만의 콘텐츠가 담겨야 합니다. 누구나 다 아는 말, 누구나 다 아는 정보를 전한다면 가치가 덜할 수밖에 없습니다. 이 뉴스레터를 읽지 않더라도 인터넷에 검색해 보면 되니까요. 스팸함에 버려지는 게 아니라 누군가의 하루를 열 수 있는 메일이 되려면 이런 요소들을 기민하게 조절해 나가는 것이 필요합니다.

누군가의 하루를 열 수 있는 요소는 다양할 겁니다. 경험상 최근 해당 산업에 있는 이슈 중 주목할 만한 것들을 큐레이션 했을 때, 다른 사람들과 반대의 의견이거나 논란의 여지는 있지만 내 주장이 담긴 이야깃거리를 전했을 때, 정보에서 그치는 게 아니라 뉴스레터 너머 작가가 겪는 일상이나 생각들을 솔직하게 오픈했을 때, 개인적인 접근을 쉽게 했을 때 응답률 및 클릭률이 높았습니다. 하나씩 짚어봅시다.

첫 번째, 해당 산업 이슈 중 새롭거나 주목할 만한 것을 모아서 소개하기. 최신 업데이트를 계속 주목해야 하는 구독자들의 오픈율이 높습니다. 예를 들어 주식 종목이나 부동산 흐름 등을 소개하는 주제입니다. 매일 달라진 정책에 따른 앞으로의 흐름을 짚어준다면 더할 나위 없이 좋겠지요.

두 번째, 논란의 여지가 있지만 나의 주장이 담긴 이야깃거리 주기. 예를 들어 '문제점 자체를 해결하는 것보다, 앞으로 더 가능성 있는 주제에 대해서 다루는 것이 낫다'는 의견을 내세울 수 있습니다. 모두가 문제해결만을 외치는 요즘, 모든 문제의 해결책은 이미 나와 있으니 더 큰 방향성을 제시할 수 있는 리더가 되어야 한다는 주장이지요. 특히 많은 사람이 공통적으로 믿어 의심치 않는 주제에 대해 반대의 이야깃거리를 명확한 근거와 함께 제시할 수 있다면 큰 호응을 얻을 수 있습니다.

세 번째, 뉴스레터 제작자의 상황이나 정보 뒤의 일상 이야기 나누기. 가장 의외였던 게 이것입니다. 사람들은 타인에게 별 관심이 없는데, '완벽히 없지는 않습니다'. 가끔은 뉴스레터를 기획하느라 밤샌 이야기, 뉴스레터 발행 1시간 전에 글을 쓰는 내 모습을 그대로 담은 사진 등을 보내 보세요. 1:1로 편지 받는 느낌이 드는지 답변을 많이 받을 수 있었습니다.

네 번째, 개인적인 접근을 용이하게 만들기. 이메일 제목이나 본문 처음에 'ㅇㅇ님'이라고 구독자 이름을 달아 보내는 방법입니다. 생각해 보세요. "오늘 아침 주목해야 할 AI 소식 업데이트"와 "ㅇㅇ님, 오늘 아침은 이런 AI 소식에 주목하세요"라는 제목이 있을 때 어느 쪽을 열어볼 확률이 높을까요? 대부분 자기 이름을 언급한 메일을 먼저 봅니다. 생산자가 아니라 완벽하게 소비자 입장으로 접근하는 것이죠.

뉴스레터는 콘텐츠의 힘이 가장 강한 영역입니다. 그래서 뉴스레터에서 오픈율과 클릭률 반응이 유달리 좋다면 다른 영상이나 글 콘텐츠로 재활용해도 주목받을 가능성이 높습니다. 그래서 위에서 짚었던 모든 내용은 '어떤 콘텐츠가 더 주목받기에 좋고, 잠재고객을 유치하기에 편하냐'에 대한 대답이기도 합니다.

잠재고객을 고객으로 만들 수 있을 뿐만 아니라
고객과 깊은 접점 없이도
소통이 가능한 플랫폼을 찾고 있다면
뉴스레터(이메일 마케팅)를 추천합니다.
이메일 마케팅은 투자 대비 수익률이 가장
큰 것으로 이미 유명합니다.

새벽 2시, 잠들지 못하고 뜬 눈으로 SNS를 헤매는 사람이 있습니다. '아나의디노'라는 채널을 발견했는데, 더 자세한 정보는 뉴스레터를 통해 볼 수 있다네요. 해당 이메일을 받아보고 싶습니다. 어떻게 받는지 한 번 더 영상을 재생해 봤는데, "프로필 링크를 보세요"라고 이야기합니다.

프로필로 들어가서 프로필 아래에 있는 링크를 클릭하니 이메일을 구독할 수 있는 대화상자가 나타납니다. 이메일 주소와 내 닉네임만 넣으면 4일간 시리즈를 보내 준다고 합니다. 마침 온라인에서 홀로서는 방법이 궁금했던 차라 관심이 쏠렸어요. 그래서 이메일 주소와 닉네임을 입력했습니다. 빨라야 내일 아침에나 뉴스레터가 오겠지 했는데 바로 메일함 알람이 울립니다.

317

"안녕하세요, 아나예요!"라는 제목이 붙어 있었어요.

은근히 기분이 좋습니다. 바로 뉴스레터를 열어봤죠. 뉴스레터를 시작할 때부터 내 닉네임이 보이니 친구가 보낸 메일처럼 친근합니다. 그리고 생각합니다. '이 사람은 새벽 2시인 지금도 일하고 있는 거야? 왜 이렇게 확인이 빠르지?'

이 내용은 제 구독자가 저한테 보낸 내용을 정리한 것입니다. 이 분뿐만 아니라 많은 구독자가 "어떻게 이렇게 새벽에도 이메일을 보내시죠? 한 명 한 명 확인하기 힘들지 않으세요?"라고 질문합니다. 이 책을 처음부터 본 사람이라면 눈치챘죠? 저는 이 모든 프로세스가 자동화되어 있습니다.

프로필에 뉴스레터를 구독할 수 있는 링크를 올려두었고, 이메일 주소가 수집되면 바로 해당 이메일 주소로 뉴스레터가 4일간 전송되도록 설정해 두었습니다. 이번에는 뉴스레터를 자동화와 관련된 구체적인 단계를 설명할게요. 어쩌면 이 책에서 가장 중요한 내용이 될지도 모르겠습니다.

첫 번째, 뉴스레터 보내기 전 단계입니다. 사람들이 원하는 것이 무엇인지를 진지하게 고민하세요. 뉴스레터를 구독한 사람에게 의미 있는 가치를 정의하고, 그 가치를 꾸준히 전할 수 있겠다고 판단될 때 해당 주제를 선택하세요.

두 번째, 콘텐츠를 내보낼 이메일 자동 전송 툴을 선택합니다.

이메일을 자동으로 수집하고 보낼 수 있는 툴은 너무 많아요. 대표적으로 기업 등 큰 규모에서 자주 쓰는 메일침프Mailchimp, 크리에이터들이 처음 나왔을 때 각광했던 컨버트키트Convertkit, 마케팅 전문기업에서 주로 선택하는 액티브 캠페인Active campaign 등이 있습니다. 중요한 건 콘텐츠지만 이 3가지 툴 중 무엇이 나한테 적합한지 꼼꼼히 확인하는 것도 못지않습니다. 자동화 방법이 쉽고, 사용성이 편리하며, 가격이 적당한 것을 찾는 게 가장 좋습니다.

세 번째, 나를 구독하는 경로를 잘 짜두고, 액션 플랜을 설정합니다. 예를 들어 SNS 프로필에 들어가 내 뉴스레터를 구독할 수 있는 대화상자를 바로 볼 수 있도록 만듭니다. 프로필을 클릭한 사람을 뉴스레터 구독자로 만드는 것이죠. 구독자가 나를 구독했을 때 만나게 되는 첫 뉴스레터를 미리 잘 만들어두고, 자동으로 이메일을 보내도록 설정합니다. 다음 뉴스레터는 또 언제 보낼지 간격을 정하고, 미리 언급하는 것도 중요합니다. 이메일 마케팅 업체인 스티비 2023 리포트에 따르면 금요일이 17.1%로 가장 높은 오픈율을 보였다고 합니다.

네 번째, 이메일 디자인 템플릿을 만들고, 자동 발송 콘텐츠를 설정합니다. 그냥 글만 있어도 볼 사람들은 보겠지만, 경험상 시각적인 것이 큰 인상을 줄 수 있다고 생각합니다. 나만의 템플릿을 만들어보세요. 아무리 뛰어난 팀원이 모여 훌륭한 프레젠테이션을 준비해도 사람들이 쉽게 읽을 수 없거나, 기괴한 이미지를 준비하면 호감을 사기가 어렵기 마련입니다.

이메일 템플릿에 '메인 이미지'라고 할 만한 것 하나만 있어도 좋

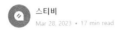

이메일 마케팅

스티비 2023 이메일 마케팅 웨비나: 세션 1. 이메일 데이터 분석하기

스티비 2023 이메일 마케팅 웨비나, 이메일 마케팅 리포트를 발행하며 알게 된 것

스티비
Mar 28, 2023 • 17 min read

스티비(https://blog.stibee.com/2023_emailmarketing-data/)

습니다. 저는 메인 이미지, 가로선 이미지를 따로 디자인해서 뉴스레터 내용에 따라 사진의 감성, 주로 쓰는 배경, 서체 크기나 색깔 등을 지정해 두었습니다. 매번 다른 내용의 콘텐츠를 받더라도 시각적으로는 매우 일관되게 느껴지도록 하는 전략을 세워 운영 중입니다.

또 자동으로 발송되는 콘텐츠도 미리 설정해야 합니다. 내 구독자들이 보고 싶을 것 같은 내용을 쭉 나열해 보고, 그중에서 가장 괜찮다 싶은 것을 웰컴 뉴스레터로 정하기도 합니다. 참고로 '웰컴 뉴스레터'란 뉴스레터를 구독했을 때 가장 먼저 받게 되는 뉴스레터를 말해요. 가볍게 이 뉴스레터의 성격과 환영 인사를 전하면 됩니다.

3일 이상 연속으로 보내고 싶다면 시리즈로 만들 수도 있습니다. 저는 전해야 할 콘텐츠 양이 꽤 많아서 4일 시리즈로 내보내고 있습니다. 이런 경우 4일 동안 보낼 콘텐츠를 미리 만든 후, 해당 날짜에 자동으로 전송되도록 설정해야 합니다.

다섯 번째, 자동 발송시간을 설정합니다. 예를 들어 구독자가 새벽 2시에 뉴스레터를 구독했다면, 다음 날 아침 등 정해진 시간에 발송할 것인지, 구독 즉시 발송할 것인지를 정할 수 있습니다. 중요한 부분은 아니지만 저는 구독자가 이메일을 등록하는 즉시 바로 발송되도록 설정해 두었습니다.

여섯 번째, 마지막은 가장 중요한 성과 평가입니다. 이 책을 읽는 독자 중에는 혼자 일을 시작하려는 사람도 많을 겁니다. 저 역시 혼자 일하면서 '어떤 선택을 할 때 기회비용을 따져봐도 도무지 답이 나오지 않는' 상황을 끊임없이 마주하고 고민했습니다. 그때 가장 도움이 된 것이 '데이터'였습니다. 사람들의 행동을 객관적으로 볼 수 있어서, 사람들이 원하는 곳으로 쉽게 방향을 틀거나 수정할 수 있었죠. 사람들이 원하는 곳으로 갔으니 더 많은 사람이 몰려 결과는 항상 좋았습니다.

뉴스레터에도 데이터가 있습니다. 오픈율, 클릭률, 수신거부율, 발송 성공율 등 다양한 지표가 있는데, 중요한 것은 그중 무엇을 '성공적인 결과'로 볼 것인가입니다. 만약 이메일을 보낸 사람 수 대비 판매 비율을 중요하게 여긴다고 가정해 볼게요.

오픈율이 가장 높았던 이메일이라도, 그 이메일에서 판매가 일어나지 않거나 판매 링크 클릭률이 저조했다면 '오픈율이 높은들' 이 이메일은 성공하지 못했다고 볼 수 있습니다. 만약 사람들이 오픈해서 읽기만 해도 내 브랜드를 알릴 수 있는 이메일을 보냈다면, 사람들의 오픈율이 그대로 성공적인 이메일이 될 수도 있죠. 따라서 어떤 데이터 지표를 성공적인 것으로 가정할 것이냐를 먼저 생각해야 합니다.

오픈율이 가장 중요하다고 판단했다면, 오픈율이 기존보다 더 저조할 경우 다음 이메일부터는 제목에 더 신경 쓰세요. 오픈율이 낮았던 제목과 비슷한 제목은 피하는 게 좋겠죠. 그다음에는 클릭률을 확인합니다. 내가 제안했던 정보, 제품, 서비스가 뉴스레터에서 충분히 매력적이지 않았다면 클릭률이 낮을 수밖에 없습니다. 클릭률이 저조하다는 건 굳이 들어가서 봐야 할 이유가 없었다는 뜻이기도 하니까요.

뉴스레터를 받아서 보고 "지루할 뿐만 아니라 그냥 광고네"라고 판단하면 클릭하지 않는 데서 그치는 게 아니라 아예 수신거부를 할 수도 있습니다. 여러 가지 지표를 한 번에 보면서 가장 효과 있는 것을 가려내고, 그것을 활용해 또 다른 테스트를 진행해 볼 수 있는 것이 뉴스레터의 장점입니다. 선택의 기로에 섰을 때 그리고 늘 더 나은 콘텐츠를 제작하고자 할 때 이런 지표들을 확인하고 운영 방법과 내용을 조정하세요.

온라인 마케팅을 시도하는 사람을 만날 때마다, 자동화부터 데이터 분석까지 다 해주는 뉴스레터 툴을 이용하라고 늘 권합니다. 그럼 어떤 툴이 좋으냐는 질문이 돌아오는데요. 결론부터 말하면 뉴스레터를 통해 얻고자 하는 게 뭔지를 먼저 생각한 후, 그 기능을 갖춘 툴을 선택하는 게 좋습니다.

뉴스레터를 운영할 때 꼭 필요한 것 중 하나가 오픈율, 클릭률 등을 포함한 사용자 분석 통계입니다. 하지만 이것은 모든 이메일 전송 툴이 제공하는 기본 기능이므로, 다른 기능 중 나에게 필요한 게 무엇인지를 확인하고 선택하면 됩니다.

예를 들어 뉴스레터를 보내면 자동으로 포스팅처럼 발행되고, 웹페이지를 따로 관리하지 않아도 검색 결과에 노출되도록 하는 기능, 시리즈로 나가는 이메일을 시각적으로 보여주는 기능, 또 이메일 안에

323

결제시스템이 있거나, 구독자 그룹별로 다른 이메일을 지정하여 보내는 것이 가능한 툴도 있습니다. 외부 툴과 연동할 수 있는 범위도 각기 다릅니다. 연동이 중요하다면, 내가 사용하는 외부 툴과 연동되는 툴들만 추린 후 비교해서 선택하는 것도 방법입니다.

여기서 소개하고 싶은 툴은 스티비, 컨버트키트Convertkit, 액티브 캠페인Active Campaign입니다. 뭘 사용할지 비교만 하다가 힘 빠져서 시작하지 못하는 사람도 다수 봤습니다. 기업이거나 외부 툴과의 연동이 그다지 중요하지 않다면 그냥 스티비로 시작해 보세요.

스티비는 한국 툴입니다. 어려운 것들도 적은 편이고, 예쁘게 만들 수 있는 디자인 템플릿도 다양하게 준비되어 있습니다. 가격도 다른 툴에 비해 저렴한 편에 속합니다. 구독자 수가 올라갈수록 더 저렴해지죠. 혼자 시작하는 개인이나 작은 그룹이 스몰 비즈니스로 시작하기에 딱 좋습니다.

하지만 주로 영어로 연락해야 한다거나, 시차를 고려해야 한다거나, 외부 툴과의 연동이 크게 중요하거나, 기업이라면 다른 툴을 테스트해 봐야 합니다.

컨버트키트는 코치, 작가, 블로거, 크리에이터 등의 직업을 가진 사람들이 사용하기 좋은 기능이 많습니다. 크게 어렵지 않아서 바로 사용할 수 있고, 연동되는 외부 프로그램들도 많죠. 예를 들어 자동화를 구축하는 데 가장 많이 쓰이는 툴인 Zapier 등 웬만한 외국 툴과는 모두 호환됩니다. 기종에 상관없이 호환되는 충전기 같은 거죠.

또 컨버트키트는 크리에이터들을 위한 팟캐스트, 블로그, 아티클 등을 제공합니다. 모두 오픈되어 있어, 어떤 크리에이터가 무슨 계기로 이 툴을 사용하고 있는지 읽어볼 수 있습니다. '크리에이터들이 좋아하는 일을 하며 살아갈 수 있도록'이 모토라서 그런지 후원받을 수 있는 기능도 들어 있습니다. 유료 뉴스레터 운영도 가능한데, 다른 툴에서도 제공하는 기능이니 크게 고려할 건 아닙니다.

스티비 웹사이트

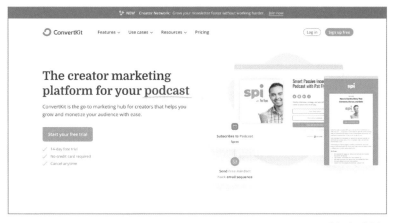

컨버트키트 웹사이트

액티브 캠페인은 비즈니스 오너에게 가장 많이 추천하는 툴입니다. 어떤 사용자가 얼마나 구매했는지, 뭔가를 클릭했을 때 랜딩 페이지가 나올 것인지 새로운 이메일을 보낼 것인지 등 모든 기능이 가장 섬세하게 '판매'에 초점을 맞추고 있습니다. 다만 세상일이 다 그렇듯이 전문적으로 섬세하게 조절할 수 있을수록 진입장벽이 높지요. 기본적으로 사용자에게 친절하지 않지만, 마케팅이나 세일즈를 경험한 뒤 섬세한 기능이 필요할 사람이라면 가장 친절하게 느낄 툴이기도 합니다.

사용법이 어려운 건 사실입니다. 하지만 개인적으로는 어떤 고객이 얼마만큼 구매하고, 어느 정도 내 웹페이지로 들어오게 되는지 등의 흐름을 한눈에 파악할 수 있어서 좋았습니다. 스티비, 컨버트킷과 비교하면 가장 비쌉니다. 또 마케팅을 위한 것인지, 판매를 위한 것인지, 둘 다인지에 따라 요금제를 나눠두어서 나한테 적합한 요금제를 잘 선택해야 합니다.

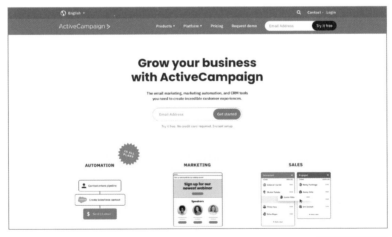

액티브 캠페인 웹사이트

대부분 무료 체험을 제공하니 먼저 사용해 보고 결정하세요. 스티비는 구독자 수 500명까지 월 2회 기준, 컨버트킷은 구독자 300명까지 이메일을 보내는 횟수에 상관없이 사용해 볼 수 있습니다. 액티브 캠페인은 구독자 100명까지 무료입니다.

액티브 캠페인은 100명으로 구독자 수가 몹시 제한적이긴 하지만, 무료 상태에서 필요한 기능을 다 체험해 볼 수 있습니다. 어렵다는 불평을 인지한 건지, 어떤 기능을 클릭하면 동영상이 팝업으로 나타나 사용법을 안내합니다. 이에 비해 스티비, 컨버트킷은 무료 체험에서 사용할 수 있는 기능이 제한적이지만, 사용자 중심으로 디자인되어 비교적 쉽다는 장점이 있죠.

여기까지 뉴스레터를 운영하기 위한 이메일 툴들의 장단점과 가격을 살펴보았습니다. 가장 좋은 방법은 내가 간단히 써보면서 손에 익히는 것입니다. 하지만 툴보다 중요한 게 뭐라고 했었죠? 맞습니다. 뉴스레터는 콘텐츠 그 자체가 가장 중요합니다. 내 뉴스레터를 구독할 수밖에 없도록, 가치를 가다듬는 것부터 시작하세요.

327

SNS에 있는 콘텐츠 그대로, 내 이메일로 보내주는 뉴스레터가 있다면 구독할 건가요? 아름다운 영상과 음악, 화려한 디자인으로 승부할 수 있는 SNS에서도 팔로워를 모으는 게 쉽지 않은데, 그저 글이 대부분인 뉴스레터는 오죽하겠어요. 그래서 내 SNS 팔로워 중 뉴스레터까지 구독하는 사람이 있다면, 그 사람은 내 잠재고객이 될 확률이 높다고 볼 수 있습니다.

그냥 뉴스레터를 구독해 달라고 하면 SNS와 뉴스레터의 차이점을 잘 모르니 하지 않을 게 뻔합니다. 이럴 때 뉴스레터를 구독하면 '즉시' 받을 수 있는 첫 번째 이익을 명확하게 제시해 보세요. 일단 구독해 볼 확률을 확 높일 수 있습니다. 나중에 수신거부를 하면 그만이니까요. 이런 생각으로 구독을 시작하는 사람이 많으니, 구독 즉시 받게 되는 무료 자료 다음에 어떤 뉴스레터를 받는지도 자세히 써두면 좋습니다.

언제고 볼 수 있는 자료를 뉴스레터로 받는다면 귀찮아서라도 받지 않을 겁니다. 메일부틀러Mailbutler 통계에 따르면, 놀랍게도 이 메일 사용자 99%가 매일매일 받은편지함을 확인한다고 합니다. 그중 58%는 아침에 가장 먼저 확인한다고 하네요. 매일 반복되는 구독자들의 일상에 들어가고 싶다면, 아니 필요 없는 메일로 취급해 쓰레기통에 처박히지 않으려면 '받아보고 싶은 콘텐츠'를 제공할 수 있어야만 합니다. 같은 무료 자료라도 어디서나 볼 수 있는 흔한 것이 아니라 내 팔로워군만의 재미나 감동, 새로운 관점을 얻을 수 있는 '생각 거리'를 던져야 하죠. 어떤 콘텐츠여야 할까요?

예를 들어 원예에 관한 뉴스레터를 운영하려고 합니다. 집에서 키울 수 있는 식물에 관한 콘텐츠를 매주 보내기로 약속했습니다. 이 제작자는 가장 먼저 '장미'에 관한 무료 자료를 주면 좋겠다고 판단했습니다. 근거도 있어요. 저번 주에 올렸던 식물 콘텐츠 중 장미 노출률이 가장 높았거든요. 댓글을 보니 집에서도 장미를 키우고 싶다는 반응이 월등히 많았습니다.

자, 이제 구독하면 즉시 받을 수 있는 콘텐츠를 만들 차례입니다. 만약 내가 콘텐츠 제작자라면 A와 B 중 어떤 콘텐츠를 만들어야 할까요?

A : 장미의 꽃말과 장미의 종류
B : 100가지 식물을 키우며 알게 된, 집에서 장미를 '싱싱하고~ 오래~' 키우는 법

쉬운 문제였죠? 정답은 B입니다. A는 잠깐 검색만 해도 알 수

있으니까요. 이 예시에서 중요한 것은 무료 자료를 제작할 때 사람들의 반응에 초점을 맞춰 제작했다는 것입니다. 집에서도 장미를 키우고 싶다는 사람이 많았으니, 그 방법을 전한다면 구독자를 모으는 속도에 가속이 붙을 수 있습니다.

저도 무료 자료를 보낼 때 이런 방식으로 제작합니다. 반응을 보고 자료를 만들죠. 하나 다른 게 있다면, 구독자군이 원하는 자료가 무엇인지 정확히 알고 있을 때는 자료부터 먼저 제작해 두고, 그때그때 분위기에 맞춰 콘텐츠를 내보낸다는 것입니다. '이것저것 많이 보내다 보면 이 중 뭐 하나는 터지겠지'라는 우연이 아니라 내 콘텐츠 맥락에 맞는 가치를 먼저 만들고, 이것에 동의하는 사람들을 모으는 게 더 빠르다는 걸 직접 체험한 결과입니다.

무료 자료는 이전에 있던 것들을 저만의 관점으로 엮어서 제시합니다. 즉 나만의 관점에 따라 큐레이션하는 거죠. 그리고 이것이 왜 필요한지를 강조합니다. 어떤 도움이 되는지, 어떤 문제들을 해결할 수 있는지 가치를 알려준 후 해당 자료를 보여줍니다. 즉 다음과 같은 순서로 작업하는 것이죠.

1. '잘 나가는 이들의 공통점은 메시지를 포장할 수 있는 글쓰기 실력이다'라는 메시지를 담은 영상을 촬영하고, 마지막에 이들의 공통점 100가지를 모은 PDF 자료를 나눠 준다고 말하기
2. 이 영상을 업로드하기 전에 PDF 파일을 먼저 제작하고, 뉴스레터 구독 페이지 만들기
3. 2번 자료를 SNS 프로필 링크에 업로드하기
4. 1번 영상을 편집한 후 업로드하기

330

처음 보면 매우 번거롭게 느낄 수 있을 거예요. 하지만 '무료 자료를 먼저 만든다, 그에 맞는 콘텐츠를 제작한다, 사람들이 내려받을 수 있도록 링크를 걸어둔다, 콘텐츠를 배포한다'의 반복일 뿐입니다. '무료 자료의 가치를 얼마나 잘 보여줄 수 있는 콘텐츠를 만드는가'가 관건이죠.

'이 콘텐츠가 얼마나 노출되는가'도 구독률에 영향을 크게 미칩니다. 무료인 것도 좋고, 콘텐츠 가치 전달도 확실한데 별로 노출되지 않았다면 어떻게 해야 할까요. 이럴 때는 페이스북이나 인스타그램 광고도 도움이 됩니다. 이때도 아무거나 광고하지 말고, 여러 가지 콘텐츠 중 가장 반응이 좋았던 것을 광고하는 게 조금 더 안전합니다.

다만, 광고로 내 콘텐츠와 뉴스레터를 접한 구독자들은 원하던 무료 자료를 받은 후엔 이탈할 확률이 높다는 걸 알아두세요. 각각 장단점이 있지만 장기적으로 보면 돈으로 산 관심 말고, 내 팔로워들을 기반으로 뉴스레터 구독자 수를 천천히 늘려 가는 게 낫습니다. 판매를 위한 탄탄한 잠재고객 층을 만들 수 있으니까요. 상황에 따라 이 2가지 방법을 병행하는 게 최선입니다.

뉴스레터 구독 페이지

만들기

06

뉴스레터 구독 페이지를 만드는 방법은 간단합니다. 구독하면 사람들이 뭘 얻을 수 있는지, 가치를 명확하게 규정한 후 콘텐츠를 만들었다면, 그 가치를 잘 보여줄 수 있기만 하면 됩니다. 저는 무료 전자책을 시리즈로 배포하기 때문에, 전자책 표지를 가장 먼저 보여주고 있습니다. 물론 글로만 적어도 좋습니다.

뉴스레터 구독 페이지는 사진, 제목, 본문으로 구성되어 있습니다. 가치를 잘 보여줄 수 있는 제목과 본문을 정리한 뒤 입력하고 내보내기만 하면 끝입니다. 간단하니 따라 하기를 쭉 훑어보면 바로 할 수 있을 거예요.

뉴스레터 구독 페이지 만들기

#스티비 #뉴스레터소개페이지 #사람들이얻을수있는가치위주전시

1 스티비 웹사이트(https://stibee.com)에 들어간 후 '로그인'을 클릭합니다.

2 간단히 가입과정을 진행한 후 이메일 주소와 비밀번호를 입력해 로그인합니다.

333

3 다음과 같은 화면이 나타나면 '주소록' 메뉴를 클릭합니다.

4 '주소록' 화면이 나타나면 '+ 새로 만들기'를 클릭합니다.

5 '주소록 새로 만들기' 대화상자가 나타나면 '일반 주소록'을 클릭합니다.

6 화면 안내에 따라 정보를 입력합니다. '기본 발신자 이름'은 보내는 사람의
이름입니다. 여기에 입력한 이름이 구독자들에게 전달됩니다. '발신자 이메일 주소'는
보내는 사람의 이메일 주소입니다. '이메일 푸터 정보'는 이메일 마지막에 들어갈
내용을 입력하는 곳입니다. 전화번호까지 모두 입력하세요.

이메일 주소는 5개까지
넣을 수 있습니다. 추가하려면
'+ 추가하기'를 클릭하면
됩니다.

7 다 되었으면 '저장하기'를 클릭합니다.

<u>*8*</u>　이제 구독자 정보를 입력할 차례입니다. '직접 추가하기'를 클릭합니다.

<u>*9*</u>　아직 구독자가 없다면 '이메일 주소'에 테스트용으로 사용할 이메일 주소를
넣어보세요. 본인 이메일 주소와 이름을 입력해도 됩니다. '추가하기'를 클릭합니다.

<u>*10*</u>　구독자가 추가되었다는 안내가 나타납니다. 이제 '페이지' 메뉴를 클릭하세요.

11

'+ 페이지 만들기'를 클릭합니다.

12

'페이지를 만듭니다' 대화상자가 나타납니다. '주소록'의 드롭다운 단추를
클릭하면 방금 만든 주소록이 나타날 것입니다. 해당하는 것을 클릭해 주세요.
'짧은 소개'에는 한 줄로 뉴스레터를 요약할 수 있는 내용을 입력하세요.
다 되었으면 '저장하기'를 클릭합니다.

13

사람들이 구독할 수 있는 페이지가 완성되었습니다. '뉴스레터'의 '주소' 옆에 있는 링크를 클릭해 보세요.

나중에라도 고칠 게 있으면 이 페이지에 들어와 '수정하기' 버튼을 클릭한 후 수정하면 됩니다.

14

앞에서 '페이지' 메뉴에 입력했던 모든 정보가 담긴 구독 페이지가 나타납니다. 여기서 '구독하기' 버튼을 클릭하면 사람들이 내 뉴스레터를 구독할 수 있습니다.

뉴스레터 구독 페이지인 구독 폼을 어떻게 배포하느냐에 따라 구독자가 늘어나는 속도가 달라집니다. 간단하게는 광고를 돌려서 구독자를 늘릴 수도 있습니다. 하지만 광고는 어떤 콘텐츠가 오픈율이 높은지 먼저 테스트한 후 진행해도 늦지 않고, 그렇게 했을 때 가장 효율이 높기도 합니다. 여기서는 무료로 구독자를 늘리는 2가지 방법을 공유하겠습니다.

첫 번째, 무료 강의 등의 이벤트를 통해 모집하는 것입니다. 이벤트를 진행하면서 참여자 모두에게 뉴스레터를 구독해 달라고 요청하는 것이죠. 혹은 이 설문지를 작성한 사람은 뉴스레터 구독에 동의한 것으로 간주한다는 내용을 함께 넣어도 됩니다. 다음은 실제로 설문조사를 통해 구독을 유도한 예시입니다. 이 설문조사는 무료 수강

이벤트로 진행한 것이라, 이벤트에 당첨되고 싶은 사람들 대부분이 구독해 주었습니다.

이때 설문지 작성 날짜를 미리 말해둬야 해당 날짜에 마감할 수 있는데요. 설문조사 마감 후 뉴스레터 구독 이메일 주소를 받았다면 따로 입력해서 추가하면 됩니다. 하지만 번거로우니 설문조사에 구독 폼 링크를 넣어두고, 사람들이 직접 뉴스레터를 구독하도록 안내하는 것이 가장 좋습니다. 이메일 주소가 자동으로 들어오는 시스템을 통해 받았기 때문에, 설문조사 후 더 손이 갈 필요가 없습니다.

마지막으로 아나의디노 뉴스레터를 구독해주세요 (자율)! 뉴스레터에서는 퍼스널 브랜딩, 사이드잡, 자기계발 서적 소개를 위주로 매주 2-3회 전송이 됩니다.
아나의디노 뉴스레터 : https://anasdino.stibee.com

◯ 이미 구독 중이에요!

◯ 지금 구독 했어요!

◯ 지금은 구독하고싶지 않아요!

두 번째, 무료 가치를 전달한 후 SNS 콘텐츠를 통해 모집할 수 있습니다. 뉴스레터 구독을 유도하는 콘텐츠를 올린 후 SNS 프로필 링크에 이메일 입력 랜딩 페이지를 넣는 것이죠. 콘텐츠를 보면서 뉴스레터를 구독하고 싶은 사람은 자연스럽게 프로필 링크를 통해 구독할 수 있습니다. 다만 대부분의 SNS는 팔로워가 최소 1,000명 이상일 때부터 프로필 링크에 URL을 넣을 수 있도록 하고 있으니 참고하세요.

만약 팔로워가 아직 1,000명이 되지 않아서 프로필에 링크를 넣기 어려운 상황이라면, 블로그 본문에 이메일 링크를 직접 넣는 방

〈1년안에 홀로서기〉 전자책 요약 이메일 시리즈를 무료배포합니다.
이 이벤트는 마감 없이 종료될 수 있으며,
전자책을 요약 시리즈를 받아보고 싶으시다면
아래에 이메일주소 등을 기입해주세요.
구독 확인 후 전자책 요약 시리즈가 자동으로 전송됩니다.

〈1년안에 홀로서기〉 전자책 신청
콘텐츠도 여느 정도 만들어보고 고객들을 만들어 본 분들의 느낌을 감증과
page.stibee.com

법도 있습니다. 다른 SNS는 안 되는데, 네이버 블로그는 본문에도 아무 데나 넣을 수 있습니다. 저는 뉴스레터로 발행한 글을 블로그에 붙여넣기 하고, 맨 아래쪽에 뉴스레터 구독 링크를 넣어두는 형식으로 구독자를 모집합니다.

뉴스레터도 글을 기반으로 하다 보니 블로그를 통해 구독하는 사람이 많았습니다. 블로그를 통해 들어온 사람들의 뉴스레터 오픈율이 다른 채널에 비해 조금 더 높기도 했죠. 둘 다 '글'이 중심이고, 검색을 타고 들어오는 곳이라 애초에 나와 결이 맞는 사람이 들어올 확률이 높은 편입니다. 그러니 뉴스레터를 시작한 후에는 타 SNS와 함께 블로그에도 뉴스레터 구독 폼을 넣어두세요.

구독자 수집 채널에는 여러 가지가 있습니다. 스티비가 발표한 '이메일 마케팅 2021 통계'에 따르면 회사/단체 구독자 수집 1위는 웹사이트, 개인 구독자 수집 채널 순위 1위는 인스타그램이라고 합니다.

회사·단체는 홈페이지를 개인 발행인은 인스타그램을
구독자를 수집하는 채널로 사용하고 있습니다.

회사·단체 구독자
수집 채널 순위

1 홈페이지
2 이메일·뉴스레터
3 블로그
4 페이스북
5 인스타그램

개인 구독자
수집 채널 순위

1 인스타그램
2 블로그
3 홈페이지
3 지인 홍보
5 이메일·뉴스레터

스티비 이메일 마케팅 리포트 2021

개인적으로는 구매 전환을 위해 이 툴을 사용하지만, 구독자와
의 관계만을 위해 운영한다면 발송 횟수는 정하기 나름일 것 같습니
다. 저는 주 2회 뉴스레터를 보내고 있는데, 혼자 한다는 가정하에 주
3회 발송은 힘들 수 있어요.

개인적으로 1개의 뉴스레터를 쓰는데 최소 2시간 정도가 듭니
다. 중요한 프로그램을 테스트할 때는 4시간을 넘을 때도 있고요. 이
메일 1개를 제작하고 발송하기까지 평균 12시간 56분을 사용한다는
스티비 통계도 있습니다. 콘텐츠에 투자할 시간이 확보된 상태에서 진
행하거나, 내가 소화할 수 있는 발송 간격을 정하는 게 좋습니다.

적지 않은 시간이 들어가는 일이라 주 2회 발송도 어려운 사람
이 많을 거예요. 여러 가지 통계에서 공통으로 말하는 결론은 "이메일

342

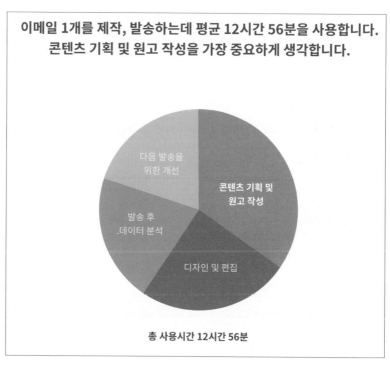

이메일 1개를 제작, 발송하는데 평균 12시간 56분을 사용합니다.
콘텐츠 기획 및 원고 작성을 가장 중요하게 생각합니다.

다음 발송을
위한 개선

콘텐츠 기획 및
원고 작성

발송 후
데이터 분석

디자인 및 편집

총 사용시간 12시간 56분

스티비 이메일 마케팅 리포트 2021

을 반드시 주기적으로 보낼 필요는 없다"입니다. 내 상황에 맞게 발송 일정을 정하거나, 관련된 것을 미리 랜딩 페이지에 넣어두면 됩니다.

이렇게 신경 써서 만드는 콘텐츠인 만큼 오픈율이 잘 따라주면 좋겠지요. 제 뉴스레터 구독자가 700명 내외였을 때, 평균 오픈율은 40%가 넘었습니다. 보통은 20%대니까 놀라운 수치였죠. 그러나 구독자가 늘면 늘수록 오픈율은 조금씩 줄어들었는데, 구독은 하지만 받은 메일을 클릭하지 않는 구독자도 자연스럽게 늘기 때문입니다. 지금은 평균 30%대 오픈율을 보이고 있는데, 구독자가 5,000명을 초과하면 평균 오픈율이 11%대로 떨어진다는 통계도 있으니 참고하세요.

343

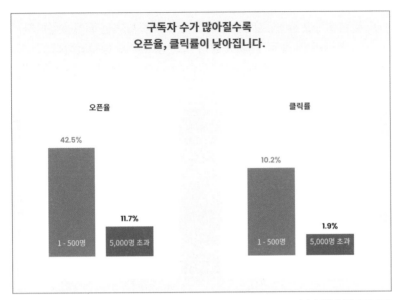

구독자 수가 많아질수록
오픈율, 클릭률이 낮아집니다.

오픈율

42.5%

11.7%

1 - 500명   5,000명 초과

클릭률

10.2%

1.9%

1 - 500명   5,000명 초과

스티비 이메일 마케팅 리포트 2021

그래서 제목이 중요합니다. 어떤 제목이 오픈율을 끌어올릴 수 있을지를 생각하면서 잘 만들어야 합니다. A/B 테스트를 진행해 볼 수도 있는데요. 구독자 반에게는 A 제목으로, 나머지 반에게는 B 제목으로 전송해 어느 쪽 오픈율이 더 높은지 테스트하는 방법입니다. A/B 테스트가 물론 다 좋은 건 아닙니다. 둘 중 하나는 버린다는 뜻이기도 하니까요. 저는 정말 괜찮은 제목이 2개 있을 때 이 테스트를 진행합니다.

오픈되는 것도 중요하고, 콘텐츠 질도 중요하며, 구독자들을 어떻게 더 참여하게 만들지 여러 장치를 테스트해 보는 것도 중요합니다. 테스트 결과는 따로 저장하지 않아도, 이메일 마케팅 툴에서 자동으로 분석 및 보관합니다. 틈틈이 이 데이터들을 참고하면서 운영하세요.

344

오픈율이 너무 나오지 않는 메일은 분명히 클릭률도 떨어질 거예요. 저는 그런 주제가 보이면, 그 주제 자체를 피하려고 하는 편입니다. 참고로 광고성 짙은 제목은 한결같이 낮은 오픈율을 보였습니다.

오픈율과 클릭률을 부르는 장치

뉴스레터 오픈율이 떨어지면, 내가 전하고자 하는 바를 알릴 수 없으니 신경 쓰이겠죠? 이럴 때 사람들이 이메일을 클릭할 수 있도록 유도할 수 있는 장치에는 어떤 게 있을까요?

첫 번째, 구독자들이 얻을 수 있는 강력한 무언가가 제목에 담겨 있어야 합니다. 누군가에게는 의미 있는 것이 강력한 무언가가 될 수도 있어요. 예를 들어 술을 좋아하는 사람이라면 매주 새롭거나 주목되는 술을 소개해 주는 뉴스레터가 의미 있겠죠.

'지금 서울에서 가장 주목받는 막걸리 Top3!' '전동주계의 인플루언서' '혜성처럼 등장한 바로 이 술' 등 구독자의 마음을 흔들 수 있으면서도, 내용을 포함한 제목을 지으면 됩니다. 다만 제목이 너무 길어도 클릭률이 떨어질 수 있으니 15자 내외로 작성하세요.

베이킹을 즐겨하는 사람이라면 베이킹 도중에 일어나는 수많은 실수 중 대표적인 것을 매주 보내주는 뉴스레터도 의미가 있을 것 같습니다. 본문 내용이 아무리 흥미로워도, 제목이 '베이킹 하다가 할 수 있는 실수'처럼 밋밋하면, 클릭률이 낮을 수 있어요. 구체적이고 뾰족한 실수 하나를 골라서 제목과 본문이 일치하게 만들면 눈길을 끌기 쉽습니다.

예를 들어 '쿠키를 구웠는데 빵이 나온다면? 체크리스트!' '고급진 빵맛에 반드시 들어가야 할 재료는?'처럼 특정한 상황을 가정하고, 그에 필요한 정보를 담은 이메일을 전달하는 것이죠. 누군가는 전혀 궁금하지 않은 정보나 소식일 수 있지만, 내 구독자에게 의미 있는 걸 찾아 잘 전달할 수 있다면 클릭할 수밖에 없을 겁니다.

오픈율을 늘릴 수 있는 장치가 더 있습니다. 바로 보이스를 유지하는 거예요. 제가 작성하는 이메일은 모든 디자인과 어조에 이모지나 강렬한 컬러, 그래픽 디자인이 어우러집니다.

메인 컬러만 해도 라임색을 유지하고 있고요. 보이는 것이나 어조를 모두 통일하여 '친절하고 재미있게 알려주는' 느낌을 주기 위한 선택들이 모여 만든 결과입니다. 콘텐츠에서도 나만의 '결'을 지키는 것이 중요합니다. 어느 날은 기본 메시지와 전혀 상관없는 이메일을 보내고, 어느 날은 어조가 완전히 바뀌어 나가고, 또 어느 날은 짧은 이메일을 보낸다고 생각해 보세요. 정말 성의 없게 느껴지겠죠. 구독자와의 관계를 쌓아나가려면 일관된 메시지와 모습을 보여주는 것이 중요한데, 이런 식이면 조금씩 계속 이탈이 나타날 거예요. 보이스를 유지해 주세요.

모순적이지만, 이메일을 그만 받고 싶을 때 클릭할 수 있는 '수신거부' 버튼이 찾기 쉬울수록 오픈율은 올라갈 수 있다고 생각합니다. '애써 모은 구독자인데 수신거부를 편하게 할 수 있도록 하면 어떻게 하나'라고 생각할 수 있어요. 하지만 아닙니다. 구독자는 언제든지 원할 때 구독하고, 해지할 수 있다는 것을 명확히 보여주는 게 오히려 낫습니다. 구독을 취소한 경우, 나와의 관계를 더 이어가고 싶지 않다는 분명한 의사표현을 한 것이라 굳이 안고 갈 이유가 없기도 합니다.

뉴스레터 작성하기

어떤 뉴스레터를 구독하면 정해진 콘텐츠가 정해진 날짜에 맞춰 온다는 게 느껴질 때가 있습니다. 누가 제작하는지, 왜 시작하게 되었는지, 제작자 비하인드 스토리는 무엇인지 문득 궁금해지게 만들 수도 있을 텐데. 그런 것이 딱히 없죠. 부동산 정보나 최근 트렌드를 알리는 정보성 뉴스레터들이 특히 그렇습니다. 뉴스레터의 초점이 수익화가 아니라면 필요 없는 부분이긴 하죠.

하지만 이 책을 집어 든 사람이라면 뉴스레터로도 돈을 벌 수 있다면 좋겠다 싶을 거예요. 저 역시 그렇습니다. 뉴스레터는 구독한 사람들과 관계를 맺기 위한 툴이며, 그 관계를 통해서 잠재고객이 될 사람들을 꾸준히 늘려 내 상품을 소개하기 위한 자리이기도 합니다. 이 '관계' 때문이라도 틀에 박힌 정규 콘텐츠만으로는 사람들과의 접점을 늘려나가는 데 한계가 있다고 생각합니다.

이 뉴스레터를 받아보는 당신은 어떤 사람인지, 무엇을 얻어가고 싶은지, 앞으로 어떤 걸 기대하는지, 이 채널은 어떻게 알게 되었는지 등을 물어보세요. 간단히는 매번 보내는 뉴스레터 말미에 설문조사를 넣을 수도 있지만, 저는 좀 더 직접적인 방법으로 '이 뉴스레터를 받는 당신은 누구십니까'를 묻기 시작했습니다.

처음에는 그냥 남들처럼 '내 뉴스레터는 이런 내용입니다'라고 소개하는 웰컴 이메일만 보냈어요. 반응은 딱히 없었습니다. 어디서나 보는, 흔한, 일방적인 소개였으니까요. 참고로 웰컴 이메일은 사람들이 뉴스레터를 구독하면 바로 받아볼 수 있는 이메일을 말합니다.

저도 다른 사람들이 만든 뉴스레터를 다수 구독합니다. 어느 날 그 많은 것 중 눈에 띄는 뉴스레터가 있었습니다. "안녕, 나는 ○○이야!"라고 가볍게 시작하는 이메일이었죠. 열어보니 본인은 어떤 사람이고, 어떻게 이 일을 시작하게 되었는지 흥미로운 스토리와 함께 간략한 소개가 들어 있었습니다. 맨 마지막 단에는 "너는 어떤 사람이니?"라고 물어보더라고요. 미국의 한 카피라이터로가 보내는 뉴스레터였는데, 100여 가지가 넘는 뉴스레터를 구독하면서 받아본 메일 중 아직도 가장 기억에 남습니다. 처음으로 뉴스레터가 아니라 개인적인 편지를 받는 느낌이었거든요. 그 이후로 저도 같은 전략을 쓰고 씁니다.

"우리 뉴스레터는 이런 것이에요"에서 끝나지 마세요. 뉴스레터를 구독한 사람들이 구독하자마자 처음 받게 되는 이메일은 내 콘텐츠 전체에 대한 첫인상이자 꼬리표가 될 수 있습니다. "이 뉴스레터를 만드는 저는 이런 사람입니다. 당신은 어떻게 여기로 오게 되었나요? 이 글을 읽는 독자님이 어떤 사람인지 궁금합니다"라는 느낌으로 이메일을 작성해 보세요.

뉴스레터 마지막에는 "이 이메일에 회신하여 알려주세요"라고 덧붙이면 더 좋습니다. 사람들이 본인에 대해 더 많이 이야기할 수 있도록 살짝 틈을 주는 거죠. 안 그래도 바쁜데 구독자 회신이라도 오면 또 답장해야 하니 귀찮다고 생각할 사람도 있을 겁니다. 제 생각은 다릅니다.

이 뉴스레터를 구독하는 사람들이 어떤 사람들이고, 어떤 상황이고, 왜 이 이메일을 구독하는지, 이것을 통해 이들이 꿈꾸는 것이 무엇인지 등을 직접적으로 알 수 있습니다. 어떤 통계로도 접할 수 없는 고급 정보 아닌가요? 무엇보다 '인터넷상 관계'로 존재하는 수많은 인플루언서들 중 '소통할 수 있는 진짜 사람'으로 받아들여질 수도 있습니다. 글자 그대로 이메일은 '사적인' 영역이니까요.

이메일에 꼭 들어가야 할 요소는 몇 가지면 됩니다. 첫 번째, 뉴스레터 소개입니다. 뉴스레터에도 타이틀이 필요합니다. 이 타이틀은 어떻게 짓게 되었는지 알려주세요. 두 번째, 이 뉴스레터를 제작하는 사람에 관한 이야기입니다. 이름, 나이 외에도 흥미로운 요소들을 써 주세요. 구독자는 내 이력서가 궁금해서 구독한 게 아닙니다. 가볍게 읽을 수 있는 것들로 준비해 주세요. 세 번째, 상대방에 관해 물어보는 섹션입니다. 무엇을 물어도 좋지만 쌍방향으로 소통하고 싶다는 마음이 느껴질 수 있도록 작성합니다.

이메일 제작이 끝났다면 이제는 구독자에게 자동으로 보낼 수 있도록 만들어야 합니다. 구독 버튼을 누르면 바로 웰컴 이메일이 구독자에게 도착하도록 설정하고, 그다음엔 구독자가 충분히 가치 있다고 느낄 만한 콘텐츠 시리즈를 보내면 됩니다. 즉 웰컴 이메일 - 가치를 느낄 수 있는 이메일 시리즈 순서대로 진행하면 되는 것이죠.

이메일 툴을 사용하면 '트리거'라는 용어를 반드시 접하게 되는데요. '구독자가 어떤 행동을 했을 때'가 '트리거'라고 이해하면 됩니다. 구독하거나, 이메일을 열어보거나, 수신거부를 하는 등 다양한 행동이 '트리거'인 거죠. 그런 행동을 했을 때 자동으로 1) 어떤 뉴스레터를 2) 어느 시간대에 보낼 것인지 선택만 하면 끝입니다. 자세한 설정방법은 바로 이어서 설명하겠습니다. 참고로 이메일 툴인 스티비의 경우, 자동 이메일 기능은 프로 버전으로 업데이트해야 사용할 수 있습니다. 유료 결제를 진행한 후 따라 해보세요.

트리거 설정하기

#스티비 #사용자행동쪼개기 #사용자여정고려

1 스티비 웹사이트에 들어간 후 '이메일' 메뉴의 '+ 새로 만들기'를 클릭합니다.

2 '이메일 새로 만들기' 대화상자가 나타나면 '자동 이메일 만들기'를 클릭합니다.

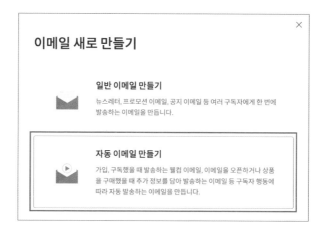

$\underset{\rule{1em}{0.4pt}}{3}$ 주소록 화면이 나타나면 '주소록을 선택하세요'라는 글자 부분을 클릭합니다.

$\underset{\rule{1em}{0.4pt}}{4}$ 뉴스레터를 받을 구독자 목록을 선택합니다.

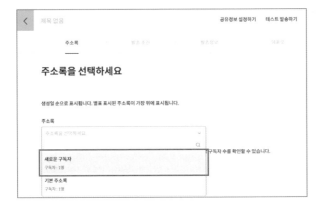

$\underline{5}$ '다음을 클릭합니다.

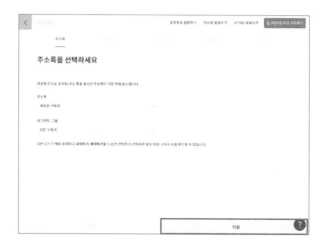

$\underline{6}$ 발송 조건을 설정하는 화면이 나타납니다. '트리거 선택'을 클릭합니다.

7

'트리거 추가하기' 대화상자가 나타나면 '구독자 추가'를 클릭합니다.

8

'트리거 1'에 '새로운 구독자', '주소록'에 '구독자가 추가됐을 때'를 클릭합니다.

9 언제 발송할 것인지를 정해야 하는데, 여기서는 '즉시'를 클릭합니다. 구독자가 추가된 즉시 이메일을 발송할 수 있도록 한 것입니다.

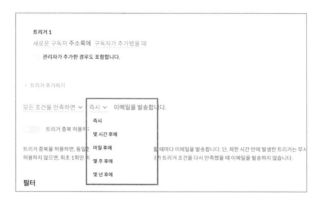

10 발송 시간대를 설정할 차례입니다. 어떤 구독자가 어떤 시간에 뉴스레터를 구독하더라도 항상 바로 이메일을 받아볼 수 있도록 '항상'을 클릭합니다.

'첫 발송 후 반복 발송하기'를 확인하세요. 이 옵션이 선택되어 있으면 매일 똑같은 이메일이 반복 발송됩니다. 선택하면 안 됨!

11

다 되었으면 '다음'을 클릭합니다.

12

'이메일 제목'을 입력하고, '다음'을 눌러 콘텐츠를 제작하면 됩니다.

뉴스레터를 수없이 작성하고 보내면서 가장 인기가 좋았던 것 몇 가지를 소개하겠습니다. 답장이 너무 많이 와서 답변하기도 어려울 만큼 참여도가 높은 것도 있었고, 꾸준한 매출을 일으킬 수 있도록 도와준 콘텐츠도 있습니다.

오랜 실험을 거쳐 가장 효율이 좋았던 것을 공유하지만, 채널 성격이나 개인 성향에 따라 구독자가 기대하는 바가 다르면 효과가 없을 수도 있으니 참고하세요. 어떤 부분에서 소통하려고 하는지, 어떤 부분을 통해 관계를 맺고자 하는지를 중심으로 객관적으로 읽어보면 도움이 될 거예요.

다음은 제가 보내는 이메일 시리즈 일부입니다. 구독과 동시에 첫째 날 바로 이메일을 받고, 다음 날 같은 시간에 두 번째, 또 그다음 날 같은 시간에 세 번째 메일을 받는 3일 시리즈입니다. 대상은 챗

357

GPT와 효율적으로 일하는 방법이 궁금한 사람들입니다. 대상을 참고해 내용을 읽어보세요.

예시들을 읽어보면 몇 가지 특징이 보일 거예요. 먼저 모바일이나 PC에서도 쉽게 읽을 수 있도록 띄어쓰기에 신경 쓰고, 읽기 쉬운 언어로 되어 있죠. 이모티콘도 적절히 배치하고 볼드체, 이텔릭체, 밑줄긋기를 통해 시각적으로 지루하지 않게 만들었어요. 이메일 마지막에는 항상 다음 날 어떤 콘텐츠를 볼 수 있는지를 말해줍니다. 또 마지막 날에는 내가 판매하고 싶은 상품을 함께 소개하기도 했어요.

저는 항상 이런 프로세스로 이메일 뉴스레터를 만드는데, 첫날 이메일은 오픈율 100%와 클릭률 85%를 자랑합니다. 이런 흐름을 따라 이메일을 조직적으로 구성하고 내보내 보세요. 반응률은 정직합니다. 달라지는 반응률을 볼 수 있을 거예요.

오픈율이나 클릭률 같은 지표를 측정할 때는 어떤 게 보편적인지 먼저 알고 기준을 정하면 좋은데요. 어떤 산업군에 속해 있느냐에 따라 지표가 조금씩 다릅니다. 참고로 2021년 전 산업에 걸친 평균 이메일 오픈율은 21.5%였습니다. 교육, 농업 및 금융 서비스처럼 개방률이 가장 높은 산업에서는 평균 25~28%였죠. 업계에 따라 다르지만 비교적 좋은 클릭률은 2~5% 사이이며, 2021년 모든 산업이 기준일 때 평균 이메일 오픈율은 2.3%라고 합니다. (출처: campaign monitor, Ultimate Email Marketing Benchmarks for 2022: By Industry and Day)

제목: 약속드린 자료예요!

⏰ **요즘 하는 새로운 일 5가지 + 선물**
요즘 새로운 일을 많이 도전해보고 있어요.
난생 처음 와디즈 펀딩, 전자책 말고 '종이책' 기획 출판으로 샘플 원고도 넘기고,
1:1 컨설팅도 2배를 진행중이고, 장기 코칭 클라이언트님들도 만나요.
사실 엊그제랑 어제는 제 메인 컬러를 형광 초록으로 바꾸면서
웹사이트 및 블로그, 링크 모음집 디자인도 싹 다 갈아 엎었답니다.

혼자 이게 다가능하냐고요?
사실대로 말할게요.

이전보다 적게 일해요. ~~안바빠유 안바빠.~~
오히려 제 개딸내미 아모랑 여행도 다녀요.
Chat GPT와 AI가 가져온 혁명이 이거구나 싶을 정도.

오늘은 요청하신 🎁 **선물** 🎁 들고왔어요!
1. 인스타그램 반자동 제작 & 자동 업로드 하는 법 :
https://www.tiktok.com/@anasdino_/video/7196669992765590786
2. 영상은 1개만 올리고, 나머지 플랫폼에 알아서 뿌려주는 AI툴 :
https://repurpose.io/tiktok/?aff=72796

위 두가지만 보셔도, 콘텐츠 마케팅에 들던 시간을 많이 줄일 수 있을거에요 :)
저희는 내일 보아요!

내일은 ChatGPT로 할 수 있는 혁명 모음집! 들고올게요 :)

🔑 시간은 금이라는데

왜 나는 할 일이 이렇게 많을까? 싶다가도, 아직은 연습 기간일 수 있으니 참아보자
며 버티곤 했어요. 그러면서 허리 디스크가 생겨서 허리에 좋다는 운동부터 시디즈
의자와 무빙 데스크까지 대환장 쇼핑을 시작했어요.
그런 시간이 지나보니, 알겠더라고요.

혼자 일하면 해야할게 너무 많아요. 잡무도 많지만,
꼭 필요한 일들도 너-무 많다는 걸.
콘텐츠 업로드, 이메일 보내기, 시장 조사, 상품 셀링 포인트 만들기, 상품 판매 페이
지 만들기, 상품 디자인 만들기 등등등...

☑ 하루에 3시간만 일하자!

그래서 일하는 시간을 70%정도 줄여보고자, 매일 3시간만 일하기로 마음 먹었어요.
그러니 일이 제대로 되질 않는거에요😅

그러다 방법을 찾았어요. 바로, AI 툴Tool이에요.
ChatGPT가 나오면서 타 회사들이 부랴부랴 AI를 더 달고 있지요.
기술에 부스터가 달린거에요!

그래서 여러가지를 씹고 뜯고 맛보고 즐기며
'어떤게 내 일에 가장 효율성을 가져다줄까'를
강구하게 되었어요. 최대한 잡무도 없애고,
더 자동화를 하고 싶었거든요.

기존에는 위임 외엔 딱히 방법이 없던 것들이,
ChatGPT가 혜성처럼 등장하면서 가능해진거에요!

🌊 AI 파도 위에 올라타기 ❌. 나 살자고 하는 거 YESSSSS!

처음에 저는 AI가 나를 대체할까봐 너무너무 무서워서 다 접고 생각만 했더랬어요.
그런데 두려울수록 더 사용해보게 되고, 하다보니 이게 진짜 내 시간을
70%이상 아껴줄 수 있는 툴이라는걸 알게 되었어요.

- 인스타그램은 한 달에 한 번만 제작하고,
  한 달치 예약을 해두는데 1시간 걸려요.
- 콘텐츠 소재를 작성하는데 딱 **10초** 걸려요.
- 컨설팅이 들어오면, 개개인에 맞는 목차를
  10초만에 만들어서 클라이언트께 보내드려요.
- 일주일이 넘게 걸리던 시장조사도 **10초**면 됩니다.
- **SNS별로 짜는 머리아픈 마케팅 플랜**은 **12초** 컷.ㅎㅎ

이게 AI 툴을 사용하는 사람에게 온 진짜 혁명이에요.
10초면 대부분의 기획 시간을 절감할 수 있어요.
즉, 혼자 일하는 대부분의 사람들과 격차가 날 수 밖에 없어요.
이걸 안썼으면, 손수 내가 다 일하면서
내 귀한 시간 다 뺏기며 일했겠구나 싶었어요. 너어무 아까운 내 금같은 시간을!

❈ ❈ ❈ ❈ ❈ ❈ ❈ ❈ ❈ ❈ ❈ ❈ ❈ ❈

🖤 그래서 준비하려고 해요.

디노님들도 콘텐츠를 더 효율적으로 만들고,
아이디어를 더 쉽게 얻고,
마케팅을 좀 더 자동화 할 수 있도록,
Chat GPT+제가 마케팅에 자주 사용하는 툴과 방법만 엮어서
전자책을 준비해보고 있어요.

이 부분에 관심이 있다면, 아래 버튼에서 더 참고해주세요! :)
참, 제 틱톡 계정에서도 알려드린 ChatGPT로 마케팅 플랜 짜는 법, 아직도 못보신거
아니죠?!
이것만 참고하셔도, 골치 아픈 계획은 덜하게 될 거에요! :)

시간 아끼러 GO 🖐

**P.S. 저희는 내일 ChatGPT한테 어떻게 제대로 된 질문을 할 수 있는지 알아볼거에요
:) 내일 뵈어요!**

❈ ❈ ❈ ❈ ❈ ❈ ❈ ❈ ❈ ❈ ❈ ❈ ❈ ❈

361

😊 ChatGPT한테 제대로 질문하는 법?

Ghatgpt를 처음 알게 되었을 때 제가 가장 먼저 물어봤던건 "뉴욕 맨하탄에서 가장 인기있는 음식점 5가지만 꼽아줘."였어요.(한창 미국병에 걸렸었거든요.)

그래서 ChatGPT가 딱 5곳을 뽑아줬는데, 그 기준을 잘 모르겠더라고요. 그래서 물어봤죠.
"혹시 가장 인기있다는 것에 대한 너의 정의는 뭐야? 무슨 근거로 이렇게 꼽은거야?"

그랬더니 챗GPT가 말했습니다,
"사람들 리뷰 수, 점수, 사람들이 방문하는 횟수, 미디어의 평, 지리적으로 접근성이 높은 곳 등을 염두에 두고 골랐습니다."

그 때 알았죠. **챗GPT는 준비가 되어있는데,**
사용자가 질문을 '잘' 하는게 중요하다는 것을.

✖ ✖ ✖ ✖ ✖ ✖ ✖ ✖ ✖ ✖ ✖ ✖ ✖ ✖

☑ 마케팅 플랜을 짜고싶을땐?

예를 들어서 SNS 콘텐츠 마케팅 플랜을 짜려고 해봅시다.
Chatgpt에게 질문을 어떻게 하실건가요?
저 또한 처음에는 이렇게 질문했습니다.

"내 요리 계정에 마케팅이 필요한데, 콘텐츠 마케팅 플랜을 짜줘."
답변은 평범하게 나옵니다. 요리 계정에 모두 쓸 수 있는 것들만요.

☑ Ghatgpt를 쓰는 잘된 예시:

질문을 구체적으로, 역할을 부여하는 것. + 플러스 알파. 핵심은 3가지입니다.
  1. 내 상황을 담은 구체적인 질문,
  2. 챗GPT에게 전문가 등의 구체적인 역할을 부여하는 것,
  3. 마지막으로는 보기 좋게 정리를 해달라고 하기 까지.

✖ ✖ ✖ ✖ ✖ ✖ ✖ ✖ ✖ ✖ ✖ ✖ ✖ ✖

362

🖤 잘 질문하는 것과 질문들 리스트 모음집🖤

디노님들도 잘 질문할 수 있는 법을 깨달으셨다면 좋아요!
하지만 어떤 상황에서 어떻게 더 물어봐야 할지,
마케팅의 전체 시스템 프로세스를 두고 어떤식으로 어떤걸 더 물어봐야할지
궁금하다면. [10초컷 마케팅]을 참고해주세요! 아래 버튼을 누르면 더 보실 수 있어
요 :)

잘 질문해보자 🖤

P.S. 내일은 한 플랫폼에 영상을 올리면, 다른 플랫폼에도 자동으로 뿌려주는 **AI** 툴
을 **소개해드릴게요!** 실제로 제가 쓰고 있으면서 효율성이 매우! 높아졌으니 큰 도움
이 되실거에요.

코딩 몰라도

웹사이트 제작하기

웹빌더

불과 10여 년 전만 해도 웹사이트 제작 과정이 지금과 달랐습니다. 디자인부터 홈페이지 구축까지 원스톱으로 제작하는 회사에 의뢰해야 했고, 300만 원 이상의 비용이 들었죠. 돈만 낸다고 다 되는 게 아닌 것이 오타나 링크 주소 바꾸기, 디자인 수정 등 자질구레한 것들을 따로 요청하고, 기다리고, 피드백을 계속하는 번거로움이 있었습니다. 웹사이트 제작이 웹 개발자와 웹 디자이너만 할 수 있는 영역이었기 때문입니다.

　　이제는 다릅니다. 직접 코딩할 줄 몰라도 웹사이트를 10분 만에 얼마든지 만들 수 있습니다. 웹을 짓는 도구, 웹빌더Web-builder가 생겼으니까요. 코딩은커녕 노트북도 어떻게 켜는 줄 몰라서 2주간 방치한 전적이 있는 제가, 혼자서 웹사이트를 제작할 수 있었던 치트키이기도 합니다.

웹빌더는 코딩 없이 웹사이트를 만드는 툴이니 헷갈리지 마세요. 앞에서 다룬 캔바나 미리캔버스는 웹사이트에 올릴 상세 페이지 등을 제작할 수 있는 툴입니다. 웹사이트 제작이 집을 짓는 것이라면, 캔바나 미리캔버스는 그 집을 꾸미는 인테리어 같은 거라고 생각하면 정확합니다.

웹빌더 사이트가 생각보다 많아 선택이 필요합니다. 저는 1) 시각적 감수성, 2) 구글 애널리틱스와의 연결이 쉬울 것, 3) 결제시스템 달기가 쉬울 것, 4) 무엇보다도 관리가 너무 어렵지 않은 것을 기준으로 골랐습니다. 이 기준에 따라 선택하는 과정을 소개하니 참고하세요. 코딩도, 영어도, IT에도 약한 제 개인적인 기준이니 여러분은 여러분 상황에 따라 선택하면 됩니다. 지금부터 소개할 것들은 모두 유명하고, 각각 장단점이 다릅니다.

WiX, 에디터X(EditorX), 스퀘어스페이스(Squarespace)

전 세계적으로 유명합니다. 특히 에디터X와 스퀘어스페이스는 디자이너인 제 눈에도 웹을 너무나 예쁘게 만들 수 있을 것 같아서 가슴이 설레던 앱입니다. 그러나 가장 큰 단점이 있는데, 여기뿐만 아니라 외국 툴은 대체로 한글 서체가 빈약하거나 없습니다. 제대로 된 가독성이나 내 브랜딩에 맞는 서체를 사용하고 싶다면 제약이 너무 크죠. 또 결제시스템이 까다롭다는 단점도 있습니다. 무엇보다 고객센터와의 시차, 언어 장벽을 생각하니 비효율적이었습니다. 시각적 감수성과 효율성에서 탈락.

고도몰

우리나라 웹빌더 사이트입니다. 오픈된 구조라 외부 서비스와 연동은 되지만, 관리가 까다로웠습니다. 사실 관리자 페이지에 들어가 보고 얼른 나왔습니다. 어디에 뭐가 있는지 찾아보기도 어려울 정도로 많은 카테고리가 있었어요. 그 많은 기능이 준비되어 있어도 어차피 저는 다 사용하지 못할 걸 알고 있었으니까요. 관리하기 어려워서 탈락. 이것도 결국 효율성에서 탈락.

카페24

물건 파는 사람한테 최적화된 곳 같은데, 웹사이트 디자인하기가 까다로웠습니다. 마케터로 아르바이트를 할 때였는데, 웹디자인까지 요구하는 작은 회사들이 많았습니다. 카페24로 웹사이트를 만들려고 시도하다가 결국 포기하고 개발자를 컨택한 경험이 있습니다. 코딩 안 하려고 웹빌더를 찾는 기본 목적과 달라서 탈락.

아임웹

오픈 API가 아니라서 스티비 등 외부 서비스와 연동되지 않습니다. 매우 폐쇄적인 구조이고, 고객센터가 느리다는 단점이 있습니다. 그러나 유일하게 결제 금액에 따라 다른 강의를 들을 수 있는 강의 수강 시스템을 구현한 곳이었습니다. 국내에선 유일하게 홈페이지 제작 후 강의 수강이 자동화된 툴이었죠. 결제 후 다운로드 버튼이 자동 생성되는 기능도 지원했습니다.

한국 툴이라 결제 방식을 달기에 비교적 쉽다는 것도 장점으로 다가왔습니다. 카카오톡 비즈니스 채널, GA 등 제가 쓰는 일부 서비스와 연동할 수 있고, '아임애드'라는 통합 광고 솔루션이 있어 광고도 수월해 보였습니다. 한국 서체도 많았지요. 스티비 등 외부 서비스 툴과 원활하게 연계되지 않는 것과 고객센터가 마음에 걸렸지만 시각적 감수성과 내게 필요한 것들을 쓸 수 있다는 효용성을 보고 최종 선택!

코딩, IT, 서비스 연동, 영어?
다 애매한 사람이라면 아임웹!

위에서 본 것처럼 웹빌더 사이트를 선택할 때 이것저것 따져야 할 것들이 많습니다. 여러분의 소중한 시간을 위해 아임웹을 추천합니다. 먼저 사용해 봤으니 간단한 사용법을 전하겠습니다. 아임웹에 가입하기만 하면 여러 가지를 무료로 체험할 수 있으니 테스트 해보세요. 툴 선택에 많은 시간을 썼지만 중요한 것은 3가지였습니다.

1. 웹사이트를 통해 이끌어 내고 싶은 것
2. 필요한 장치
3. 장치 셋업을 위한 상세 행동 분류

자세한 정보는 아임웹 관리자 페이지와 Q&A를 참고해 주세요. 내 목적에 맞는 툴들, 그것을 셋업하기 위한 세부 행동 항목들을 정리해 벽돌 깨기를 해봅시다. 이 과정에서 주로 많이들 무너지는데, 모르는 것들은 아임웹 고객센터를 적극적으로 이용하세요. 응답 속도는 느리지만 다 알려주긴 합니다.

툴 선택을 위한 3가지 기준

이끌어 내고 싶은 것	필요한 장치	상세 행동 분류
뉴스레터로 구독자 전환	뉴스레터 구독자 모집 페이지, 이벤트, 설문조사, 프로필 링크	뉴스레터 구독 버튼, 구독 페이지 스티비에서 만들기
결제시스템	KG이니시스,페이 시스템과 연계	카드 결제사, 페이사에 심사넣고 결제시스템 달기
CS원활	챗봇 사용하거나 카카오톡 비즈니스 센터와 연결하기	카카오톡 비즈니스 센터와 웹사이트 연동하기
사용자 데이터	구글 애널리틱스, 네이버 웹마스터	GA, 네이버 웹마스터 연동
검색 상위에 내 사이트 띄우기	SEO	SEO 노출에 맞도록 키워드 및 설정, 네이버 검색 등록

혼자 일하기 시작하면서 최대한 여러 가지를 '돈 들이지 않고' 하는 방법을 찾아다녔어요. 지금 생각하면 왜 그랬는지 참 안타깝습니다. 돈은 좀 아끼겠지만 더 많은 돈을 벌 수 있는 '데이터'라는 걸 쌓을 시간이 너무 줄어들기 때문입니다. 여기서 말하는 데이터란 하루에 어느 정도의 사람들이 들어와서, 무엇을 클릭하고, 얼마나 스크롤 했는지, 어디에서 들어왔는지 등을 말합니다.

저는 '구글 애널리틱스'라는 툴로 확인하고 있는데요. 웬만한 웹사이트 제작 툴은 구글 애널리틱스와 연동됩니다. 구글 애널리틱스를 설치하기 전까지는, 그간의 데이터를 쌓고, 보고, 인사이트를 얻으며 더 나은 선택을 할 수 있는 시간을 다 놓친 거지요. 그땐 시간 낭비라고 생각했지만 지금 보면 '투자'입니다. 결제시스템을 달기 애매할 때 사용하기 좋은 툴은 앞에서 소개했습니다. 다만 이렇게 크게 3바퀴 이상 사이클을 돌려보면 결제 수수료가 너무 많이 나가는 때가 반드시 오죠. 결제 수수료도 줄이고, 데이터도 모아 사람들의 행동을 분석할 토대도 마련하고 싶다면 가장 좋은 선택지는 나만의 웹사이트를 만드는 것입니다. 뉴스레터 구독 요청도 웹페이지에서 한 번에 끝내고, 페이 시스템도 달고, 사람들 가입률까지 측정할 수 있으니 하지 않을 이유가 없습니다.

신용카드 결제, 페이 시스템, 가상계좌 등 결제수단이 붙은 웹사이트를 만들려면 심사 과정을 거쳐야 합니다. 웹사이트 제작 후 내가 판매하려는 물건을 업로드해 심사를 신청합니다. 고객들에게 생길 수 있는 불상사를 방지하기 위해 이 웹사이트에서 파는 물건을 심사하는 것이죠. 심사를 통과한 후 보증보험도 설치해야 하고요.

이 과정에서 준비해야 할 몇 가지를 설명할게요. 저는 두어 달이나 걸렸지만, 빠르면 한 달 안에도 처리되는 걸 보았습니다. 급하게 마음먹지 말고 차근차근 해보세요. 인터넷에서 다 할 수 있지만 컴퓨터에 익숙하지 않다면, 필요 서류와 대표자 신분증을 지참해 관할 세무서와 시청에 가서 신청하면 됩니다. 신청 전에 웹페이지로 지정할 도메인은 개설되어 있어야 합니다. 하나씩 볼게요.

첫 번째, 사업자등록증이 필요합니다. 사업자번호를 낼 때 가장 많이들 물어보는 게 "어떤 업태와 종목을 선택해야 하나요?"죠. 저는 '교육 서비스업'을 업태로, '온라인 교육학원'을 업종으로 냈습니다. 신청 시 엄격하게 구분하는 게 아니고, 나중에라도 또 다른 업종, 업태를 추가할 수 있으니 참고만 하세요. 사업자 형태에는 '일반 과세자'와 '간이 과세자'가 있습니다. 연 매출 4,800만 원 이하라면 간이 과세자, 이상이라면 일반 과세자를 택해서 등록하면 됩니다.

두 번째, 구매안전서비스 이용확인증이 필요합니다. 이것은 PG사, 오픈마켓 등에서 발급받을 수 있습니다. 해당 통신판매의 경우, 반드시 해당 사이트를 확인해 발급받으세요. 검색창에 '구매안전서비스 이용확인증'을 검색하면 자세한 절차가 안내되어 있습니다.

　세 번째, 통신판매업 신고증이 필요합니다. 인터넷 말고 직접 방문 시, 시/군/구 또는 관할 지역 기관이나 공정거래위원회에서 접수할 수 있습니다. 저는 시청에서 했습니다. 대표자 신분증, 사업자등록증, 구매안전서비스 이용확인증을 갖춰 신청하면 됩니다. 통신판매업 신고증을 발급받으면 매년 면허세를 내야 합니다. 참고로 면허세는 지역마다 금액이 다릅니다. 인구 50만 명 이상인 시에서는 40,500원, 그 외는 22,500원, 군에서는 12,000원입니다. 정책에 따라 바뀔 수도 있으니 발급 전에 미리 확인하세요.

　이런 서류를 모두 갖춘 후 결제시스템을 제공하는 회사에 서류를 보여주면 웹사이트 심사를 받을 수 있는데요. 다날삼성페이, 이지페이, KG이니시스, KCP, 나이스페이 등이 전자결제를 할 수 있는 곳입니다. 대부분의 전자결제 신청 절차는 대부분 온라인으로 진행됩니다. PG사 담당자와 상담한 후 구비 서류를 전달합니다.

　서류를 잘 제출했다면 계약과 동시에, 카드사 심사를 받습니다. 사이트 개설 및 상품이 1개 이상 등록되어 있어야만 심사받을 수 있으며, 심사기간은 2주 정도 걸립니다. 무형 콘텐츠는 결제 불가능한 곳도 있는 등 카드사마다 심사기준이 다릅니다. 신청 전에 카드사 가이드라인을 꼼꼼히 살펴보고 진행하세요. 이후 카드사 심사가 끝나면 전자결제가 적용됩니다. 단, 이 과정 역시 웹빌더마다 조금씩 다를 수 있으니 참고하세요.

SNS 수익화
마스터 클래스

2023년 12월 27일 초판 1쇄 인쇄
2024년 1월 3일 초판 1쇄 발행

지은이 | 엄채연(아나의디노)
펴낸이 | 이종춘
펴낸곳 | ㈜첨단

주소 | 서울시 마포구 양화로 127 (서교동) 첨단빌딩 3층
전화 | 02-338-9151
팩스 | 02-338-9155
인터넷 홈페이지 | www.goldenowl.co.kr
출판등록 | 2000년 2월 15일 제 2000-000035호

본부장 | 홍종훈
편집 | 조연곤
교정 | 주경숙
디자인 | 여만엽, 조수빈
전략마케팅 | 구본철, 차정욱, 오영일, 나진호, 강호묵
제작 | 김유석
경영지원 | 이금선, 최미숙

ISBN 978-89-6030-622-6 13320

황금부엉이에서 출간하고 싶은 원고가 있으신가요? 생각해보신 책의 제목(가제), 내용에 대한 소개, 간단한 자기소개, 연락처를 book@goldenowl.co.kr 메일로 보내주세요.
집필하신 원고가 있다면 원고의 일부 또는 전체를 함께 보내주시면 더욱 좋습니다. 책의 집필이 아닌 기획안을 제안해주셔도 좋습니다. 보내주신 분이 저 자신이라는 마음으로 정성을 다해 검토하겠습니다.

Build Up

My Ground

On Online